U0810339

2018 中国地方政府效率研究报告

Research Report of Local Governments' Efficiency in China 2018

北京师范大学政府管理研究院
江西师范大学管理决策评价研究中心 著

国家社会科学基金重点项目"我国省级政府效率损失及规避机制研究"
（17AGL022）资助

科学出版社
北京

内 容 简 介

本书揭示了改革开放40年来的政府效率理论研究与实践变迁，评述了我国基于职能转变与效率提升的8次政府机构改革实践，剖析了地方政府效率提升的典型案例与经验。在测度我国1 794个省级政府、地级市政府、县级政府效率及贫困县政府扶贫效率的基础上，发布了2018年中国地方政府效率排行榜，并实现了3项创新：拓展研究样本的代表性及广泛性、体现新时代地方政府履职及深化“放管服”改革内容、充分发挥报告的智库功能。

本书不仅适合高等教育及科研机构的教学研究人员、研究生及本科生，更适合各级政府及政府部门、非政府组织、民间团体、智库机构、科研项目规划管理部门、新闻媒体、大中型企业负责人、相关管理及研究人员阅读。

图书在版编目（CIP）数据

2018 中国地方政府效率研究报告 / 北京师范大学政府管理研究院，江西师范大学管理决策评价研究中心著. —北京：科学出版社，2019.4

ISBN 978-7-03-060968-7

Ⅰ. ①2… Ⅱ. ①北… ②江… Ⅲ. ①地方政府–行政管理–研究报告–中国–2018 Ⅳ. ①D625

中国版本图书馆 CIP 数据核字（2019）第 060907 号

责任编辑：方小丽　李　嘉 / 责任校对：王丹妮
责任印制：张　伟 / 封面设计：无极书装

科学出版社出版
北京东黄城根北街16号
邮政编码：100717
http://www.sciencep.com

北京虎彩文化传播有限公司印刷

科学出版社发行　各地新华书店经销

*

2019年4月第　一　版　开本：787×1092　1/16
2019年4月第一次印刷　印张：13 1/2
字数：316 000

定价：108.00 元

（如有印装质量问题，我社负责调换）

《2018中国地方政府效率研究报告》
编委会

顾　问

蒋正华　周铁农　王茂林

主　编　唐任伍　唐天伟

编　委（按姓氏拼音排序）

曹泽华　陈阳波　陈运平　陈紫薇　董圣鸿　范嘉琪
冯小林　龚若静　胡佳敏　黄　慧　黄小平　黎　姿
李　林　凌玉洁　刘庆玉　刘文宇　刘自伟　罗　缨
梅国平　宋向清　唐任伍　唐天伟　项国雄　谢童平
闫燕春　易昌良　应露晨　张　宇　章文光　曾振华
周　峰

参与编写人员（按姓氏拼音排序）

艾　菁　安玉莹　陈可欣　陈燕霞　陈雨欣　程祎绛
丁润青　董　淇　杜一峰　郭　娅　何　璐　何雅莉
黄　霄　蒋玉荣　焦晶晶　赖姝玥　李　香　李国锐
李世顺　李昱坤　李芷萱　梁绮雯　廖意琳　凌德年
刘　婷　刘非凡　刘会珠　刘丽婷　马鑫华　缪思琦
莫绣羽　彭雪娇　宋姝艺　孙　晓　王雨新　温方振
肖海艳　谢心玥　谢星明　徐　晨　薛茜文　杨铮崟
尤朝春　游栎俊　余　微　张　鑫　钟慧权　周若欣
周未龙　朱　娇

前　　言

本书测度、分析了 2018 年我国省级政府、地级市政府、县级政府效率及贫困县政府扶贫效率，并发布了 2018 年中国地方政府效率排行榜。

作为 2011 年国内首次面世以后连续发布的第 8 部《中国地方政府效率研究年度报告》，本书在继承以前报告基本思路与方法的基础上，力求实现 3 项创新：①拓展研究样本的代表性及广泛性。从 2017 年的 1 432 个样本拓展到 2018 年的 1 794 个样本，除了 31 个省级政府（不包括港、澳、台）、292 个地级市政府（不包括海南省三沙市、西藏那曲市）外，本书还将我国具有代表性的县级政府样本由 709 个增加至 1 037 个、国家级贫困县样本由 400 个增加至 434 个，进一步体现了本书的代表性及广泛性。②体现新时代地方政府履职及深化“放管服”改革内容，完善政府效率测度指标体系及数据来源。③充分发挥报告的智库功能。在分析地方政府效率测度结果的基础上，分层次选取部分地方政府样本进行分析，总结省级、地级市、县级政府效率及贫困县政府扶贫效率的经验。同时，在出版、发布报告的基础上，本书选择了少数具有代表性的省、市、县政府效率及贫困县政府扶贫效率测度样本，为其党政负责人有针对性地撰写有关政府效率提升与分析的内部咨询报告提供依据，如选择上海市、深圳市、太仓市、舒城县等作为案例，分析其效率提升的经验与措施。以此发挥报告的智库功能。

本书指出，上海、北京、浙江等省级政府效率很高、排名全国同行前 10 位，被称为政府效率“十高省”；深圳市、衡阳市、舟山市、珠海市等位列我国地级市政府效率前 100 位，被称为政府效率“百高市”；崇仁县、楚雄市、治多县等位居我国县级政府效率前 200 强；甘洛县、宁县、堆龙德庆区等名列我国贫困县政府扶贫效率前 100 位，被称为扶贫效率“百高贫困县”。

本书表明，我国地方政府效率具有 3 大明显特征：①我国华东、中南、西南、西北、华北、东北不同地区的地方政府效率排名差异较大。例如，华东地区省级政府效率排名，华东、中南地区的地级市政府效率排名，华东、西北、西南等县级政府效率排名均比较靠前，高于其他地区的地方政府效率排名；又如，华东、西北地区贫困县政府扶贫效率排名位列前茅，高于其他地区贫困县政府扶贫效率排名。总体上，我国地方政府效率或者贫困县政府扶贫效率大致均呈现高等、中等、低等三级分布趋势。②同一地区内部同一级别的地方政府效率排名差异很大，这间接反映了我国地区内部同级地方政府之间在经济社会发展与政府服务管理上的巨大差距。③不同地区之间地方政府效率排名与当地社会经济发展水平具有正向关联性，但是同一地区内部的地方政府效率排名与当地经济发展水平则不一定具有正向关联性；不同地区之间贫困县政府扶贫效率排名与当地经济社会发展水平不一定具有正向关联性。

本书指出，公共服务优质、政府规模优化、居民经济福利优厚、政务公开优先，即“4 优”仍然是提高我国地方政府效率的经验；而政务公开不全、公共服务不佳、居民经济福利不高、政府规模不优，即“4 不”是制约我国多数地方政府效率提升的因素。因此，全面实行政府公开、加强公共服务能力建设、不断优化政府规模、注重改善辖区居民经济福利是提升我国地方政府效率的共同路径。与此同时，持续实施精准扶贫、继续改进扶贫服务质量、促进扶贫成效提升是提高我国贫困县政府扶贫效率的重要措施。

目　　录

第1章　改革开放40年来政府效率理论研究与实践变迁

1.1　政府效率理论研究变迁

改革开放 40 年来，国外有关政府效率研究理论及演变形态相继被引进国内，推动了我国政府效率理论研究变迁。

20 世纪 40 年代以后，随着国际形势的变化，政府效率理论研究不断变迁，相继出现了以公共选择理论、新公共管理理论、新公共服务理论和政府治理现代化理论等为代表的政府效率理论研究流派，并且，这些理论在美国、英国、法国、澳大利亚、新西兰、中国等国家的治理实践中取得了很大成功[1]。改革开放 40 年来，我国在引用、借鉴国外政府效率理论研究的基础上，不断深化政府机构改革以应对不断变化的内外部行政环境，变革原有不合适的机构设置、管理权限及方式，实现更合理的机构设置，提高政府效率，满足居民更优质的公共服务需求[2]。本节将通过重点探究 20 世纪 40 年代以来的政府效率理论研究变迁，分析不同阶段政府效率理论研究流派，论述改革开放 40 年来我国政府效率理论研究与实践变迁。政府效率研究变迁主要包括以下四种理论。

1.1.1　公共选择理论

公共选择理论是政府效率理论研究的主要流派，起源于 20 世纪 40 年代末，在 20 世纪 50 年代逐渐形成了比较完整的公共选择理论的基本原理和理论框架，20 世纪 70 年代，其学术影响迅速扩大。公共选择理论探讨了政府效率分类，认为衡量政府效率有 X 效率、配置效率和动态效率等多个维度。以布坎南为代表的公共选择理论学者深入研究了政府干预行为的局限性或“政府失败”的表现及原因，集中表现在以下四个方面。

第一，公共决策失误。公共选择主要就是政府决策，政府对经济生活干预的基本手段是制定和实施公共政策。公共选择理论认为，公共决策作为非市场决策有着不同于市场决策的特点，如市场决策以个人为决策主体，以私人物品为对象，并通过完全竞争的经济市场来实现经济目标；而公共决策以集体为决策主体，以公共物品为对象，并通过有一定政治秩序的政治市场来实现政治目标。因此，公共决策是十分复杂的过程，存在种种困难、障碍或制约因素，如果政府难以制定并实施好的或合理的公共政策，将导致公共决策失误。这非但不能起到补充市场机制的作用，还会加剧市场失灵，带来巨大的资源浪费及社会灾难[3]。

第二，政府扩张或政府成长。帕金斯定律证明，政府自身具有扩张的本性。对于为什么会出现政府扩张，公共选择理论论述了五个原因：①政府作为公共物品的提供者和外在效应的消除者导致扩张；②政府作为收入和财富的再分配者导致政府扩张；③利益团体存在导致政府扩张；④官僚机构存在导致政府扩张；⑤财政幻觉导致政府扩张。公共选择理论指出，官僚机构和立法部门都追求预算最大化，他们与利益集团结成“铁三角”导致政府预算具有不断扩大的趋势。政府部门谋求内部私利而非公共利益的现象被称为“内部效应”，如同“外部效应”成为市场失灵的一个原因一样，“内部效应”被认为是政府失败的一个重要原因。政府扩张会导致社会资源浪费、经济效益降低、资源配置低效、社会福利减少；政府开支增长会引发通货膨胀[3]。

第三，官僚机构的低效率。公共选择理论还分析了官僚机构效率低下的三个基本原因：①官僚机构垄断了公共物品的供给，缺乏竞争。由于没有竞争对手，政府部门就可能过分投资，生产出多于社会需要的公共物品，如不适当地扩大政府机构规模、增加工作人员、提高薪金和办公费用，造成了大量浪费。②政府官员缺乏追求利润的动机。政府官员不能把利润据为己有，加上公共物品成本与收益难以测定，所以，与公司老板不同，为增加自己的升迁机会和扩大势力范围，政府官员的目标并不是利润最大化，而是规模最大化，这势必会导致机构臃肿、人浮于事、效率低下。③缺乏对政府官员的监督。作为监督者的公民完全可能受到被监督者的操纵，因为被监督者的地位实际上可以使他们强制规定某些政策措施，使之更有利于自身利益，而不利于公共利益[3]。

第四，寻租。所谓寻租也就是“用较低的贿赂成本获取较高的收益或超额利润”。所谓寻租或租金，按布坎南的说法是指支付给生产要素所有者的报酬中，超过要素在任何可替代用途上所能得到的报酬的那一部分。缪勒在《公共选择理论》一书中将寻租分为三类：①通过政府管制的寻租；②通过关税和进出口配额的寻租；③政府订货中的寻租。有些公共选择理论学者还注意到，政府及官员在寻租过程中未必都是被动角色，还可以充当主动者，这就是所谓的“政治创租”和“抽租”问题。寻租活动会导致“政府失败”，因为它使经济资源配置扭曲，或者成为资源无效配置的一个根源；寻租作为一种非生产性活动，并不增加任何新产品或新财富，只不过是通过改变生产要素的产权关系，把更大一部分的国民收入装进私人腰包；寻租会导致不同政府部门官员的争权夺利，影响政府声誉和增加廉政成本，这导致社会资源的浪费[3]。

20世纪60年代末以来，为了让政府得到一种务实的、能广泛应用的治理方式和公共服务模式，公共选择理论衍生出了公共部门民营化改革理论。那时，西方国家在经历了战后经济飞速发展时期后普遍陷入了滞胀陷阱，这带来了一系列的社会矛盾与问题。其在政治上突出表现为：政府效率低下、回应性差、政府机构膨胀、公众支持率下降、政府信用危机、财政赤字、工人失业等。面对日益多变、复杂的社会环境和社会公众多元化需求，以官僚制为蓝本的传统管制型政府显得力不从心、危机四伏，公共部门改革应运而生。这场声势浩大的行政改革运动的根本做法是在公共服务的生产和供给中打破传统政府的行政垄断，引入市场和社会力量，运用竞争压力达到提高公共服务质量、降低服务成本的目的。公共部门民营化改革理论就是在这种背景下作为政府行政改革中的一项重要战略和济世良方被西方广泛运用的，并在英、美、澳大利亚、新西兰等国取得显著成效。公共部门民营化改革在实践中能够取得卓越成效源于其深厚的理论支撑，如公共选择理论、委托代理理论、交易成本理论、公共服务安排与生产理论等[4]。

1.1.2　新公共管理理论

20 世纪 70 年代末以来，西方发达资本主义国家实行的政府改革，引起了极大的社会反响。"重塑政府运动""企业型政府""政府新模式""市场化政府""代理政府""国家市场化""国家中空化"等，只是对这场改革的不同称谓。人们普遍认为，区别于传统公共行政的典范的、新的公共管理模式正在出现。这就表明，政府效率理论研究演变成了另一种流派：新公共管理理论。

该理论代表人物赫克谢尔（C.Heckscher）指出，政府改革打破了单向等级指挥的关系，建立了互动交流和导向管理，开始向"后官僚组织"变迁。而巴扎雷（Michael Barzelay）说，摒弃官僚制的时代已经到来，公共管理由重视效率转向重视服务质量和顾客满意度，由自上而下的控制转向争取成员的认同和争取对组织使命与工作绩效的认同。"重塑政府"运动的积极倡导者奥斯本和盖布勒总结了美国改革地方政府和联邦政府的经验，倡导政府管理的新方式。胡德（Christopher Hood）把西方国家的政府改革所体现出来的政府管理新模式称为新公共管理典范。这些新公共管理实践催生出不同于传统公共行政理论的理论新范式，即新公共管理理论。

新公共管理理论提出了六个论断，具体内容如下。

第一，以顾客为导向，奉行顾客至上的全新价值理念。新公共管理理论完全改变了传统模式下政府与公众之间的关系，政府不再是发号施令的权威官僚机构，而是以人为本的服务提供者，政府公共行政不再是"管治行政"，而是"服务行政"。公民是享受公共服务的"顾客"，政府以顾客需求为导向，尊崇顾客主权，坚持服务取向。

第二，治道变革，政府职能由"划桨"转为"掌舵"。新公共管理理论主张政府在公共行政中应该只是制定政策而不是执行政策，政府应该把管理和具体操作分开。

第三，在公共管理中引入竞争机制。传统公共行政力图建立等级森严的强势政府，强调扩张政府的行政干预。新公共管理理论则主张政府管理应广泛引入市场竞争机制，通过市场模式让更多的私营部门参与公共服务的提供，提高服务供给的质量和效率，实现公共管理成本的节省。

第四，重视效率追求。追求效率是公共行政的出发点和落脚点。新公共管理在追求效率方面主要采取三种措施：实施明确的绩效目标控制、重视结果、采用私营部门有效的管理手段。

第五，改造公务员制度。新公共管理理论要求打破公务员制度的一些重要原则和核心特征：①通过推行临时雇佣制、合同用人制等新制度，打破传统的"常任文官无大错不得辞退免职"的规定；②废弃公务员价值中立原则。新公共管理"主张放弃政府与逻辑实证论相联系的表面上的‘价值中立’”，正视行政所具有的浓厚的政治色彩，认为不应将政策制定和行政管理截然分开。

第六，创建有事业心和有预见能力的政府。新公共管理理论认为“政府必须以收费来筹款，通过创造新的收入来源保证未来的收入”。不仅如此，政府还必须转变价值观，在把利润动机转到公众使用的基础上，尽可能使政府公共管理者转变为企业家，学会通过花钱来省钱、为获得回报而投资。

新公共管理理论不断发展的同时，类似新公共管理理论的政府再造理论产生了。政府再造理论与新公共管理理论的核心都是企业家政府思想，该理论提出要引入竞争、以顾客为导向、缩小政府规模。20世纪80年代末至90年代初，由于美国企业竞争力下降，经济不景气，“企业再造”理论应运而生。“企业再造”理论在深刻影响大企业的同时，也影响到西方国家公共部门的改革，以政府为代表的公共部门掀起了“重组政府”的热潮，成为20世纪新公共管理改革的国际化趋势[5]。政府再造就是“对公共体制和公共组织进行根本性的改革，以大幅提高组织效能、效率、适应性及创新的能力，并通过改革组织目标、责任机制和组织文化等来完成这种转型过程”。它突破了传统意义上对“再造政府”的理解，不再局限于简单地改革政府机构、精简流程，而是通过着力引进企业先进经验来改造政府[5]。

奥斯本和盖布勒在《改革政府》一书中提出的企业化政府运作的10条原则，成为政府改革与效率提升的重要理论根据。它们包括：①企业化的政府应该把政策制定（掌舵）与政策执行和服务提供（划桨）分开，政府的职能主要是政府制定；②政府将部分控制权和职能转移至社区，鼓励民众关心和参与公共事务；③把竞争机制注入服务提供中，改变政府对公共服务的垄断；④政府要在内部放松管制，从根本上简化行政制度；⑤政府应按照结果而不是按照投入进行拨款，引导政府对其施政结果负责；⑥满足顾客而不是满足官僚制度的需要，经常关注顾客的利益和要求；⑦政府应发挥企业经营的精神，进行有效投资；⑧政府管理要有战略眼光和预见性，应防患于未然；⑨通过组织等级扁平化和使用团队等方式下放权力给基层和员工；⑩通过市场力量进行变革，公共服务市场要对社会开放。

1.1.3 新公共服务理论

政府效率理论研究的又一演变形式就是新公共服务理论。20世纪末，基于对新公共管理理论的反思，以美国著名公共管理学家罗伯特·丹哈特为代表的一批公共管理学者发展了一种新的公共管理理论，即新公共服务理论。新公共服务理论提出的主要观点包括：①民主化的公民权利和责任理论；②社区范式和市民社会理论；③组织人道主义和话语理论。根据这些观点，新公共服务理论论证了新公共服务的一些基本原则：民主化的公民权利与责任理论；社区和市民社会范式；组织人道主义和话语理论[6]。在此基础上论述了新公共服务理论的七条原则：

（1）服务而不是掌舵。新公共服务理论认为，对公务员而言，需要承担的一个越来越重要的角色是帮助公民明白和满足他们共享的利益，而不是试图控制和为社会发展的新方向掌舵[7]。

（2）提供公共利益和公共服务是政府的主要目的与任务，但不是由政府自己参与生产或垄断公共服务的提供。新公共服务理论认为，公务员必须建立一个集体共享公共利益的观念。其目的不是在个人选择驱动下，迅速找到解决的办法，而是创造一个利益共享、责任共担的机制[6]。

（3）推崇战略性思考、民主行为。新公共服务理论认为通过集体努力和周密的行动过程，政府制定满足公民需要的政策和项目，才是更具有效率和责任性的政府[6]。

（4）为公民而不是顾客提供公共服务。新公共服务理论认为，公共利益产生了关于价值共享的对话，而不是个体私利的集合。因此，公务员不是对顾客或消费者的需求做出反应，而是强调和市民之间建构一种协作与信任关系[6]。

（5）并非简单的责任与义务。公务员不仅要关注市场，而且要关注宪法和法律条文、社会价值、政治规范、专业标准与公民利益[6]。

（6）重视公民，而不仅仅将公民看成生产力。从长远来看，如果公共部门在尊重人民的基础上，强调协作和共享公共政策的制定，那么在纷繁复杂的网络工作中，他们往往是成功者。通过这种方法来管理和组织，就是新公共服务者所强调的“通过人民来管理”的方法[6]。

（7）重视公民关系，将公共服务的提供凌驾于“企业家关系”之上。新公共服务理论认为，公务员为公民提供公共服务，使自己牢记如何为社会创造有意义的贡献，如何使公共利益得到更好的提升，政府管理者的行为强于企业管理者的行为，因为企业管理者是将企业的公共资金看成他们自己的资本[6]。

1.1.4　政府治理现代化理论

当前有关政府效率理论的研究已经演变到“协同政府”（joint-up government，JUG）理论、中国特色社会主义理论等政府治理现代化理论的阶段。

1. “协同政府”理论

“协同政府”是英国布莱尔政府改革的一个核心词汇，国内学者普遍将其翻译为“合作政府”、“整体型政府”和“协同政府”等[8]。“协同政府”是许多致力于政府改革的欧美国家在 20 世纪末至 21 世纪初行政改革的趋势。作为当代西方行政改革的先驱，英国在这一新的改革趋势中占据着十分重要的位置[9]。有关“协同政府”的论述被称为“协同政府”理论。“协同政府”理论提出以下四个论点：

第一，与强调政府退却不同，“协同政府”代表着政府角色在某种程度上的回归。“第三条道路”的倡导者安东尼·吉登斯曾说，“任何一个工党政府都应该维护和提高公共机构的作用，使之更好地服务于社会”[10]。

第二，与强调通过竞争来提高服务效率和质量不同，“协同政府”认为良好的服务只能来自多方合作[9]。

第三，与强调在公共部门借鉴和引进私营企业的管理技术不同，“协同政府”更关注政府自身决策行为的完善[9]。

第四，与强调以竞争为公共服务的核心机制不同，“协同政府”认为公共服务的核心机制只能是信任[9]。

总之，“协同政府”重新强调了政府的公共责任和公共利益，扭转了政府饱受批评的“管理主义”形象和政府的市场化倾向，在日趋复杂和多元化的社会中为政府如何更有效地发挥作用提供了一个可能的答案，代表着新公共管理改革实践的一个新动向和新趋势[9]。

2. 中国特色社会主义理论

在我国长期社会主义革命和建设实践中，邓小平同志对机构改革进行了系统、深入的阐述，对政府效率研究理论和实践做出了重要贡献。20 世纪 80 年代，邓小平指出政治体制改革“要向着三个目标进行”，“第一个目标是始终保持党和国家的活力；第二个目标是克服官僚主义，提高工作效率；第三个目标是调动基层和工人、农民、知识分子的积极性”①，以“活力”“效率”“积极性”为核心内容的政治体制改革目标，也就是我国机构改革的基本目标。邓小平不仅明确了机构改革的目标，还系统、科学地指出了机构改革的基本内容：第一，党政分开，建立强有力的政府工作系统。根据精简、统一、效能的原则建立办事高效、运转协调、行为规范的强有力的行政管理体系。第二，政企分开，适时科学地转变政府职能。机构是职能的载体，职能是机构的灵魂。职能决定机构的规律，其内在地规定了政府机构改革必须以转变职能为前提，政府应牢牢抓住转变职能这个关键。第三，权力下放，全面调动各方面各阶层的积极性。具体而言，是党委要放权、政府要放权、中央要向地方放权、同级政府内部各机构和各层次也要相应放权。第四，加强立法，实现行政组织内部关系的法定化，保证责权下放落到实处，保证机构高效运转[11]。

长期以来，效率与公平是一对主要矛盾。解放生产力、发展生产力是提高效率；消灭剥削、消除两极分化，最终达到共同富裕是实现公平。社会主义的本质实际上就是要解决效率与公平的问题。邓小平从效率和公平两方面来考虑社会主义的原则或任务，多次指出：“社会主义原则，第一是发展生产，第二是共同致富。”②解放生产力，也离不开政府治理现代化，政府为提高效率进行了多次机构改革。党的十八届三中全会审议通过的《中共中央关于全面深化改革若干重大问题的决定》，提出全面深化改革的指导思想、目标任务、重大原则，是我们党在新的历史起点上全面深化改革的科学指南和行动纲领，发展了中国特色社会主义理论与实践③。

党的十九大报告对新时代政府治理现代化进行了富有深刻内涵的表述，提出要“打造共建共治共享的社会治理格局”④，“共建、共治、共享”三词，对推进政府治理现代化及政府创新提出了新目标和新要求。共建即共同参与社会建设；共治即共同参与社会治理；共享即共同享有治理成果[12]。

---

① 邓小平文选[M]. 第三卷. 第1版. 北京：人民出版社. 1993.

② 张峰，王鑫. 邓小平效率与公平思想初探[EB/OL]. http://cpc.people.com.cn/GB/69112/69113/69117/4714162.html，2006-08-17.

③ http://politics.people.com.cn/n/2013/1115/c1001-23559327.html.

④ http://cpc.people.com.cn/n1/2017/1028/c64094-29613660.html.

1.1.5　小结

政府效率理论研究总是随着时代的变化不断创新与变迁。首先，20 世纪 40 年代末产生的公共选择理论揭示了“政府失败”的表现，总结了政府低效的原因；在其基础上演变而来的公共部门民营化改革理论则强调通过市场和社会的力量优化公共服务供给，以此提高服务效率。其次，20 世纪 70 年代末产生的新公共管理理论则提出建立互动交流和导向管理。同一时期产生的政府再造理论则主张通过引进企业的先进经验来改造政府、提高政府效率。再次，20 世纪末产生的新公共服务理论提出政府在管理公共组织和执行公共政策时应该集中承担为公民服务和向公民放权的职责，并且应该建立一些明显具有完善整合力和回应力的公共机构以提高政府服务效率。最后，21 世纪初产生的政府治理现代化理论的“协同政府”理论强调政府公共责任和公共利益，提出通过决策统一、构建协同系统，来提高决策效率；而中国特色社会主义理论主张政治体制改革要保持党和国家的活力、提高工作效率、调动人民积极性。党的十九大报告指出，“打造共建共治共享的社会治理格局”①，强调深化机构改革是提高政府效率的关键。

改革开放 40 年来，我国政府通过借鉴国内外有关政府效率研究理论而进行的历次政府机构改革都将提升政府效率作为重要内容。

经济全球化背景下，任何一国的政府机构改革实践都无法脱离他国的影响，对各国政府机构改革理论和实践的分析将有助于我国政府吸取经验教训，甚至可实现“他山之石可以攻玉”的功效。改革开放 40 年来，我国每一次政府机构改革在立足国情的基础上，都与同时期世界各国的改革主题具有高度的相关性和互动性[2]。行政体制改革与政府效率提升相伴而行，每一次大的行政体制改革内容的转变都会带来政府效率理论研究形态的新变迁。实际上，多次行政体制改革实践才可能完善、检验政府效率理论研究变迁，推动政府效率理论研究与政府机构改革实践不断走向新阶段。

1.2　政府效率提升实践变革

有关政府效率理论的研究变迁推动了我国政府效率提升实践的变革，这一变革体现在改革开放 40 年来我国以提高政府效率为目标的八次政府机构改革上。受政府效率理论研究变迁及经济全球化浪潮影响，我国在立足国情的基础上，不断推进政府机构改革，推进我国地方政府效率提升实践。邓小平同志在改革开放初期就提出要抓紧政府机构改革的工作，此后我国每五年进行一次影响重大、深远的中央政府机构即国务院机构改革。这一系列改革取得了明显成效，不但推进了党和国家机构职能转变与协同高效，而且加强了机关作风建设，优化了政府与社会、政府与市场的关系，促进了政府治理现代化，提升了政府效率，从而更好适应新时代我国经济社会发展需要，具体包括以下几个方面。

---

① http://cpc.people.com.cn/n1/2017/1028/c64094-29613660.html.

1.2.1 政府效率提升实践变革载体：政府机构改革

我国政府效率实践变革，即政府效率提升实践的变革过程离不开一个共同的载体：政府机构改革。

改革开放40年来，我国先后经历了八次伴随政府职能转变的政府机构改革，分别在1982年、1988年、1993年、1998年、2003年、2008年、2013年和2018年。剖析这些改革，我们发现尽管这八次政府机构改革内容有异，但其功能和目标都是提升政府效率。具体分析如下。

第一次政府机构改革发生在1982年。党的十一届三中全会召开后，全国工作重心逐步转移到社会主义现代化建设上来，国务院首要任务是集中精力领导经济建设。此次改革借鉴了公共选择理论，分析了政府低效率的表现和原因，揭示了我国政府机构设置与工作重点不相适应的问题，具体表现为：机构人员过多，领导干部“四化”程度不高，部门职责不清、运转不灵、工作效率低下。邓小平同志1980年8月指出这种情况“都已达到令人无法忍受的地步”①。党的十一届三中全会以来，邓小平对政府机构改革进行了全面、系统的论述，形成了邓小平关于中国政府机构改革理论，阐述了政府机构改革的必要性和紧迫性，明确了政府机构改革的指导思想、根本目标、基本原则、思路方法和工作步骤[13]。

在邓小平同志《精简机构是一场革命》的讲话后，中央和地方随之启动了机构改革工作。该次国务院机构改革重点是：适应工作重点转移，提高政府工作效率。首先，大规模精简机构和人员，国务院副总理由13人减为2人（后又增加4人），国务院部委、直属机构、办公机构由100个减为61个，工作人员总编制缩减了1/3[14]。这一举措有效控制了机构编制的膨胀；一些职能重复部门的精简，有效避免了部门间职能重复、多头管理的问题，节约了政府资源；产生鲶鱼效应，有力地激发活力，提高公务人员素质，提高政府效率。其次，重组了国家经济贸易委员会（以下简称国家经委），进一步加强了国家计划委员会（以下简称国家计委）工作，提高了政府工作效率。最后，废除实际存在的领导干部终身制，实行干部离退休制度。它赋予了中国特色社会主义崭新的内容，不仅使国家治理结构这座金字塔持续焕发活力，而且带动整个国家的创新活力持续迸发。正如邓小平同志指出的，“关键在人”②。国务院机构改革完成后，我国进行了地方政府机构改革，重点是调整和加强各级领导核心，精简庞大臃肿的机构，选拔大量优秀的青年干部，轮训在职干部，克服官僚主义，提高工作效能。

第二次政府机构改革是在1988年。1982年机构改革由于没有触动高度集中的计划经济管理体制，没有实现政府职能转变，政府机构不久又呈现膨胀趋势，在该背景下，国务院决定再次进行机构改革。此次改革借鉴了国外新公共管理理论中政府职能由“划桨”转为“掌舵”的思想，首次提出了“转变政府职能是机构改革的关键”这一命题，进一步精简了富余机构和人员，理顺了关系，提高了行政效率。1988年国务院机构改革的长远目标是根据党政分开、政企分开和精简、统一、效能的原则，逐步建立具有中国

① 那些消失的部委，http://paper.people.com.cn/rmwz/html/2013-05/01/content_1247974.htm?div=-1.

② http://gd.people.com.cn/n/2014/0811/c123932-21952148.html.

特色的功能齐全、结构合理、运转协调、灵活高效的行政管理体系。这次改革的基本要求是转变职能，下放权力，调整结构，精简人员，减少政府机构干预企业经营活动的职能，增强宏观调控职能，初步改变机构设置不合理和行政效率低下的状况[15]。此次机构改革不是简单地撤减、合并，而是转变职能，按政企分开原则，把直接管理企业的职能转移出去，把直接管钱、管物的职能下放，加强决策、咨询、调节、监督和信息等职能。例如，国家计委、国家经委的职能重复交叉，承担了许多应该由其他部门管理、甚至企业经营的具体事务[14]，所以撤销国家计委、国家经委，组建国家计划委员会作为国务院管理国民经济和社会发展的综合部门，该部门不再承担微观管理与行业管理职能，成为一个高层次的宏观管理机构。撤销煤炭工业部、石油工业部、核工业部，组成石油天然气集团公司、统配煤矿总公司、核工业总公司，新组建能源部作为国务院统管全国能源工业的职能部门来对这些公司进行归口管理。这样改革及撤并使得政府能集中管理，提高了政府行政效率。

第三次政府机构改革是在 1993 年。1993 年的政府机构改革是在建立社会主义市场经济体制背景下进行的，和以往机构改革不同，这次机构改革把适应社会主义市场经济发展要求作为改革的目标。此次改革应用了公共选择理论总结的宝贵经验，充分意识到政府干预行为的局限性，提出改革的重点是转变政府职能，转变职能的根本途径是政企分开，坚决把属于企业的权力放给企业，把应该由企业解决的问题，交由企业自己去解决。政府的行政管理职能主要是统筹规划、掌握政策、信息引导、组织协调、提供服务和检查监督。理顺中央和地方政府的关系，合理划分中央与地方的管理权限，充分发挥中央与地方的积极性，使地方在中央方针政策的指导下，因地制宜地发展该地区经济和各项社会事业。同时，改革要求理顺国务院各部门之间的关系，合理划分职责权限，避免交叉重复，调整机构设置，精简各部门的内设机构和人员，提高行政效率[15]。改革方案的主要内容为：①转变职能，推进政企分开；②明确各部门职权，理顺权责关系，着力理顺国务院部门尤其是综合经济部门之间及综合经济部门与专业经济部门之间的权责关系，调整中央与地方权限；③精简机构，压缩人员编制。此次改革抓住了改革专业经济部门这个重点，落实了 1988 年改革实施的“三定”制度，协调解决了一些部门间职责交叉重叠的问题，解决了部分机构办事效率低的问题，提高了政府工作效率。例如，建设部在贯彻国务院“三定”方案机构改革工作中推出新举措。过去建设部有关业务司局存在职能交叉、分工不清、工作多头管理、要求不统一的问题，不仅影响工作效率，也给地方建设主管部门的工作增加了难度。

在这次机构改革工作中，建设部党组按照国务院要求，在转变职能、理顺关系、明确分工、提高效率等方面下功夫，组织专门工作组，不仅和十多个有关业务司局反复协商、协调，还征求了十多个省、市、自治区建设主管部门的意见，真正体现了领导就是服务的宗旨，对“三定”方案中未予明确的问题做出了必要的补充规定，本着归口管理、统分结合、互相协商、密切合作的精神解决好有关司局业务交叉的问题。

我国第四次政府机构改革是在 1998 年。本轮机构改革是在当时机构设置与社会主义市场经济发展的矛盾日益突出的背景下进行的。1998 年 3 月 10 日，第九届全国人大第一次会议通过了《关于国务院机构改革方案的决定》，开展了改革开放以来规模最大的一次行政管理体制改革。本轮改革与当时国际盛行的、与行政体制改革相关的新公共服务理论影响相关。该理论已在西方发达国家行政机构改革实践中得到检验，因此对我国政府机构改革产生了重要影响，如该理论认为，提供公共利益和公共服务是政府主要目的和任务，但不是由政府自己参与生产或垄断公共服务。本轮政府机构改革仍然坚持政府职能转变的目标定位，但侧重点是优化政府组织结构。经过改革，除国务院办公厅外，国务院组成部门由 40 个减少为 29 个；人员从 3.2 万人减为 1.67 万人，减幅为 47.8%[14]。这基本上改变了计划经济时期形成的行政管理体制和组织结构，为完成职能转变提供了组织保证，并逐步形成适应社会主义市场经济体制需要的新的行政管理体制，进一步提高了政府工作效率。同时，政府职能转变的原则仍然是按照发展社会主义市场经济的要求，转变政府职能，实现政企分开，把政府职能切实转变到宏观调控、社会管理和公共服务方面上[16]。这些举措体现在稳定社会预期、确保市场与社会的稳定等方面。与以往几次改革不同的是，此次改革还体现了 1997 年党中央提出的依法治国方略，正式提出按照依法治国、依法行政的要求，加强行政法制体系建设[14]，为走出机构改革“精简—膨胀—再精简—再膨胀”的怪圈提供法律保障。法律是最为重要的正式制度，立法数量的增加对政府效率的提高有着积极意义[17]。

改革开放以来我国进行的第五次政府机构改革发生在 2003 年。本轮政府机构改革是在我国加入世界贸易组织大背景下进行的。2001 年我国正式被批准成为世界贸易组织的成员，因此这次政府机构改革的重点是转变政府职能和加强市场监管，使国内的经济体制适应世界贸易组织的规则要求[18]。此次机构改革实践贯彻了邓小平有关政府效率理论加强立法的研究观点，实现行政组织内部关系的法定化，保证权责下放落到实处，进而保证机构高效率运转。在这次政府机构改革中，国务院机构改革方案提出深化国有资产管理体制改革，完善宏观调控体系，健全金融监管体制，继续推进流通体制改革，加强食品安全和安全生产监管体制建设[19]。这一次政府机构改革并没有提出具体的人员上的精简数量，而是由量的改变转向质的改变，具体体现在改革方案要求进一步加强政府的宏观调控和转变政府职能上。其中，原国家发展计划委员会改组为国家发展和改革委员会（以下简称国家发改委），其任务是研究拟定经济和社会发展政策，进行总量平衡，指导总体经济体制改革，政府职能由微观调控转向宏观指导总体经济发展，让市场发挥更大的作用来调节微观经济，调整政府与市场的关系，提高政府与市场的效率。设立国务院国有资产监督管理委员会，以指导推进国有企业改革和重组。这个举措优化了国有企业结构，使其运行更加高效有序。设立中国银行业监督管理委员会；组建商务部，推进流通体制改革；将国家药品监督管理局重组为国家食品药品监督管理局。以上政府机构改革与职能转变提高了经济运行效果与政府效率。

第六次政府机构改革发生在 2008 年。本轮机构改革是在完善社会主义市场经济的大背景下进行的。在经历了改革开放 30 年的历史变革后，2008 年我国开始全面建设小康社会，此次改革的主题是完善政府基本公共服务和实行职能有机统一的大部门体制来保障和改善民生。本轮机构改革以英国“协同政府”理论中的“良好的服务只能来自多方合作思想”为参考，同时以邓小平关于根据精简、统一、效能的原则建立办事高效、运转协调、行为规范的强有力的行政管理体系的理论为指导思想。在这次改革中，国务院机构改革方案提出按照精简、统一、效能的原则和决策权、执行权、监督权既相互制约又相互协调的要求，着力优化组织结构，规范机构设置，完善运行机制，为全面建设小康社会提供组织保障[20]。此次改革并不是简单地裁剪政府工作人员或者减少政府机构，而是将一些职能相近的部门整合在一起，通过进行综合设置提高政府部门的行政效率，其原因是政府机构和政府职能之间存在很多不适配的状况，政府部门之间权责不清或者职能有部分交叉[21]。其中，国家发改委进一步转变职能，减少微观管理事务和具体审批事项，同时加强能源管理机构，设立高层次议事协调机构国家能源委员会，组建由国家发改委管理的国家能源局，明确了国家发改委的权责范围，使得宏观调控体系的运行更加有效率；组建工业和信息化部、交通运输部、人力资源和社会保障部、环境保护部、住房和城乡建设部，国家食品药品监督管理局改由卫生部管理。以上举措有利于理顺部门职责关系，明确各部门权责清单，提高政府运行效率，避免部门行使重复的职责或是没有部门行使某一类职责情况的发生。

我国第七次政府机构改革是在 2013 年。2013 年的机构改革是在建立中国特色社会主义行政体制的大背景下进行的。根据党的十八届二中全会精神及国家治理现代化理论，此次改革的重点是完善制度机制，继续推进大部门制的机构整合，加快建设社会主义市场经济体制，为全面建成小康社会提供制度保障。在这次改革中，国务院机构改革和职能转变方案重点围绕转变职能和理顺职责关系，稳步推进大部门制改革，实行铁路政企分开，整合加强卫生和计划生育、食品药品、新闻出版和广播电影电视、海洋、能源管理机构职能[22]。其中，实行铁路政企分开进一步减少了政府对微观经济的干预，同时增加了政府的宏观调控力度，组建中国铁路总公司和国家铁路局将生产业务与行政管理监督分离，使生产脱离计划、适应市场化的需求进而提高铁路建设的效率，使监督管理脱离生产利益的影响，从而提高监督铁路生产的质量。组建国家卫生和计划生育委员会、国家食品药品监督管理总局，重新组建国家广播电视总局、国家海洋局和国家能源局。这是典型的大部门制的机构整合，将职能相似或重合的机构整合为一个机构，不再保留原有机构，使得同类职能可以集中在一个机构，从而提高行政效率。在国务院机构职能中减少和下放投资审批事项、减少和下放生产经营活动审批事项、减少资质资格许可和认定、减少部门职责交叉和分散，这四个减少是简政放权的体现，充分发挥了市场在资源配置中的决定性作用，更好地发挥了社会力量在管理社会事务中的作用，充分发挥了中央和地方政府积极性，有利于提高政府效率。

我国进行的第八次政府机构改革是在 2018 年。2018 年政府机构改革是在全面建成小康社会的决胜阶段的大背景下进行的。本轮改革的重点是推进党和国家机构职能优化协同高效，提高政府执行力，建设让人民满意的服务型政府。本次深化党和国家机构改革的方案提出要坚决破除壁垒，发挥市场在资源配置中的决定性作用，同步推进党、军队和政府的改革从而促进三方的协同治理能力[23]。其中，国务院机构改革中提出组建自然资源部、生态环境部、农业农村部、文化和旅游部、国家卫生健康委员会、退役军人事务部、应急管理部，重新组建科学技术部、司法部，这一次的机构重组不是简单地将两个不同的部门撤掉合在一起创建一个新的部门，而是将各类部门中的其中一类职能整合在一起，同时会保留一些部门。例如，自然资源部职责是由国土资源部的职责，国家发改委的组织编制主体功能区规划职责，住房和城乡建设部的城乡规划管理职责，水利部的水资源调查和确权登记管理职责，农业部的草原资源调查和确权登记管理职责，国家林业局的森林、湿地等资源调查和确权登记管理职责，国家海洋局的职责，国家测绘地理信息局等职责整合组建而成。与此同时，保留国家发改委、住房和城乡建设部、水利部。此举更加细化了机构各职能的组成，使同一类职能更加集中，从而大大提高了政府机构的运行效率。

1.2.2 政府机构改革与政府效率提升实践的变化

从总体上来看，改革开放40年来，我国行政体制改革的重要内容之一就是通过多次政府机构改革提升政府质量、推动政府效率理论研究不断变迁，促进政府效率提升实践的不断变化。以下将从政府机构改革的核心内涵、本质及主要目标三个方面论证政府机构改革如何影响政府效率提升，以及政府效率如何发生相应变化。

首先，政府机构改革的核心内涵是转变职能。政府机构改革过程中，政府职能也经历了一个不断转变的过程。从1982年开始，随着经济体制改革的深化，我国已先后进行过八次大的政府机构改革。这些改革都是围绕政府职能转变、精简机构而进行的。因此，改革开放40年来我国政府机构改革的核心就是简政放权、转变政府职能。20世纪80年代的简政放权，把提高经济效益、克服经济短缺作为出发点，冲破了计划藩篱，改变了集中经营、统一分配的管理方式，但由于计划经济体制没有实现政府职能转变，此时的政府行政效率低下。1988年第二次政府机构改革首次明确提出转变政府职能，以后每次政府机构改革都会强调转变政府职能。在20世纪90年代和21世纪的改革中，简政放权及政府职能转变的深度和广度达到更高层次，政府效率不断提高[18]。因为前几次政府机构改革主要是为了适应当时社会经济发展需要，围绕精简机构展开。之后，简政放权已经成为深化政府机构改革的首要目标，中央政府把持续推进“放管服”改革作为政府职能转变的“先手棋”和“当头炮”，如2003年第五次政府机构改革进一步结合当时经济社会发展实际情况、深化转变政府职能的要求，重点有序地推进机构改革工作，其目标及成效是促进政府效率不断提升。

其次，政府机构改革的本质是解决权力过多、缺少制约的问题，大幅削减行政审批事项，减少烦琐程序，实现精兵简政。对我国政府机构改革而言，分权和权力下放是提升政府效率的关键。政府机构部门林立、层次过多、冗员太多，势必导致政府办事程序烦琐、成本高、效率低下等问题，无法适应我国经济发展的新要求。因此，政府需要通过简政放权、减少审批、转变职能等改革提高公共服务效率，这也是检验政府机构改革成效的标准之一。例如，发达国家，甚至绝大多数发展中国家的中央政府，很少有超过20个部委的。而我国1998年进行政府机构改革后中央政府部门仍然多达29个[24]。由于注重宏观调控和政府职能转变，1998年以后的每次政府机构改革都对政府提高效率产生了积极的作用，提高了政府运行质量与效率。

最后，政府机构改革的主要目标就是追求效率，建设效率型服务政府。政府行政体制由改革前的管制型政府向今天的服务型政府转变，更好地服务社会。因此，政府机构改革都重视是以效率为中心的改革，改革后的政府应该是一个高效的政府，这既是我国社会发展的需要，又是我国政府治理现代化的要求。我国政府低效主要表现为成本高、效益低。改革开放至 2003 年所进行的每次政府机构改革，目的都在于解决政府吃财政饭的问题，只不过每次改革都比之前力度更大、起点更高，但是政府效率依旧低下。在 2008 年以后的“大部制”改革中，其重点围绕转变政府职能和理顺职责关系进行，对改革工作要求更加细化，这有利于提高政府执行力，促进政府效率提升。2018 年开始的深化政府机构改革坚持以人民为中心，以建设人民满意的服务型政府为目标，注重加快政府职能转变、改进运作方式及作风，提高效率效能，进一步提升政府效率①。

1.3 政府效率提升案例分析

改革开放 40 年来，我国政府通过不断改革、转变职能围绕政府效率提升进行了大量的实践探索，积累了很多宝贵经验。随着政府机构改革和简政放权不断深化，2018 年 6 月，国务院办公厅印发了《国务院办公厅关于印发进一步深化“互联网+政务服务”推进政务服务“一网、一门、一次”改革实施方案的通知》，加快推进政务服务“一网通办”和企业群众办事“只进一扇门”“最多跑一次”，深入推进“互联网+政务服务”，引领政府创新与改革②。政府效率提升案例很多，本节重点选取浙江、福建、贵州三个典型案例进行分析。

1.3.1 浙江省政府效率提升案例：“最多跑一次”改革

浙江省“最多跑一次”改革自 2016 年 12 月提出后，迅即在全省展开，形成了各地、各部门积极探索、改革创新的热潮。2018 年 1 月，中央全面深化改革领导小组审议了《浙江省“最多跑一次”改革专题调研报告》并予以肯定。2018 年 3 月，“最多跑一次”被正式写入李克强总理的政府工作报告[25]。

浙江省在互联网、大数据与云计算迅速发展的数字时代，适时地提出了“最多跑一次”改革，以此提升政府效率。“最多跑一次”指的是，群众和企业到政府机关办理行政审批和政府公共服务等涉民涉企事项，在申请材料齐全、符合法定要求时能够少跑、最多跑一次甚至不跑，实现特定事项或环节一次性办成，包括通过政务服务网“零上门”办理办结[26]。

长期以来，浙江省政府一直坚持“以人民为中心”的发展思想，积极简政放权，着力提升政府效率。研究发现，2011~2018 年，该省政府效率排名一直稳居前列，分别位居全国第 4、第 4、第 3、第 4、第 5、第 4、第 4、第 3（详情参考 2011~2018 年《中国地方政府效率研究报告》）。短期来看，浙江省“最多跑一次”改革较好地提升了政府便民服务、商事登记和企业投资审批项目等方面的办事效率，降低了市民、企业的

① 李克强在全国深化简政放权放管结合优化服务改革电视电话会议上发表重要讲话[EB/OL]. http://www.gov.cn/premier/2017-06/13/content_5202214.htm，2017-06-13.

② 进一步深化“互联网+政务服务”推进政务服务“一网、一门、一次”改革实施方案[EB/OL]. www.gov.cn/zhengce/content/2018-06/22/content_5300516.htm，2018-06-10.

办事成本；从长远来看，浙江省“最多跑一次”改革超越了行政管理意义上的效率提升，它通过以事项为载体撬动跨部门的流程再造，推进了政府部门行政权力的减少，简政放权及“放管服”改革的持续实施，以此激发了市场活力及全面深化改革的动力。浙江省在“最多跑一次”改革中探索形成了基于“互联网+政务服务”的整体性政府改革模式，为今后我国深化行政体制改革积累了重要经验[25]。浙江省“最多跑一次”改革具有以下四个特点。

（1）基于互联网平台建设整体性政府。

“最多跑一次”改革过程要求既有线下的政府职能整合，又有在线协作和数据共享。通过建设互联网平台实现政府部门间在线协作与数据共享是当前整体性政府建设的有效方式。这有利于缓解公共事务的综合性与政府职能碎片化之间的矛盾。互联网平台路径的整体性政府建设的核心是在线协作和数据共享，强调借助互联网等现代信息技术在不改变现行组织体系的前提下构建起沟通协调机制，将政府部门职能联结。联结起来的政府部门通过互联网平台将各自的数据在保障安全的前提下共享，以降低行政成本、提高政府效率。

（2）打造政府部门间的在线协作。

在线协作的基础是行政流程的整体化和审批标准的统一化。所谓行政流程的整体化是指将分散的、无序的行政流程进行归类、整合、排序，从而提高政府流程整体性的过程。在“最多跑一次”的改革过程中，浙江省衢州市就将群众办事最集中、内容过程相对复杂的各类事项，按照关联度区分并梳理，重塑业务板块，整合形成“投资项目审批、不动产交易登记、商事登记、公安户籍车管出入境、公积金业务”等五大板块[27]。

（3）加强数据资源的互通共享。

信息技术带来的数据共享不是数据手动交换的过程，而是数据录入、代码生成、数据使用及数据更新与维护的一体化、智能化过程，形成可流动、可开发的“数据共享库”。目前，浙江省个人综合库、法人综合库、信用信息库等的数据归集已基本完成，省直部门办件量居前100位的办事事项的数据需求整理和数源确认工作已经完成，有24个部门的43个业务应用系统基本完成与“一窗受理”平台的对接。该省各市县积极推进本地系统和“一窗受理”平台对接，累计已打通76套市级系统和27套县级系统[28]。

（4）促进政务流程优化再造。

借助政务服务网提供的有利条件，浙江省各级政府大力推进行政流程特别是行政审批流程的再造与优化，开展政务服务的“供给侧改革”。一是推进跨部门网上并联审批，促进审批业务协同和信息共享；二是开展网上网下跨层级联动审批。同时，打造便民服务专区，在政务服务网上设置婚育生养、教育培训、求职执业、社会保障、就医保健等16类重点专题，汇集各级政府及社会机构在线公共服务资源，实现便民事项“一网通办”[29]。

1.3.2 福建省政府效率提升案例：“马上就办”开启发展快速通道

福建省是全国率先开展行政审批制度改革工作的地方政府之一，一直比较注重提升政府效率，1990年，时任福建省福州市委书记的习近平同志率先提出“马上就办”的工作要求，福建省形成“马上就办、真抓实干”的优良传统作风。这是习近平总书记留给福州干部群众的宝贵精神财富，彰显了雷厉风行、紧抓快办的工作作风，忠诚负责、无私奉献的实干精神，不忘初心、为民服务的公仆情怀。2015 年来，福州市大力弘扬这一优良传统，倡导“行动至上”，推动干部到一线建功立业，推动政府进一步提速增效，干部的精气神为之提振，越来越多的老百姓为政府点赞①。近年来福建省的政府效率排名一直都在 20 名之前，分别是第 16、第 17、第 9、第 11、第 8、第 6、第 7、第 13（详情请见 2011~2018 年《中国地方政府效率研究报告》）。

2013 年底，福建省提出建设“福建省网上办事大厅”、打造“一张网”将省、市、县的行政审批和公共服务事项全部纳入；2015 年 3 月，福建省直部门率先在新平台实现行政审批事项的网上运行。网上办事大厅的开通，让众多企业和市民感受到了足不出户的便利。例如，省住房和城乡建设厅通过优化服务，很多审批事项都可以通过网上办理，为企业节省了人力和财力。2016 年底，福建省、市、县三级 6 万多项行政审批和公共服务事项全部进驻网上办事大厅平台，80%以上事项实现网上办理，该平台开通以来累计办结事项超过 130 万件，处于全国先进水平。同时，该平台还向社会推出手机版的省网上办事大厅，这充分体现了福建省“马上就办”的实际成效。

据统计，2017 年，福建省网上办事大厅共入驻行政审批和公共服务事项近 13 万件，便民服务事项 1 784 件；平台移动端事项申请量达 7.7 万件，90%以上的服务事项可在网上预审或受理；“一趟不用跑”事项累计达 2.3 万件，“最多跑一趟”事项累计达 9.1 万件；企业和群众在网上办件的平均耗时由 2015 年的 20.38 天/件下降到 4.16 天/件。因此，福建省的“马上就办”开启了新时代政务服务快速通道。“马上”体现了工作的“及时”和“快捷”，“办”体现了工作的“实干”与“落实”，“马上就办”展现的是政府快速行动、快速落实的良好精神风貌与高效率。“马上就办”为解决地方政府懒政怠政提供了一个好的解决办法，有利于提高政府质量与效率②。

综上所述，福建省持续推进“马上就办”，着力提升政府效率，不断推进政府治理现代化，用政府创新落实了中央“放管服”，是建设高效率的服务型政府的典型代表。

1.3.3 “云上贵州”政府效率提升案例：“大数据+”模式

研究表明，2016 年来贵州省政府效率稳步提升。该省政府效率排名从 2015 年全国第 27 名跃升到 2016 年全国第 16 名、2017 年全国第 15 名、2018 年全国第 7 名。贵州省政府效率的大幅提升是该省上下主动作为、弯道超越，创新政务实践，大力推行“云上贵州”与“大数据+”模式的结果。

贵州省自 2014 年发展大数据产业以来就明确提出将大数据重点放在政用、商用和民用等方面，政府利用大数据实现治理现代化的同时，要让企业与居民感受到大数据产业带来的便利和实惠，为贵州省打造高效率的“数字政府”创造条件。

---

① 吴舟，张子剑. 全国人大代表、福州市市长尤猛军：努力建设人民满意政府[EB/OL]. http://fj.people.com.cn/n2/2018/0307/c181466-31316039.html，2018-03-07.

② 邹筱枝. 马上就办开启发展快速通道[EB/OL]. http://www.sohu.com/a/225157442_181108，2018-03-08.

2014 年，贵州率先建立我国首个推进政府数据资源整合、共享、开放和利用的“云上贵州”平台，打破了政府各部门的信息孤岛，实现了政府数据信息的融汇和应用。

2015 年，贵阳市公安交通管理局依托大数据产业优势，启动了“数据铁笼”计划，实现网上办公、网上审批和网上执法，及时查处和纠正发生在权力行使过程中的违法、违纪行为，推进权力制度的约束与改革，确保“有权不能任性”。

2016 年，贵州启动以用为核心的政府数据的“聚通用”攻坚会战，实现省、市两级 481 个应用系统迁入“云上贵州”，同时建成法人单位、人口、空间地理和宏观经济四大基础库，实现整合共建无缝共享，建设全省统一的政府数据中心。

贵州把大数据战略作为全省发展的三大主战略之一，率先颁布《贵州省大数据发展应用促进条例》《贵州省政府数据资产管理登记暂行办法》《贵阳市政府数据共享开放条例》等，一个个开全国之先河的条例、条规，让贵州省从顶层制度设计上为政务大数据发展及效率提升开辟了“绿色通道”[30]。

由“大数据+”模式深度融合的贵州政府治理实践在全国树立起“数据公有”“共享增值”的新理念，用科学方法让“沉睡”的政府数据大大增值，实现了政务数据的“聚通用”。贵州省人民政府副秘书长马宁宇在“2016 杭州 · 云栖大会”专场演讲时说，“贵州的政务大数据之路主要是三个字：聚、通、用。用是目的，而用的前提，是通”①。贵州省提出要把政府的所有数据“聚”在一起，之后再由省大数据局来统筹“通”。由省长亲自任组长，一把手亲自来推动“用”。与以前的数据思维不同，“大数据+”的思维方式是重视数据的相关性。跨领域的数据摆放在一起，仅仅是归纳而不是演绎。对数据的演绎和使用，才是大数据产生价值的关键所在[31]。

创新大数据“政用”，提高政府运行效率。贵州省主要通过优化流程、规制权力、辅助决策，来不断提升政府治理能力与效率。2017 年《中国大数据应用蓝皮书》报道，大数据“政用”指数贵州省排名全国第二，如运用大数据治理交通拥堵。贵州省的“智能交通云”与公路、铁路、民航、公安、国土、气象、旅游、邮政等部门数据资源交换共享。贵阳市 2016 年 11 月开始运营，据《2017 年第一季度中国主要城市交通分析报告》，贵阳市交通缓堵程度名列第一，成绩亮眼。运用大数据推进政府治理精细化，跨部门、跨领域、跨平台的数据通过开放共享，使政府行为可视化、精细化，提高监管效果与办事效率。贵阳市的“社会和云”，针对人、地、事、物、情、组织等建起多维度相互关联的模块数据库，实现了网格化服务和管理，精细到楼层、住户。此外，大数据服务社会治安管理，能够提高司法公正性和司法效率等[32]。创新大数据“政用”基本实现了政府治理从粗放管理向精细管理的转变。

创新大数据“民用”，提高政府办事效率。优化民生服务流程，不断扩大大数据在民生领域的运用，推动贵州省政府各级各部门间纵向横向数据融通共享，让百姓少跑腿、数据多跑路。贵州省建成政务服务中心和网上办事大厅，集成全省市县乡村 5 级 16 万项政务服务，“进一张网办全省事”。该服务中心位列中国第二届“互联网+政务”优秀实践案例 50 强，被国务院列为 5 个“互联网+政务”一体化平台建设试点之一。建成“云上

---

① 邢黎闻. 从“聚”到“通”再到“用”贵州的政务大数据之路[J]. 信息化建设，2016，(11)：10-12.

贵州”APP 移动平台，对全省各级各部门政务民生服务应用进行标准化和移动化改造，聚合全省各级各部门 1 980 项政务民生事项，其中 148 项可以直接办结，涵盖医疗、教育、公安、交通、旅游、文化、食品安全、生活支付等主要民生领域，一部手机就能办全省事，极大地便利了人民。同时，构建大数据精准扶贫模式，利用大数据技术构建和完善精准扶贫机制，第一步用大数据甄别贫困人口，第二步用大数据管理扶贫项目和扶贫资金，第三步用大数据开展贫困监测和评估；以大数据为纽带整合各类扶贫资源，激活社会保障、劳动就业、职业培训、农村电商等资源，实现扶贫的“精准滴灌”。建成省级公共资源交易平台，被国家发改委列为公共资源规范交易互联互通服务平台国家级试点，各类项目场内交易时间缩短至 5 天以内，效率提高 6 倍以上。建成“电子政务云”，实现全省市（州）县三级政府和省级政府部门 100%全覆盖[32]。创新大数据“民用”基本实现了民生服务从被动服务向主动服务的转变。

综上，贵州省通过“云上贵州”及“大数据+”模式，创新大数据“政用”和“民用”。不断加快大数据与社会治理的融合，提高政府治理能力和效率，加快了大数据与服务民生的融合，提高了居民生活质量[33]。

第 2 章　地方政府效率研究报告回顾与创新

为了帮助读者全面了解相关背景及内容，在此回顾本书的研究思路、方法、反响及创新。

2.1　地方政府效率研究报告的思路及方法

社会主义市场经济条件下，地方政府作为一种重要的资源配置和利用机制，通过现代治理手段供给公共服务、从事公共管理，改善居民经济福利、规避市场失效，提高资源配置和利用效率，促进区域经济社会发展。

政府效率是政府机构在单位时间内的运转速度、办事数量和质量，反映了一个政府的整体功能水平，主要体现在政府公共服务、政府规模、居民经济福利及政务公开等方面。提高政府效率是各级政府都致力达到的目标。

但是政府效率难以界定及评估。本书基于政府效率内涵，参考地方政府规模、辖区居民经济福利、政务公开及公共服务等方面情况，建立地方政府效率测度指标体系、运用指标测度及标准离差法，测度、分析我国省级政府、地级市政府、县级政府效率及贫困县政府扶贫效率，发布中国地方政府效率排行榜，然后据此分析我国地方政府效率特征、面临的问题及提升措施。

2.2　地方政府效率研究报告反响梳理

自 2011 年来，本书已连续出版、发布多次，受到国内主流媒体、地方政府及学术界的高度关注，产生了广泛深远的社会影响。这体现在以下四个方面。

2.2.1　受到 90 余家国内主流媒体及学术机构专家点赞

2011~2017 年，“中国地方政府效率系列报告”每次都在北京出版、发布，先后受到《人民日报》、人民网、新华网、《光明日报》、光明网等 60 余家中央和社会主流媒体持续关注和正面报道。参与发布、点赞的专家来自北京大学、中国人民大学、北京师范大学、华中科技大学、中央财经大学、江西师范大学、中国社会科学院、人民日报社、中国教育报刊社、《中国行政管理》杂志社、《经济研究》杂志社、《经济学动态》杂志社等 30 多家知名高校及学术机构。

2011 年《2011 中国省级地方政府效率研究报告》出版发布，指出在新公共管理理论背景下，提高国家竞争力需要重点研究、提升中国地方政府效率；2012 年，《2012 中国省级地方政府效率研究报告》直面我国社会鸿沟不断扩大的现实，剖析效率悖论与社会鸿沟之间的内在逻辑；2013 年，《2013 中国省级地方政府效率研究报告》聚焦当年反腐热点，以“腐败对地方政府效率的侵蚀”为研究主题，首次将电子政务纳入政府效率考核因素；2014 年，《2014 中国地方政府效率研究报告》联系地方政府效率系统论证了推进地方政府治理现代化的内涵、特征，梳理推进地方政府治理现代化的实践经验，论证实现我国地方政府治理现代化的路径及对策；2015 年，《2015 中国地方政府效率研究报告》将目光聚焦于“简政放权”这一转变政府职能的关键环节上，剖析简政放权对政府效率产生的影响；2016 年，《2016 中国地方政府效率研究报告》首次调查居民对地方政府效率的满意度，使研究成果贴近现实、更接地气，增加了智库色彩。

2017 年，《2017 中国地方政府效率研究报告》大幅增加地方政府效率测度样本，将中国具有典型性的 1 432 个地方政府样本纳入政府效率测度范围，凸显研究样本的广泛性及代表性，得到了社会广泛好评。时任中国教育报刊社总编辑翟博研究员指出，“中国地方政府效率研究系列报告”结合我国治理能力和治理体系现代化要求，紧扣扶贫效率热点，探究地方政府效率的不充分性、不平衡性，论证了提升地方政府效率的对策，形成了中国政府效率研究体系，很有学术及社会影响力。《中国行政管理》杂志社社长鲍静研究员认为，在举国上下学习贯彻党的十九大精神的背景下，“中国地方政府效率研究系列报告”意义十分重大，是学术界推进新时代政府治理现代化及提升政府效率的标志性成果。中国企业管理研究会常务副会长沈志渔研究员指出，“中国地方政府效率研究系列报告”有关贫困县扶贫效率的研究有助于促进我国各地方政府完成脱贫攻坚任务，因此意义重大。中国人民大学董克用教授指出，“中国地方政府效率研究系列报告”采取政府网站的海量数据及信息开展地方政府效率研究，很有权威性、公信力，有助于实现地方政府治理现代化，提升地方政府执行力。北京师范大学政府管理学院党委书记于海波教授指出，“中国地方政府效率研究系列报告”有关地方政府效率的深入研究对发展中国特色的公共管理学科有重大贡献。江西师范大学副校长陈运平教授认为，这是高校智库服务地方政府治理现代化的精品成果，具有重要参考价值。

2.2.2　深受 70 多家地方政府及媒体关注

本系列报告相关内容频繁出现在江苏省、广东省，以及东莞市、芜湖市、山南市等 70 多家地方政府官方媒体和政府工作报告中，深受关注。例如，《东莞日报》2015 年 12 月大篇幅报道《2015 中国地方政府效率研究报告》内容；《西藏日报》2016 年 11 月重点关注《2016 中国地方政府效率研究报告》。

2.2.3　被30余家报刊及8 000余篇论文引用、转载

“中国地方政府效率研究系列报告”面世以来，其相关内容被《财经国家周刊》、《中国行政管理》、《经济体制改革》、《改革》、《经济管理》、《管理观察》、《人民论坛》、《求是》、《香港文汇报》、《南华早报》、《凤凰周刊》和《大公报》等30余家知名报刊引用或转载。

与此同时，截至2018年7月，据不完全统计，“中国地方政府效率研究系列报告”相关内容被中国知网收录的国内外8 000多篇学术论文引用作为参考，产生了广泛的学术影响。

2.2.4　相关成果多次获奖、被领导批示或采纳

“中国地方政府效率研究系列报告”相关成果连续四次获得省部级优秀成果奖。具体包括：①相关专著《政府效率测度》于2011年获江西省第十四次社科优秀成果二等奖；②相关论文《中国政府技术效率测度：2001—2009》于2013年荣获江西省第十五次社科优秀成果二等奖；③相关论文《地方政府治理现代化的内涵、特征及其测度指标体系》于2015年荣获江西省第十六次社科优秀成果三等奖；④相关专著《基本公共服务均等化视角下我国省级政府技术效率研究》于2017年荣获江西省第十七次社科优秀成果二等奖。此外《2016中国地方政府效率研究报告》于2017年获得南京大学、光明日报联合颁发的CTTI（Chinese think tank index，中国智库索引）评选的智库最佳研究报告二等奖。

同时，《2011中国省级地方政府效率研究报告》获时任国务委员、国务院秘书长马凯的肯定性批示，被人力资源与社会保障部、财政部、中央机构编制委员会办公室等部委主要领导认可。2016年《2016中国地方政府效率研究报告》中的“我国地方政府效率提升对策”被教育部采纳，并送至中共中央办公厅供领导人参阅；报告相关内容“2016中国地方政府效率排行榜”“2017年中国地方政府管理效率研究报告”连续亮相2017年、2018年全国两会现场。

2.3　2018年中国地方政府效率研究创新

2018年，本书在原有基础上大幅度拓展研究样本范围、进一步完善指标体系及数据来源，更加彰显了智库功能，增加了创新特色及价值。

2.3.1　大幅度拓展研究样本范围[①]

本书研究样本数量由2017年的1 432个扩大到2018年的1 794个。除了继续测度我国的31个省级政府效率、292个地级市政府效率外，本书还大幅增加地方政府效率测度样本，将我国多数具有代表性的县级政府尤其是国家级贫困县政府纳入效率测度

① 研究样本不含港澳台地区。

范围，如县级政府样本由 709 个增加至 1 037 个、国家级贫困县样本由 400 个增加至 434 个，更加体现了研究样本的代表性及广泛性。2018 年中国地方政府效率测度样本参考附录 3。

1. 中国省级政府效率研究样本（31 个）

2018 年省级政府效率研究样本是指我国 31 个省级政府，即河北等 22 个省、内蒙古等 5 个自治区、北京等 4 个直辖市。

2. 中国地级市政府效率研究样本（292 个）

2018 年地级市政府效率测度样本包括我国华东、中南、西南、西北、华北、东北等六大地区的 292 个设区地级市，其中，华东地区 77 个、中南地区 80 个、西南地区 37 个、西北地区 33 个、华北地区有 31 个、东北地区 34 个。

3. 中国县级政府效率研究样本（1 037 个）

我国县级政府即县级行政区，是行政地位与“县”相同的行政区划总称，其管辖乡级行政区，为乡、镇的上一级行政区划单位，包括地级市的市辖区、县级市、县、自治县、旗、自治旗、特区、林区等 8 种。如果按照我国宪法三级行政区划制度体系区分，县级行政区属于第二级行政区，由省、自治区、直辖市等一级行政区直辖。它们是中央政府、省级政府、地级市政府与乡镇政府、村联系的中间环节，是整个国民经济和社会发展的基础行政区域。

截至 2017 年 11 月，我国县级行政区划单位有 2 876 个，其中市辖区 986 个、县级市 363 个、县 1 356 个、自治县 117 个、旗 49 个、自治旗 3 个、特区 1 个、林区 1 个。

由于县级政府的基础性及特殊性地位，其效率水平的高低会影响我国地方政府效率整体水平，是地方政府效率的重要组成部分。本书基于县级政府网站及其公布信息的完全性、公开性，选取县级政务信息公布比较全面的 1 037 个县级政府，包括县、县级市、自治县、旗等，来自我国六大地区的非国家级贫困县，其中，华东 317 个、中南 279 个、西南 129 个、西北 101 个、华北 116 个、东北 95 个。

4. 中国贫困县扶贫效率研究样本（434 个）

根据 2012 年国务院扶贫开发领导小组办公室的相关数据，我国总共有 832 个国家级贫困县。它们有的来自国务院扶贫开发办公室 2012 年 3 月公布的“国家扶贫开发工作重点县名单”所包含的 592 个贫困县，有的来自国务院扶贫开发办公室 2012 年 6 月公布的 14 个集中连片特殊困难地区所包含的 240 个贫困县（二者公布有重复的名单除外）。

同时，按照 2012 年国务院扶贫开发办公室相关文件，江苏省、浙江省、福建省、山东省、广东省、辽宁省共 6 个省没有国家扶贫重点开发县名单，因此这些省级政府没有贫困县被纳入扶贫效率测度样本。

本书选取的贫困县政府扶贫效率测度样本有 434 个，它们是我国所有国家级贫困县中政府网站建设较好、政府扶贫信息及数据等政务信息公开较好且易于寻找的国家级贫困县，包括相应的县、市、旗等。它们来自我国六大地区，其中，华东有 32 个、中南有 103 个、西南有 122 个、西北有 98 个、华北有 62 个、东北有 17 个。

2.3.2 进一步完善指标体系及数据来源

除了沿用2017年测度地方政府效率指标体系的总体框架，保留绝大部分测度因素、子因素及指标之外，为更好体现新时代地方政府履职情况及“放管服”改革实践，本书完善了地方政府效率测度子因素及指标（附录1）。在此简述如下。

首先，为适应政务公开新形势，本书适当调整了省级政府效率测度相关指标。在省级政府效率测度子因素“政务基本信息”中，增加了“落实中央政策‘只进一扇门’‘最多跑一次’”“三公经费公开”2个指标。由于一些指标数据特别相似，可比意义不强，因此本书删除省级政府效率测度子因素“科教文卫服务”中的2项指标，即“广播覆盖率”“电视覆盖率”及测度子因素“经济发展服务”中的1项指标，即“固定电话普及率”。

其次，在地级市政府效率测度子因素“政府基本信息”中，增加1个指标，即“三公经费公开”；同时，在测度子因素“经济发展服务”中减少“固定电话普及率”1个指标，在测度因素“居民经济福利”中删除“居民消费价格指数”1个指标。

再次，在县级政府效率测度指标体系中适当增减指标。在县级政府效率测度子因素“科教文卫服务”中，增加1个指标，即“每万人口卫生机构”；在测度子因素“经济发展服务”中，减少1个指标，即“固定电话普及率”。

最后，立足全面建成小康社会及全面脱贫的决胜阶段实际，不少贫困县已逐渐脱贫或已计划脱贫。因此，在2018年中国贫困县政府扶贫效率测度因素“扶贫成效”指标中，增加1个指标，即“预计脱贫时间”。

2.3.3 更加彰显智库功能

本书的编撰单位：江西师范大学管理决策评价研究中心、北京师范大学政府管理研究院，是隶属国内高校系统的智库。其中江西师范大学管理决策评价研究中心于2017年被“CTTI来源智库”评为全国高校智库指数排名前100强，它一直致力于为我国各级地方政府决策提供咨询服务。这些智库的相关成果不仅被李克强、马凯等中央领导人批示与认可，而且得到时任人力资源与社会保障部部长尹蔚民、时任江西省委书记鹿心社等省部级领导人肯定与鼓励。同时，东莞市等数十个地级市政府已经将其研究成果作为地方两会政府工作报告或政府年度重点工作内容。

同时，为进一步发挥其智库功能，从2017年起，本书选取具有代表性的40个省、市、县、贫困县政府效率样本，有针对性地为其党政负责人撰写当地政府效率提升与分析咨询报告。

此外，为学习贯彻习近平新时代中国特色社会主义思想，更好满足服务型政府建设需求，本书基于当前政府关注热点及工作重点：持续深化“放管服”及“最多跑一次”改革、实现政务公开、脱贫攻坚等，不断优化地方政府效率测度指标体系；结合测度结果，发布中国政府效率“十高省”“百高市”“200强”以及扶贫效率“百高贫困县”榜单。然后，按照华东、中南、西南、西北、华北、东北等六大地区分析中国地方政府效率区域特征，分层次梳理地方政府效率或扶贫效率优秀案例，总结地方政府效率提升经验，为实现地方政府治理现代化和中国“两个一百年”奋斗目标贡献智慧。

第3章　2018年中国政府效率“十高省”

根据中国地方政府效率研究思路与方法，结合省级政府在政府公共服务、政府规模、居民经济福利、政务公开等方面的履职情况，基于完善的测度指标体系及数据，《2018中国地方政府效率研究报告》定量评估我国省级政府效率相对水平，公布2018年中国省级政府效率测度结果全国排名前10位的省级政府，即政府效率“十高省”。2018年省级政府效率测度指标体系及权重、指标数据来源及处理说明、测度样本名单参考附录1.1、附录2.1、附录3.1。

2018年中国地方政府（含省级政府、地级市政府、县级政府、贫困县政府）效率或扶贫效率测度指标数据及信息主要来源于四个方面：①《2017年国民经济和社会发展统计公报》；②《关于2017年预算执行情况及2018年预算草案的报告》、《2018年政府工作报告》、《关于2017年国民经济和社会发展计划执行情况及2018年国民经济和社会发展计划草案的报告》；③2018年地方政府网站政务公开等相关栏目内容或者政府官方媒体相关报道等；④2018年国家级贫困县相关的政府扶贫办公室，特别是相关市、县政府扶贫办公室网站信息。

此外，2018年中国地方政府效率测度指标数据来源及处理说明参考附录2。

3.1　2018年政府效率“十高省”分析

根据设计的测度指标体系及方法，本书测度2018年我国31个省级政府的效率水平，公布2018年政府效率“十高省”的标准化值及排名，如表3.1所示。

表3.1　2018年政府效率“十高省”的标准化值及排名

名称	区域	标准化值	排名
上海	华东	0.920 1	1
北京	华北	0.844 4	2
浙江	华东	0.563 7	3
广东	中南	0.339 1	4
海南	中南	0.140 6	5
四川	西南	0.131 7	6
贵州	西南	0.112 6	7
湖南	中南	0.061 1	8

续表

名称	区域	标准化值	排名
江苏	华东	0.057 1	9
湖北	中南	0.031 6	10

注：本表仅公布政府效率测度结果全国排名前 10 位的省级政府，即“十高省”。如需其他 21 个省级政府效率测度标准化值及排名，请与本书编著单位联系

从表 3.1 看出，2018 年我国政府效率“十高省”分布具有 3 个显著特征：

第一，省级政府效率标准化值排名总体上呈阶梯形分布。按照排名由高到低，我国省级政府效率区域分布数量大致呈现出“华东—中南—西南—华北—东北—西北”阶梯形分布趋势。政府效率排名前 10 位的省级政府中，华东占有 3 席（即上海、浙江、江苏）；中南占有 4 席（即广东、海南、湖南、湖北）；西南占有 2 席（即四川、贵州）；华北占 1 席（即北京）；东北、西北则没有进入“十高省”的省份。

第二，同一区域内不同省级政府效率排名出现分化。有的省级政府效率排名明显低于同一区域内其他省级政府效率。例如，华东地区的上海市政府效率排名第 1，而该地区的安徽省政府排名却未进入“十高省”序列。又如，华北地区的北京排名第 2，而同区域的河北省政府效率排名也未进入“十高省”。此外，类似情况还出现在中南、西南、东北和西北地区，所以同一地区的不同省级政府效率排名具有较大的差异性。究其原因为，同一区域不同省级政府辖区的经济社会发展水平具有较大差异性。例如，就华北的北京市和河北省而言，一方面，北京是我国首都，其经济社会发展水平很高，政府执行力强，政府效率高；另一方面，河北省是我国人口大省，经济欠发达，工业污染较重，空气质量较差，经济新常态下传统产业转型升级压力巨大，不利于该省经济社会发展与政府履职，因此，其政府效率不高。又如，对比华东的上海市和安徽省，一方面，上海是我国的经济金融中心，其经济社会发展水平很高，政府治理现代化能力强，政府效率高；另一方面，安徽省经济社会发展相对落后，政府治理质量与效率有待提高。

第三，省级政府效率排名与区域经济发展水平之间具有一定的正相关性。政府效率较高的省级政府辖区经济比较发达。例如，北京、广东、上海、浙江、江苏等所辖区域经济发达，其政府治理水平与效率都很高。反之，政府效率排名滞后的省级政府，其辖区经济发展水平也较低。因此，政府效率是推动区域经济增长的重要动力。因此，要确保区域经济平稳增长，省级政府需要不断提高自身治理水平与效率。

政府公共服务、政府规模、居民经济福利、政务公开等是我国省级政府效率测度的四个主要因素，是省级政府提升效率的重要路径，分析它们的排名及特征，有助于提升省级政府效率，以下将分别对其予以分析。

3.2 2018 年政府效率“十高省”测度因素分析

3.2.1 2018 年政府公共服务分析

政府公共服务包括科教文卫服务等 6 个子因素，共 28 个指标，被赋予 0.60 权重。

它是省级政府效率最主要的因素，不但包含的指标数量多，而且反映了服务型政府的主要职能，是影响省级政府效率的重要指标。2018 年省级政府公共服务前 10 位的标准化值及排名，如表 3.2 所示。

表 3.2　2018 年省级政府公共服务前 10 位的标准化值及排名

名称	区域	标准化值	排名
浙江	华东	0.526 8	1
广东	中南	0.424 6	2
北京	华北	0.372 2	3
贵州	西南	0.339 3	4
四川	西南	0.315 6	5
上海	华东	0.257 7	6
重庆	西南	0.187 8	7
海南	中南	0.148 1	8
湖北	中南	0.129 7	9
湖南	中南	0.109 6	10

注：本表仅公布政府公共服务测度结果全国排名前 10 位的省级政府，即“十高省”。如需其他 21 个省级政府公共服务测度标准化值及排名，请与本书编著单位联系

比较表 3.2 及表 3.1 后发现，省级政府公共服务与政府效率的分布类似，具有两个特征。一是政府公共服务排名靠前的省级政府，其政府效率排名也相对较高。例如，政府公共服务排名前 10 位的省级政府，即浙江、广东、北京、贵州、四川、上海、重庆①、海南、湖北、湖南，其政府效率排名也比较靠前。二是政府公共服务排名欠佳的省级政府，其政府效率排名也不靠前。例如，政府公共服务排名未进入前 10 位的省级政府，如云南、青海、江西、山西、广西、辽宁、宁夏、内蒙古等，其政府效率排名不靠前，也未进入前 10 位。政府公共服务排名基本反映了我国省级政府效率水平，这从侧面证明了我国服务型政府建设取得的效果。因此，进一步加快政府服务职能转变，深入推进公共服务便捷化，持续推进“放管服”“只进一扇门”“最多跑一次”等改革，真正还权于社会、还权于市场，不仅是提高公共服务质量的有效举措，而且是实现政府治理能力现代化及提升政府效率的重要选择。

3.2.2　2018 年政府规模分析

政府规模包括地方一般公共预算支出等 3 个指标，被赋予 0.15 权重，反映了政府人员、政府消费的相对规模，直接体现了政府效率。本书综合考虑地方政府所辖区域的总人口及总面积，使政府规模及其相关测度指标更加适合地方政府治理需要及政府规模实际，更加科学地反映地方政府规模、政府成本及政府效率。2018 年省级政府规模前 10 位

① 重庆市在 2018 年政府效率标准化值排名中位列十一。

的标准化值及排名，如表 3.3 所示。

表 3.3 2018 年省级政府规模前 10 位的标准化值及排名

名称	区域	标准化值	排名
上海	华东	3.640 1	1
北京	华北	1.810 1	2
天津	华北	0.997 8	3
辽宁	东北	0.652 4	4
海南	中南	0.496 0	5
西藏	西南	0.281 6	6
浙江	华东	0.265 6	7
山东	华东	0.129 3	8
江苏	华东	0.023 9	9
广东	中南	−0.060 7	10

注：政府规模是测度政府效率的逆指标，本书已将其转换成正指标，即政府规模测度标准化值越大，即政府规模越小、排名越靠前，其相应政府效率越高；本表仅公布政府规模测度结果全国排名前 10 位的省级政府，如需其他 21 个省级政府规模测度标准化值及排名，请与本书编著单位联系

通过分析表 3.3 数据，可以看出我国省级政府规模分布具有两个特征。一是省级政府规模排名具有一定的区域性特征。例如，从排名前 10 位看，省级政府规模区域分布数量呈现由华东—华北—中南—东北—西南的阶梯形分布趋势，因为政府规模排名前 10 位当中，华东有 4 个（即上海、浙江、山东、江苏）；华北有 2 个（即北京、天津）；中南有 2 个（即海南、广东）；东北有 1 个（即辽宁）；西南有 1 个（即西藏）。二是同一区域的省级政府规模排名呈现两极分化。以华东地区为例，上海市、浙江省的省级政府规模较佳，排名分别为全国第 1、7 位，但是该地区的安徽及江西的政府规模排名却相对欠佳，排名未进入前 10 位。不难看出，政府规模偏大已经成为一些省级政府推进简政放权、提升公共服务效率的瓶颈。因此，控制政府规模、压缩政府成本、加快职能转变仍然是实现地方政府治理能力现代化与提升治理效率的有效措施。

3.2.3 2018 年居民经济福利分析

居民经济福利包括城镇居民人均可支配收入等 5 个指标，间接影响省级政府效率，被赋予 0.10 权重。它不但表征了省级政府辖区居民的生活水平，而且反映了当地经济发展程度，还能侧面反映政府收益与产出，是衡量省级政府效率重要的外溢指标。2018 年省级政府居民经济福利前 10 位的标准化值及排名，如表 3.4 所示。

表 3.4 2018 年省级政府居民经济福利前 10 位的标准化值及排名

名称	区域	标准化值	排名
北京	华北	2.331 3	1

续表

名称	区域	标准化值	排名
上海	华东	2.048 5	2
浙江	华东	1.423 2	3
江苏	华东	0.984 9	4
广东	中南	0.788 0	5
天津	华北	0.291 9	6
山东	华东	0.227 2	7
湖北	中南	0.195 9	8
福建	华东	0.128 3	9
内蒙古	华北	−0.073 6	10

注：本表仅公布居民经济福利测度结果全国排名前 10 位的省级政府，如需其他 21 个省级政府居民经济福利测度标准化值及排名，请与本书编著单位联系

表 3.4 表明，我国省级政府居民经济福利分布具有两个明显特征。一是区域差异性明显。例如，居民经济福利排名前 10 位的省级政府基本来自华东和华北，而西北和东北地区的排名却相对滞后；排名前 10 位的省级政府中，有 5 个来自华东地区（分别为上海、浙江、江苏、山东、福建），有 3 个来自华北地区（分别为北京、天津、内蒙古）。二是区域内部之间的差异巨大。例如，华东 7 个省级政府的居民经济福利两极分化严重，上海位居第 2，而江西、安徽却相对不佳。

比较表 3.1 及表 3.4，本书认为，从区域之间看，居民经济福利对不同区域的省级政府效率具有双重影响。一方面，西北地区经济欠发达，正处于经济加速发展阶段，居民经济福利的提升对政府效率的提高具有积极影响。加快当地经济社会发展，注重民生改善，不断提升居民经济福利，有利于提升政府效率。另一方面，经济新常态下，中南等经济相对发达的地区，在产业升级、环境保护等方面压力都较大，省级政府在居民经济福利上投入过多会加大政府消费规模，增加区域公共服务供给成本，降低公共服务质量，进而对政府效率产生不利影响。

因此，统筹区域经济社会发展，在提高居民福利水平的同时，不断创新政府治理方式、控制政府过度消费，有助于提升公共服务质量与政府效率。

3.2.4 2018 年政务公开分析

政务公开包括政务基本信息和政务时效 2 个子因素，共 10 个指标，是测度省级政府效率的重要指标，被赋予 0.15 权重。2018 年省级政府政务公开前 10 位的标准化值及排名（含并列排名），如表 3.5 所示。

表 3.5 2018 年省级政府政务公开前 10 位的标准化值及排名（含并列排名）

名称	区域	标准化值	排名
北京	华北	0.775 9	1

续表

名称	区域	标准化值	排名
山东	华东	0.661 6	2
河北	华北	0.436 6	3
浙江	华东	0.436 6	3
安徽	华东	0.436 6	3
湖南	中南	0.436 6	3
四川	西南	0.436 6	3
甘肃	西北	0.322 4	4
江苏	华东	0.097 4	5
福建	华东	0.097 4	5

注：本表仅公布政务公开测度结果全国排名前10位的省级政府，如需其他21个省级政府居民经济福利测度标准化值及排名，请与本书编著单位联系

表3.5表明，除华东地区外，省级政府的政务公开的区域特征并不明显。华北地区的北京和河北排名靠前，分别位列全国第1和第3，而同一地区的山西和内蒙古未进前十。又如，中南地区的湖南排位居全国第3位，而同一地区的河南和广西未进前十，相对靠后。另外，华东地区省级政府的政务公开排名呈现一定的区域聚集性特征，如山东、浙江和安徽都位列前3名。

3.3 2018年政府效率"十高省"测度子因素分析

3.3.1 2018年科教文卫服务分析

科教文卫服务包含科技支出占地方一般公共预算支出比例等9个指标，是省级政府效率测度因素政府公共服务的重要子因素，被赋予0.30权重。2018年省级政府科教文卫服务前10位的标准化值及排名，如表3.6所示。

表3.6 2018年省级政府科教文卫服务前10位的标准化值及排名

名称	区域	标准化值	排名
北京	华北	0.856 8	1
贵州	西南	0.694 9	2
浙江	华东	0.693 3	3
广东	中南	0.471 4	4
四川	西南	0.466 8	5
青海	西北	0.381 3	6
陕西	西北	0.343 2	7

续表

名称	区域	标准化值	排名
上海	华东	0.194 4	8
湖南	中南	0.188 2	9
江西	华东	0.169 2	10

注：本表仅公布科教文卫服务测度结果全国排名前 10 位的省级政府，如需其他 21 个省级政府科教文卫服务测度标准化值及排名，请与本书编著单位联系

比较表 3.6 及表 3.1，可以发现省级政府的科教文卫服务分布具有两个特征。一是科教文卫服务测度结果排名前茅、表现特别优秀的省级政府，如北京、贵州、浙江、广东、四川，其省级政府效率排名也比较高。同时，科教文卫服务测度结果排名相对欠佳的省级政府，如黑龙江、吉林，其省级政府效率排名也比较低。二是从某种程度看，省级政府科教文卫服务测度结果排名也具有区域性。一方面，从全国排名前 10 位的省级政府区域分布看，科教文卫服务测度排名数量呈现华东—西南—中南—西北—华北的阶梯形分布趋势。例如，科教文卫服务测度结果全国排名前 10 位的省级政府，华东地区有 3 个（即浙江、上海、江西），占华东省级政府效率测度样本的 43%；西南地区有 2 个（即贵州、四川），占西南省级政府效率测度样本的 40%；中南地区有 2 个（即广东、湖南），占中南省级政府效率测度样本的 33%。

另一方面，科教文卫服务测度结果的优劣不仅影响地方政府效率高低，而且影响区域经济社会发展水平高低。矢志不渝地改善科技、教育、文化、医疗卫生等基本民生状况，不仅是促进区域经济社会发展的前提，而且是推进科技创新、服务型政府建设及提升政府效率的有效举措。

3.3.2　2018 年公共安全服务分析

公共安全服务包括亿元 GDP 生产安全事故死亡人数等 3 个指标，是省级政府公共服务的重要子因素，被赋予 0.15 权重。2018 年省级政府公共安全服务前 10 位的标准化值及排名，如表 3.7 所示。

表 3.7　2018 年省级政府公共安全服务前 10 位的标准化值及排名

名称	区域	标准化值	排名
广东	中南	0.880 8	1
福建	华东	0.766 4	2
海南	中南	0.635 3	3
湖北	中南	0.595 8	4
黑龙江	东北	0.520 0	5
上海	华东	0.409 1	6
贵州	西南	0.396 3	7
广西	中南	0.383 0	8

续表

名称	区域	标准化值	排名
湖南	中南	0.368 5	9
山东	华东	0.202 6	10

注：本表仅公布公共安全服务测度结果全国排名前 10 位的省级政府，如需其他 21 个省级政府公共安全服务测度标准化值及排名，请与本书编著单位联系

公共安全服务是政府公共服务的重要方面，旨在保障公众生产、生活安全，避免生产安全事故，减少生产安全损失，保证企业和个人安全健康的生产及生活环境，维护社会稳定。

表 3.7 表明，2018 年省级政府公共安全服务具有区域差异化特征，即中南地区公共安全服务表现较好，华北地区、西北地区公共安全服务形势不容乐观。例如，排名前 10 位的省级政府，中南地区占 5 席（即广东、海南、湖北、广西、湖南）。尽管北京、天津等省级政府辖区经济社会发展程度及政府效率较高，但是其公共安全服务表现相对不佳。

因此，不断优化公共安全服务不只是各地省级政府加快政府职能转变，建立服务型政府的迫切任务，而且是提升政府效率的有效举措。

3.3.3 2018 年社会保障服务分析

社会保障服务包括社会保障和就业支出占地方一般公共预算支出比例、住房保障支出占地方一般公共预算支出比例、社会保险基金支出占地方一般公共预算支出比例等 3 个指标，是政府公共服务的重要子因素，被赋予 0.15 权重。2018 年省级政府社会保障服务前 10 位的标准化值及具体排名，如表 3.8 所示。

表 3.8 2018 年省级政府社会保障服务前 10 位的标准化值及排名

名称	区域	标准化值	排名
山西	华北	2.035 9	1
辽宁	东北	1.747 2	2
湖北	中南	0.939 5	3
上海	华东	0.455 3	4
重庆	西南	0.441 8	5
四川	西南	0.413 4	6
吉林	东北	0.374 7	7
浙江	华东	0.332 8	8
北京	华北	0.181 7	9
湖南	中南	0.128 9	10

注：本表仅公布社会保障服务测度结果全国排名前 10 位的省级政府，如需其他 21 个省级政府社会保障服务测度标准化值及排名，请与本书编著单位联系

通过表 3.8 看出，2018 年省级政府社会保障服务测度排名存在区域差异化现象。例如，社会保障服务排名前 10 位的山西、辽宁、吉林等省级政府属于我国经济欠发达、产业升级比较缓慢的地区；同时，处于经济比较发达地区的省级政府，如北京、浙江等社会保障服务排名不是很靠前，而广东省该指标排名不在前 10 位。这就表明，经济新常态下我国经济社会发展存在短板：区域经济增长与社会发展之间不协调。因此，省级政府简政放权与社会保障服务之间存在一定的不平衡，政府公共服务职能转变任务繁重。此外我国经济发达地区由于保增长、调结构等政策引致的高额公共服务成本，地方政府在社会保障与就业、住房保障、社会保险等基本公共服务方面投入不足，社会保障服务形势严峻。这成为服务型与效率型省级政府建设的掣肘。

3.3.4　2018 年经济发展服务分析

经济发展服务包括全社会固定资产投资占 GDP 的比例等 9 个指标，是省级政府公共服务的重要子因素，被赋予 0.30 权重。2018 年省级政府经济发展服务前 10 位的标准化值及排名，如表 3.9 所示。

表 3.9　2018 年省级政府经济发展服务前 10 位的标准化值及排名

名称	区域	标准化值	排名
海南	中南	0.977 3	1
浙江	华东	0.815 4	2
陕西	西北	0.715 4	3
广东	中南	0.630 1	4
北京	华北	0.542 7	5
福建	华东	0.324 7	6
西藏	西南	0.282 6	7
青海	西北	0.201 1	8
内蒙古	华北	0.188 2	9
上海	华东	0.180 3	10

注：本表仅公布经济发展服务测度结果全国排名前 10 位的省级政府，如需其他 21 个省级政府的经济发展服务测度标准化值及排名，请与本书编著单位联系

分析表 3.9，不难看出，北京、广东、浙江等来自华北、中南、华东等地区的省级政府，其经济比较发达、经济总量大不是偶然的，而是与当地重视提高政府效率与优化经济发展服务有关的。同时，不难看出，一些来自我国经济欠发达的省级政府，例如，海南、陕西、西藏等由于也重视政府职能转变和优化发展环境，其政府效率及经济发展服务水平也比较高，分别位居全国第 1、第 3 和第 7 位。这是我国区域经济社会发展的亮丽风景线，成为推进服务型政府建设及政府效率提升的优秀代表。

3.3.5　2018 年落实宏观调控分析

落实宏观调控是省级政府的基本职能，包括居民消费价格上涨指数等两个指标，是

省级政府公共服务的重要子因素，被赋予 0.05 权重。2018 年省级政府落实宏观调控前 10 位的标准化值及具体排名见表 3.10。

表 3.10 2018 年省级政府落实宏观调控前 10 位的标准化值及排名

名称	区域	标准化值	排名
贵州	西南	1.725 1	1
云南	西南	1.514 6	2
重庆	西南	1.327 3	3
安徽	华东	0.832 3	4
西藏	西南	0.774 7	5
福建	华东	0.712 0	6
山西	华北	0.508 3	7
四川	西南	0.457 6	8
湖南	中南	0.427 5	9
河南	中南	0.367 4	10

注：本表仅公布落实宏观调控测度结果全国排名前 10 位的省级政府，如需其他 21 个省级政府落实宏观调控测度标准化值及排名，请与本书编著单位联系

通过分析表 3.10，可以发现 2018 年我国省级政府落实宏观调控的两个特征。第一，贵州、云南、西藏等排名前 10 位的省级政府，有 5 个来自我国经济发展水平不高的西南地区。第二，广东、江苏等排名未进入全国前 10 位，其经济发展水平均比较高。因此，经济新常态下，我国区域经济增长与落实宏观调控存在不匹配现象，建设服务型政府与落实宏观调控之间存在一定的冲突，省级政府职能向公共服务转变的任务比较艰巨。我国经济发达地区由于宏观调控成本高、受国际形势变化影响大等原因，其综合运用经济、行政和法律等手段落实宏观调控的效果不够好。

3.3.6 2018 年市场监管服务分析

市场监管服务，包括权力清单（发布数量及时间）和特别重大事故一票否决等两个指标，是省级政府公共服务的重要子因素，被赋予 0.05 权重。2018 年省级政府市场监管服务标准化值及排名，如表 3.11 所示。

表 3.11 2018 年省级政府市场监管服务标准化值及排名

名称	区域	标准化值	排名
吉林	东北	0.597 6	1
江苏	华东	0.597 6	1
浙江	华东	0.597 6	1
安徽	华东	0.597 6	1

续表

名称	区域	标准化值	排名
福建	华东	0.597 6	1
江西	华东	0.597 6	1
山东	华东	0.597 6	1
湖南	中南	0.597 6	1
广东	中南	0.597 6	1
四川	西南	0.597 6	1
贵州	西南	0.597 6	1
上海	华东	0.597 6	1
天津	华北	0.597 6	1
重庆	西南	0.597 6	1
河北	华北	−0.228 5	2
山西	华北	−0.228 5	2
辽宁	东北	−0.228 5	2
黑龙江	东北	−0.228 5	2
河南	中南	−0.228 5	2
湖北	中南	−0.228 5	2
广西	中南	−0.228 5	2
海南	中南	−0.228 5	2
云南	西南	−0.228 5	2
甘肃	西北	−0.228 5	2
青海	西北	−0.228 5	2
宁夏	西北	−0.228 5	2
新疆	西北	−0.228 5	2
北京	华北	−0.228 5	2
内蒙古	华北	−1.054 7	3
西藏	西南	−1.054 7	3
陕西	西北	−3.058 4	4

市场监管服务是新时代我国省级政府履职的主要内容，是为确保区域市场运行畅通、保证公平竞争和公平交易、维护企业合法权益而对企业和市场进行的管理和监督。分析表 3.11，可以明显看出以下特征。

我国省级政府该指标测度排名并列现象突出，如吉林等 14 个省级政府并列第 1；河北等 14 个省级政府并列第 2。其原因在于：一方面，该子因素包含的指标数量较少，测度结果差距难以区别、比较相似。另一方面，这反映了各省级政府重视权力清单和市场监管工作，取得了较好的监管效果。另外，这也可能是各地省级政府淡化市场服务、严格管制市场的表现，这不利于深化行政审批体制改革及“放管服”。

3.3.7 2018 年政务基本信息分析

省级政府的政务基本信息包括省政府联系方式公开、政府新媒体公开、三公经费公开、工作报告公开、预算报告公开、计划报告公开、统计公报公开、公务员考试职位表公开、落实中央政策“只进一扇门”“最多跑一次”（2018 年新增的政府效率测度指标）等 9 个指标，是政务公开最主要的子因素，被赋予 0.80 权重。政务基本信息是省级政府网站公布的最简单的基础信息，能够大致反映政府执行力及运行效率。2018 年省级政务基本信息标准化值及排名，如表 3.12 所示。

表 3.12 2018 年省级政务基本信息标准化值及排名

名称	区域	标准化值	排名
河北	华北	0.258 5	1
江苏	华东	0.258 5	1
浙江	华东	0.258 5	1
安徽	华东	0.258 5	1
福建	华东	0.258 5	1
湖南	中南	0.258 5	1
广东	中南	0.258 5	1
四川	西南	0.258 5	1
北京	华北	0.258 5	1
上海	华东	0.258 5	1
天津	华北	0.258 5	1
重庆	西南	0.258 5	1
黑龙江	东北	0.115 7	2
江西	华东	0.115 7	2
山东	华东	0.115 7	2
湖北	中南	0.115 7	2
海南	中南	0.115 7	2
贵州	西南	0.115 7	2
陕西	西北	0.115 7	2
甘肃	西北	0.115 7	2
山西	华北	−0.027 1	3

续表

名称	区域	标准化值	排名
内蒙古	华北	−0.027 1	3
河南	中南	−0.027 1	3
广西	中南	−0.027 1	3
西藏	西南	−0.027 1	3
青海	西北	−0.027 1	3
吉林	东北	−0.336 6	4
云南	西南	−0.336 6	4
宁夏	西北	−0.336 6	4
辽宁	东北	−0.513 2	5
新疆	西北	−2.366 0	6

政务基本信息是政务公开的主要内容，是测度政府效率的软指标，可直接反映省级政府的执行力及效率。表 3.12 表明，省级政府的政府基本信息公开具备两个特征。

第一，该指标排名并列的省级政府很多，如河北、江苏等 12 个省级政府并列第 1，黑龙江、江西等 8 个省级政府并列第 2，山西、内蒙古等 6 个省级政府并列第 3。这既反映了省级政府普遍重视政务基本信息公开工作，又表明了省级政府在推进基本政务信息公开方面进程基本相同。

第二，与测度省级政府效率的其他子因素相比，表面看来我国省级政府的政务基本信息指标测度结果较好，但是，有关政务基本信息的排名结果却揭示了我国省级政府在政务基本信息公开方面所表现出的不足。因为本书有关政务基本信息都是最简单、最基本的信息，这些信息来自 2017 年底或者 2018 年初在省级政府召开两会时由省级政府的主要负责人，如财政厅（局）厅长/局长、发改委主任等在省级政府两会上向两会代表及委员所做的报告或者通报的数据，从理论上讲这些信息都应该全部及时在政府网站公开。换言之，全国 31 个省级政府的政务基本信息指标排名应该都是并列第一。但是，实际并非如此。因此，省级政府的政务基本信息公开面临严峻形势。

3.3.8　2018 年政务时效分析

政务时效包括政府办事时效一个指标，是政务公开的重要子因素，直接体现省级政府效率，被赋予 0.20 权重。2018 年省级政府的政务时效标准化值及排名，如表 3.13 所示。

表 3.13　2018 年省级政务时效标准化值及排名

名称	区域	标准化值	排名
山东	华东	2.845 3	1
北京	华北	2.845 3	1

续表

名称	区域	标准化值	排名
河北	华北	1.149 1	2
浙江	华东	1.149 1	2
安徽	华东	1.149 1	2
湖南	中南	1.149 1	2
四川	西南	1.149 1	2
甘肃	西北	1.149 1	2
山西	华北	−0.547 2	3
内蒙古	华北	−0.547 2	3
辽宁	东北	−0.547 2	3
吉林	东北	−0.547 2	3
黑龙江	东北	−0.547 2	3
江苏	华东	−0.547 2	3
福建	华东	−0.547 2	3
江西	华东	−0.547 2	3
河南	中南	−0.547 2	3
湖北	中南	−0.547 2	3
广东	中南	−0.547 2	3
广西	中南	−0.547 2	3
海南	中南	−0.547 2	3
贵州	西南	−0.547 2	3
云南	西南	−0.547 2	3
西藏	西南	−0.547 2	3
陕西	西北	−0.547 2	3
青海	西北	−0.547 2	3
宁夏	西北	−0.547 2	3
新疆	西北	−0.547 2	3
上海	华东	−0.547 2	3
天津	华北	−0.547 2	3
重庆	西南	−0.547 2	3

从表3.13看出，首先，省级政府政务时效区域分布有区域聚集性特征。例如，中南地区的河南、湖北、广西、广东等省级政府并列第3；东北地区的辽宁、吉林、黑龙江等省级政府并列第3。其次，该指标排名并列的省级政府数量很多。例如，山东、北京2

个省级政府排名并列第 1，河北、浙江等 6 个省级政府排名并列第 2，山西、内蒙古等 23 个省级政府排名并列第 3。这既反映了我国大多数省级政府重视政务时效，又表明了各地省级政府对政务时效的重视程度基本相同。

第4章　2018年中国政府效率"百高市"

本书仍然选取292个地级市作为政府效率测度样本。它们包括我国设区地级市（海南省三沙市及西藏自治区那曲市除外，因为三沙市及2018年5月刚成立的那曲市的相关数据不全），来自六大地区，其中华东77个、中南80个、西南37个、西北33个、华北31个、东北34个。2018年地级市政府效率测度指标体系、指标数据来源及处理、测度样本参考附录1.2、附录2.2、附录3.2。

为了相互学习、比较，在此公布政府效率测度结果排名全国前100位的地级市，即政府效率"百高市"，并按照华东、中南、西南、西北、华北、东北等6个区域予以分析。

4.1　2018年政府效率"百高市"分析

根据第2章所论述的地方政府效率测度思路及方法，本节公布2018年政府效率"百高市"的标准化值及排名，如表4.1所示。

表4.1　2018年政府效率"百高市"的标准化值及排名

城市	标准化值	地区排名	全国排名	城市	标准化值	地区排名	全国排名
华东地区				华东地区			
舟山市	1.104 9	1	3	湖州市	0.468 8	9	16
南昌市	0.643 3	2	6	常州市	0.466 1	10	17
厦门市	0.615 5	3	7	嘉兴市	0.441 5	11	19
威海市	0.502 6	4	10	衢州市	0.428 7	12	20
温州市	0.479 0	5	12	绍兴市	0.418 1	13	21
台州市	0.477 4	6	13	宁波市	0.407 7	14	22
南京市	0.475 1	7	14	铜陵市	0.386 5	15	25
无锡市	0.473 7	8	15	金华市	0.352 9	16	27

续表

城市	标准化值	地区排名	全国排名	城市	标准化值	地区排名	全国排名
华东地区				华东地区			
杭州市	0.325 2	17	28	徐州市	0.104 3	45	81
丽水市	0.304 6	18	29	莱芜市	0.077 5	46	90
泰州市	0.294 3	19	30	宣城市	0.075 9	47	93
镇江市	0.254 1	20	33	景德镇市	0.067 7	48	96
莆田市	0.252 8	21	35	泰安市	0.062 4	49	98
青岛市	0.252 7	22	36	济宁市	0.056 5	50	100
福州市	0.247 6	23	38	中南地区			
苏州市	0.245 9	24	39	深圳市	2.357 5	1	1
扬州市	0.240 5	25	40	衡阳市	1.672 1	2	2
济南市	0.238 3	26	41	珠海市	0.762 0	3	4
烟台市	0.230 7	27	42	襄阳市	0.659 2	4	5
鹰潭市	0.223 4	28	44	三亚市	0.534 4	5	8
泉州市	0.221 7	29	45	鄂州市	0.452 5	6	18
盐城市	0.192 6	30	50	广州市	0.404 3	7	23
龙岩市	0.183 7	31	54	中山市	0.387 5	8	24
淄博市	0.183 2	32	56	佛山市	0.253 3	9	34
漳州市	0.171 3	33	57	武汉市	0.224 7	10	43
黄山市	0.166 9	34	60	郑州市	0.218 2	11	46
三明市	0.158 5	35	64	海口市	0.210 9	12	47
东营市	0.157 6	36	65	儋州市	0.200 2	13	48
南通市	0.155 8	37	66	长沙市	0.184 2	14	52
日照市	0.154 4	38	68	荆门市	0.183 5	15	55
连云港市	0.117 3	39	73	汕头市	0.169 3	16	58
马鞍山市	0.113 6	40	74	北海市	0.111 0	17	76
淮南市	0.112 5	41	75	东莞市	0.101 0	18	82
淮安市	0.110 1	42	77	防城港市	0.099 7	19	83
萍乡市	0.110 0	43	78	洛阳市	0.095 9	20	88
蚌埠市	0.105 8	44	80	濮阳市	0.086 5	21	89

续表

城市	标准化值	地区排名	全国排名	城市	标准化值	地区排名	全国排名
中南地区				西北地区			
湘潭市	0.076 7	22	92	咸阳市	0.096 8	6	86
西南地区				华北地区			
贵阳市	0.375 4	1	26	大同市	0.184 1	1	53
安顺市	0.286 3	2	31	包头市	0.160 8	2	63
雅安市	0.249 6	3	37	呼和浩特市	0.155 1	3	67
昆明市	0.168 1	4	59	太原市	0.131 4	4	70
六盘水市	0.165 5	5	61	秦皇岛市	0.123 7	5	72
德阳市	0.097 1	6	85	阳泉市	0.107 7	6	79
乐山市	0.096 5	7	87	乌海市	0.072 7	7	95
铜仁市	0.077 3	8	91	东北地区			
玉溪市	0.058 8	9	99	大连市	0.199 4	1	49
西北地区				长春市	0.188 8	2	51
克拉玛依市	0.507 5	1	9	盘锦市	0.141 3	3	69
铜川市	0.485 2	2	11	沈阳市	0.097 2	4	84
嘉峪关市	0.263 0	3	32	辽源市	0.075 8	5	94
西宁市	0.164 5	4	62	七台河市	0.064 2	6	97
金昌市	0.127 4	5	71				

注：本表仅公布政府效率测度结果全国排名前100位的地级市，如需其他192个地级市政府效率测度标准化值及排名，请与本书编著单位联系

通过分析表4.1，可以看出我国政府效率“百高市”分布具有以下4个特征。

第一，我国6大地区之间的地级市政府效率差异比较明显，其中，华东、中南地区的政府效率较高。例如，政府效率排名前30位的地级市中，华东地区有舟山市等19个地级市、中南有深圳市等8个地级市、西南有贵阳市1个地级市、西北有克拉玛依市等2个地级市，而华北和东北地区则没有地级市进入前30名。政府效率排名前100位的地级市中，华东地区有舟山市等50个地级市，约占华东地区77个地级市的65%；中南地区有深圳市等22个地级市，约占中南地区80个地级市的28%；东北地区有大连市等6个地级市，约占东北地区34个地级市的18%；西北地区有克拉玛依市等6个地级市，约占西北地区33个地级市的18%；华北地区有大同市等7个地级市，约占华北地区31个地级市的23%；西南地区有贵阳市等9个地级市，约占西南地区37个地级市的24%。

第二，同一区域内不同地级市政府效率差异也十分明显。例如，在华东地区，排在全国第3名的舟山市与排在全国第100名的济宁市差距十分明显，二者排名相差97位，

舟山市政府效率测度标准化值（1.104 9）约是济宁市政府效率测度标准化值（0.056 5）的 20 倍；在中南地区，同属广东省的珠海市、汕头市，其经济发展水平相当，但是其政府效率差距很大。排在全国第 4 名的珠海市与排在全国第 58 名的汕头市，二者排名相差 54 位，珠海政府效率测度标准化值（0.762 0）约是汕头市标准化值（0.169 3）的 5 倍。另外，西北地区的克拉玛依市（全国排名第 9）与咸阳市（全国排名第 86）之间、华北地区的大同市（全国排名第 53）与乌海市（全国排名第 95）之间、东北地区的大连市（全国排名 49）与七台河市（全国排名第 97）之间的政府效率差异也十分突出。

第三，虽然西北地区地级市政府效率总体偏低，但克拉玛依市政府效率却十分抢眼。其政府效率标准化值为 0.507 5，排全国第 9 名，不仅优于本地区其他地级市，而且优于经济比较发达的华东和中南地区的大多数地级市。克拉玛依市政府效率排名不仅远远高于本地区的嘉峪关市（标准化值 0.263 0，全国排名第 32）、西宁市（标准化值 0.164 5，全国排名第 62）、金昌市（标准化值 0.127 4，全国排名第 71）、咸阳市（标准化值 0.096 8，全国排名第 86），而且高于华东地区的淮南市（标准化值 0.112 5，全国排名第 75）、淮安市（标准化值 0.110 1，全国排名第 77）、萍乡市（标准化值 0.110 0，全国排名第 78）、蚌埠市（标准化值 0.105 8，全国排名第 80），还高于中南地区的东莞市（标准化值 0.101 0，全国排名第 82）、防城港市（标准化值 0.099 7，全国排名第 83）、湘潭市（标准化值 0.076 7，全国排名第 92）。

第四，区域之间地市级政府效率排名与经济社会发展水平之间存在一定的正向关联性，但是区域内部二者却表现出负向关联性。例如，总体上，经济比较发达的华东、中南地区地级市政府效率高于经济欠发达的东北、西南、西北地区；同时，在华东、中南、西南等地区内部，不同地级市政府效率水平相差悬殊。因此，各地区地方政府在发展经济的同时，需要进一步深化内部行政体制及“放管服”改革、全面实行政务公开，重视提升政府执行力与效率。

2018 年地级市政府效率测度指标体系由政府公共服务、政府规模、居民经济福利、政务公开等 4 个因素、8 个子因素及 41 个指标构成（附录 1.2）。下文将具体分析地级市政府效率测度因素及子因素排名前 100 位的情况。

4.2　2018 年政府效率“百高市”测度因素分析

4.2.1　2018 年地级市政府公共服务分析

1. 地级市政府公共服务简介

政府公共服务（0.60）（括号里的数字表示政府效率测度因素或子因素的权重，下同）反映了地级市政府提供基本公共服务的数量和质量，表示地级市政府的产出及收益，是测度政府效率的主要因素（即一级指标），下设 6 个子因素（即二级指标）和 24 个三级指标，其中 6 个子因素分别是科教文卫服务（0.30）、公共安全服务（0.15）、社会保障服务（0.15）、经济发展服务（0.30）、落实宏观调控（0.05）和市场监管服务（0.05）

（附录 1.2）。

2. 地级市政府公共服务前 100 位分析

2018 年地级市政府公共服务测度结果前 100 位的标准化值及具体排名见表 4.2。

表 4.2 2018 年地级市政府公共服务前 100 位的标准化值及排名

城市	标准化值	地区排名	全国排名	城市	标准化值	地区排名	全国排名
华东地区				华东地区			
南昌市	0.886 2	1	4	嘉兴市	0.053 3	31	92
舟山市	0.517 0	2	5	淄博市	0.048 8	32	95
威海市	0.360 2	3	14	潍坊市	0.043 9	33	99
温州市	0.348 7	4	15	菏泽市	0.039 8	34	100
厦门市	0.340 0	5	16	中南地区			
台州市	0.320 3	6	18	衡阳市	2.714 6	1	1
淮南市	0.293 9	7	20	深圳市	2.029 8	2	2
龙岩市	0.281 4	8	21	襄阳市	1.015 7	3	3
丽水市	0.272 9	9	23	三亚市	0.500 0	4	6
衢州市	0.265 2	10	25	郑州市	0.374 9	5	12
莆田市	0.255 8	11	26	珠海市	0.369 3	6	13
南京市	0.224 0	12	33	荆门市	0.229 2	7	30
湖州市	0.204 5	13	37	张家界市	0.208 5	8	36
青岛市	0.203 7	14	38	广州市	0.190 8	9	41
金华市	0.189 3	15	42	鄂州市	0.177 0	10	45
三明市	0.174 8	16	46	揭阳市	0.167 5	11	48
铜陵市	0.164 6	17	50	汕头市	0.131 2	12	62
萍乡市	0.157 9	18	52	洛阳市	0.118 5	13	66
福州市	0.154 8	19	53	咸宁市	0.092 0	14	76
绍兴市	0.150 5	20	54	佛山市	0.087 8	15	79
漳州市	0.139 0	21	57	中山市	0.067 0	16	87
常州市	0.138 2	22	58	新乡市	0.056 8	17	90
无锡市	0.121 6	23	65	益阳市	0.048 5	18	96
盐城市	0.111 9	24	68	湘潭市	0.044 2	19	98
烟台市	0.108 9	25	70	西南地区			
日照市	0.080 3	26	80	贵阳市	0.459 4	1	7
宁波市	0.077 3	27	82	雅安市	0.451 7	2	8
泰州市	0.075 8	28	85	乐山市	0.403 5	3	10
泉州市	0.070 0	29	86	安顺市	0.386 5	4	11
赣州市	0.062 8	30	89	昆明市	0.333 5	5	17

续表

城市	标准化值	地区排名	全国排名	城市	标准化值	地区排名	全国排名
西南地区				西北地区			
德阳市	0.275 4	6	22	宝鸡市	0.106 0	10	73
六盘水市	0.243 9	7	27	安康市	0.091 2	11	77
巴中市	0.233 9	8	28	庆阳市	0.079 1	12	81
铜仁市	0.192 2	9	40	克拉玛依市	0.076 4	13	84
毕节市	0.142 6	10	56	咸阳市	0.064 8	14	88
临沧市	0.133 3	11	60	汉中市	0.051 0	15	93
广元市	0.132 7	12	61	华北地区			
自贡市	0.114 2	13	67	大同市	0.296 0	1	19
宜宾市	0.108 8	14	71	秦皇岛市	0.269 8	2	24
广安市	0.100 1	15	75	呼和浩特市	0.224 3	3	32
遂宁市	0.055 9	16	91	包头市	0.178 3	4	44
玉溪市	0.049 7	17	94	太原市	0.170 2	5	47
昌都市	0.046 6	18	97	张家口市	0.144 3	6	55
西北地区				承德市	0.088 8	7	78
嘉峪关市	0.441 6	1	9	乌海市	0.077 1	8	83
金昌市	0.229 9	2	29	东北地区			
西宁市	0.224 6	3	31	长春市	0.222 8	1	34
定西市	0.209 7	4	35	大连市	0.160 8	2	51
酒泉市	0.202 1	5	39	本溪市	0.135 2	3	59
铜川市	0.184 9	6	43	七台河市	0.122 7	4	64
平凉市	0.166 3	7	49	沈阳市	0.110 5	5	69
海东市	0.127 6	8	63	丹东市	0.102 5	6	74
延安市	0.108 3	9	72				

注：本表仅公布政府公共服务测度标准化值全国排名前 100 位的地级市，如需其他 192 个地级市政府公共服务测度标准化值及排名，请与本书编著单位联系

由表 4.2 可知，地级市政府公共服务前 100 位分布具有两个明显特征。

第一，我国六大地区的地级市政府公共服务水平整体较高。例如，政府公共服务全国排名前 30 位的地级市中，既有华东地区的南昌市等 11 个城市，又有中南地区的衡阳市等 7 个地级市，还有西南地区的贵阳市等 8 个地级市、西北地区的嘉峪关市等 2 个地级市，以及华北地区的大同市等 2 个地级市，只有东北地区没有地级市政府公共服务进入全国前 30 位。全国排名前 100 位的地级市中，华东地区有 34 个地级市，约占华东所有 77 个地级市的 44%；中南地区有 19 个地级市，约占中南地区所有 80 个地级市的 24%；西南地区有 18 个地级市，约占西南地区所有 37 个地级市的 49%；西北地区有 15 个地级市，约占西北地区所有 33 个地级市的 45%；华北地区有 8 个地级市，约占华北地区所有

31个地级市的26%；东北地区有6个地级市，约占东北地区所有34个地级市的18%。这表明我国每个地区至少都有18%的地级市政府效率位居全国前100位，即排在全国292个地级市政府效率测度样本中的前1/3左右。因此，每个地区的地级市政府效率水平都较高。

第二，产业转型压力较大、经济发展水平不高的西南、华北、西北等地区的地级市政府公共服务水平总体表现较好。例如，西南地区有8个地级市（约占西南地区地级市总数的22%）排名全国前30位，有18个地级市（约占西南地区地级市总数的49%）进入全国100位；华北地区有2个（约占华北地区地级市的6%）地级市位居全国前30位，有8个（约占华北地区地级市的26%）地级市位居全国前100位；西北地区有2个地级市（约占该区域地级市总数的6%）排名全国前30位，有15个地级市（约占该区域地级市总数的45%）进入全国100位。因此，政府公共服务是区域经济社会发展的基础，良好的政府公共服务是欠发达地区经济社会发展、实现同步小康的重要保障。

由此表明，中央政府近年来持续推进的加快政府职能转变、建设服务型政府的政策在多数地级市已初见成效，已经成为地方政府效率提升与区域发展的新动能。

4.2.2 2018年地级市政府规模分析

1. 地级市政府规模简介

政府规模反映了政府消费的相对规模，表征了政府成本，直接体现了政府效率。政府规模是测度政府效率的主要因素，被赋予0.15权重，其下设3个指标，见附录1.2。虽然其指标数量不多，却是政府成本的主要测量方面，对地级市政府效率影响较大。

2. 地级市政府规模前100位分析

2018年地级市政府规模前100位的标准化值及排名，如表4.3所示。

表4.3 2018年地级市政府规模前100位的标准化值及排名

城市	标准化值	地区排名	全国排名	城市	标准化值	地区排名	全国排名
华东地区				华东地区			
舟山市	3.965 8	1	2	蚌埠市	0.860 0	10	20
厦门市	1.566 8	2	8	湖州市	0.817 5	11	23
铜陵市	1.505 9	3	9	莱芜市	0.773 5	12	24
东营市	1.306 0	4	10	常州市	0.684 2	13	26
鹰潭市	1.159 6	5	12	马鞍山市	0.674 5	14	27
嘉兴市	1.104 6	6	14	绍兴市	0.647 3	15	29
黄山市	0.932 0	7	16	苏州市	0.638 3	16	30
衢州市	0.880 8	8	18	无锡市	0.613 2	17	32
镇江市	0.871 7	9	19	南昌市	0.464 5	18	39

续表

城市	标准化值	地区排名	全国排名	城市	标准化值	地区排名	全国排名
华东地区				中南地区			
金华市	0.433 7	19	41	珠海市	2.164 7	2	5
泰州市	0.404 3	20	42	鄂州市	1.903 1	3	6
威海市	0.402 1	21	43	儋州市	1.627 0	4	7
台州市	0.400 7	22	44	中山市	1.176 7	5	11
南京市	0.387 6	23	47	北海市	1.144 7	6	13
扬州市	0.356 5	24	51	海口市	1.053 9	7	15
宁波市	0.331 1	25	53	三亚市	0.851 5	8	21
宣城市	0.295 5	26	55	防城港市	0.606 8	9	33
杭州市	0.290 2	27	56	汕头市	0.550 2	10	34
萍乡市	0.278 1	28	57	黄石市	0.503 5	11	36
日照市	0.226 8	29	61	漯河市	0.479 7	12	38
丽水市	0.226 2	30	62	衡阳市	0.392 2	13	45
景德镇市	0.217 8	31	64	东莞市	0.387 7	14	46
南通市	0.162 8	32	67	武汉市	0.337 5	15	52
宿迁市	0.159 5	33	69	襄阳市	0.208 2	16	65
温州市	0.159 0	34	70	焦作市	0.199 4	17	66
淮南市	0.155 4	35	71	濮阳市	0.136 8	18	75
济南市	0.139 4	36	74	佛山市	0.090 5	19	79
淮安市	0.133 8	37	76	鹤壁市	0.088 7	20	80
合肥市	0.091 4	38	78	广州市	0.087 6	21	82
连云港市	0.088 1	39	81	潮州市	0.033 6	22	96
阜阳市	0.084 7	40	83	西南地区			
新余市	0.041 2	41	93	安顺市	0.377 6	1	48
泉州市	0.031 3	42	97	山南市	0.373 8	2	49
淄博市	0.028 3	43	99	拉萨市	0.267 9	3	59
中南地区				自贡市	0.232 0	4	60
深圳市	4.736 2	1	1	攀枝花市	0.063 1	5	85

续表

城市	标准化值	地区排名	全国排名	城市	标准化值	地区排名	全国排名
西南地区				华北地区			
贵阳市	0.044 8	6	91	乌海市	0.160 5	4	68
西北地区				长治市	0.056 2	5	87
克拉玛依市	3.000 0	1	3	朔州市	0.047 8	6	89
铜川市	2.490 9	2	4	晋城市	0.046 8	7	90
嘉峪关市	0.653 8	3	28	呼和浩特市	0.043 9	8	92
哈密市	0.483 1	4	37	通辽市	0.036 1	9	94
西宁市	0.361 6	5	50	吕梁市	0.034 2	10	95
咸阳市	0.155 2	6	72	东北地区			
榆林市	0.073 7	7	84	盘锦市	0.915 0	1	17
西安市	0.056 3	8	86	七台河市	0.822 5	2	22
兰州市	0.048 8	9	88	辽源市	0.739 0	3	25
乌鲁木齐市	0.030 9	10	98	通化市	0.512 6	4	35
渭南市	0.012 3	11	100	鹤岗市	0.451 3	5	40
华北地区				鸡西市	0.273 3	6	58
阳泉市	0.619 4	1	31	大庆市	0.154 9	7	73
太原市	0.308 7	2	54	营口市	0.105 9	8	77
廊坊市	0.221 5	3	63				

注：本表仅公布政府规模测度结果全国排名前100位的地级市，如需其他192个地级市政府规模测度标准化值及排名，请与本书编著单位联系

由表4.3可知，我国地级市政府规模前100位分布具有以下特征。

一方面，从最优层面看，我国不同地区地级市政府规模相对均衡，特别是西北地区与东北地区之间、西南地区与华北地区之间的地级市政府规模相对均衡，比如，从政府规模极佳、排名全国前30位地级市的区域分布数量看，我国华东地区有舟山市等16个地级市，约占华东地区77个地级市的21%；中南地区有深圳市等8个地级市，约占中南地区80个地级市的10%，这表明华东地区与中南地区地级市政府规模差异不大；西北地区有克拉玛依市等3个地级市进入全国前30名，约占西北地区33个地级市的9%；东北地区有盘锦市等3个地级市进入全国前30名，约占东北地区34个地级市的9%，这表明西北地区与东北地区的地级市政府规模相对均衡。此外，西南地区与华北地区的地级市政府规模排名也相对均衡。

另一方面，从次优层面看，我国不同地区地级市政府规模也不平衡，比如，从政府规模比较适度、排名全国前100位的地级市区域分布数量看，华东地区有43个地级市，约

占华东地区地级市总数的 56%；中南地区有 22 个地级市，约占中南地区地级市总数的 28%；西南地区有 6 个地级市，约占西南地区地级市总数的 16%；西北地区有 11 个地级市，约占西北地区地级市总数的 33%；华北地区有 10 个地级市，约占华北地区地级市总数的 32%；东北地区有 8 个地级市，约占东北地区地级市总数的 24%。不难看出，我国地级市政府规模呈现东优西劣的阶梯状分布趋势。这表明，党的十八大、十九大以来，我国中央政府持续推进的“放管服”及全面深化改革战略正深刻影响着地方政府规模调整：中西部经济欠发达的劣势有利于当地政府通过深化行政审批体制改革优化政府规模，促进当地经济发展；东部经济较发达的优势能够加快当地政府职能转变、建设高效有为的政府，不断引领经济新常态的发展。

另外，我国同一区域内部不同地级市政府规模比较均衡。整体上看，在同一地区内部，除华东地区的舟山、厦门、铜陵和中南地区的深圳、珠海、鄂州等少数几个地级市政府规模表现得特别优秀外，区域内部不同地级市的政府规模差距较小。

因此，中央持续推进的“放管服”及“只进一扇门”“最多跑一次”等改革正深刻影响着地方政府规模，各地经济社会发展水平高低与当地政府规模大小之间不断走向协调，使我国地级市政府规模不断趋于适度与均衡。

4.2.3　2018 年地级市居民经济福利分析

1. 地级市居民经济福利简介

居民经济福利因素由农村居民人均可支配收入等 5 个指标组成，体现了政府民生改善及民生服务水平，间接反映了政府运行质量和效率，被赋予 0.10 的权重。

2. 地级市居民经济福利前 100 位分析

2018 年地级市居民经济福利前 100 位的标准化值及排名，如表 4.4 所示。

表 4.4　2018 年地级市居民经济福利前 100 位的标准化值及排名

城市	标准化值	地区排名	全国排名	城市	标准化值	地区排名	全国排名
华东地区				华东地区			
杭州市	2.559 3	1	2	嘉兴市	1.736 9	11	14
苏州市	2.512 1	2	3	湖州市	1.723 3	12	15
宁波市	2.414 7	3	4	东营市	1.667 9	13	16
无锡市	2.385 6	4	5	威海市	1.559 9	14	18
南京市	2.123 5	5	6	台州市	1.550 1	15	19
常州市	2.104 1	6	7	南通市	1.500 7	16	20
绍兴市	1.937 6	7	10	扬州市	1.403 2	17	23
舟山市	1.819 0	8	11	金华市	1.374 0	18	25
镇江市	1.792 1	9	12	泰州市	1.370 1	19	26
温州市	1.757 3	10	13	济南市	1.368 8	20	27

续表

城市	标准化值	地区排名	全国排名	城市	标准化值	地区排名	全国排名
华东地区				中南地区			
青岛市	1.326 2	21	29	广州市	2.065 0	2	8
厦门市	1.063 4	22	32	长沙市	1.481 5	3	21
泉州市	1.048 4	23	33	珠海市	1.455 2	4	22
烟台市	1.003 8	24	34	中山市	1.385 1	5	24
淄博市	0.985 4	25	35	佛山市	1.335 3	6	28
福州市	0.866 2	26	37	东莞市	1.314 1	7	30
盐城市	0.782 7	27	39	武汉市	1.214 7	8	31
徐州市	0.684 8	28	41	郑州市	0.915 4	9	36
潍坊市	0.680 3	29	42	惠州市	0.413 6	10	58
衢州市	0.673 1	30	43	宜昌市	0.411 3	11	59
淮安市	0.657 4	31	45	海口市	0.383 7	12	62
丽水市	0.557 9	32	49	三亚市	0.365 6	13	65
滨州市	0.546 5	33	51	株洲市	0.352 0	14	66
合肥市	0.536 5	34	52	鹤壁市	0.283 1	15	76
莱芜市	0.502 6	35	53	漯河市	0.267 1	16	78
连云港市	0.499 8	36	54	鄂州市	0.255 8	17	79
泰安市	0.486 9	37	55	茂名市	0.225 0	18	86
南昌市	0.415 5	38	57	南宁市	0.194 7	19	93
日照市	0.369 7	39	63	许昌市	0.191 4	20	94
漳州市	0.366 9	40	64	桂林市	0.189 3	21	96
龙岩市	0.327 0	41	68	防城港市	0.186 5	22	97
莆田市	0.319 2	42	69	三门峡市	0.138 6	23	100
枣庄市	0.319 0	43	70	西南地区			
马鞍山市	0.286 0	44	74	攀枝花市	0.652 2	1	46
临沂市	0.254 9	45	81	昆明市	0.409 8	2	60
三明市	0.202 9	46	90	昌都市	0.285 0	3	75
济宁市	0.195 8	47	92	成都市	0.255 4	4	80
芜湖市	0.189 8	48	95	贵阳市	0.229 2	5	84
新余市	0.182 1	49	98	林芝市	0.225 3	6	85
中南地区				西北地区			
深圳市	3.590 3	1	1	克拉玛依市	2.055 4	1	9

续表

城市	标准化值	地区排名	全国排名	城市	标准化值	地区排名	全国排名
西北地区				华北地区			
嘉峪关市	0.560 4	2	48	晋城市	0.349 9	6	67
西安市	0.443 8	3	56	长治市	0.249 6	7	82
乌鲁木齐市	0.292 2	4	73	太原市	0.215 0	8	87
兰州市	0.272 1	5	77	赤峰市	0.211 2	9	89
榆林市	0.214 6	6	88	东北地区			
酒泉市	0.198 8	7	91	大连市	0.710 0	1	40
华北地区				盘锦市	0.408 7	2	61
鄂尔多斯市	1.642 1	1	17	沈阳市	0.297 2	3	71
包头市	0.853 0	2	38	长春市	0.295 5	4	72
乌海市	0.671 7	3	44	大庆市	0.238 1	5	83
廊坊市	0.629 6	4	47	哈尔滨市	0.160 5	6	99
唐山市	0.550 4	5	50				

注：本表仅公开居民经济福利测度结果全国排名前 100 位的地级市，如需其他 192 个地级市居民经济福利测度的标准化值及排名，请与本书编著单位联系

居民经济福利表征了居民生活水平，从侧面反映了政府的收益与产出，是衡量政府效率重要的外溢指标。分析表 4.4，我国地级市居民经济福利前 100 位分布呈现以下两个显著特征。

第一，地区排名差异明显，呈现多极态势。华东地区居民经济福利最佳，中南地区次之，西北和华北地区较差，西南和东北地区最差。从居民经济福利最优、全国排名前 30 位地级市的区域分布数量看，华东地区有杭州市等 21 个地级市，约占华东地级市总数的 27%；中南地区有深圳市等 7 个地级市，约占中南地级市总数的 9%；西北地区有克拉玛依市 1 个地级市，约占西北地级市总数的 3%；华北地区有鄂尔多斯市 1 个地级市，约占华北地级市总数的 3%；而西南和东北地区没有地级市进入全国前 30 名。

第二，我国地级市居民经济福利存在好、中、差等三级分布的特点。华东及中南地级市较好，为一级；华北与西北地级市次之，为二级；西南与东北地级市较差，为三级。同时，每级内部不同地级市居民经济福利差异较小。从全国排名前 100 位地级市的区域分布比例看，华东地区有 49 个地级市，约占华东地级市总数的 64%；华北地区有 9 个地级市，约占华北地级市总数的 29%；中南地区有 23 个地级市，约占中南地区地级市总数的 29%；西北地区有 7 个地级市，约占西北地级市总数的 21%；东北地区有 6 个地级市，约占东北地级市总数的 18%；西南地区有 6 个地级市，约占西南地级市总数的 16%。因此，我国近年来持续推进的精准扶贫、乡村振兴、全面小康等战略的效果比较明显：我国区域之间的居民经济福利差异在不断缩小。

所以，认真贯彻习近平新时代中国特色社会主义思想，实现共享繁荣，大力改善民生、提高居民经济福利，加快弥补我国经济社会发展短板，促进区域之间、城乡之间的协调发展，是我国地方政府效率提升的重要路径。

4.2.4 2018 年地级市政务公开分析

1. 地级市政务公开简介

政务公开是体现地级市政府效率的重要因素，它能够直接反映地方政府执行力与效率，被赋予 0.15 权重。它包括政务基本信息等 2 个子因素，以及领导信息公开等 9 个三级指标。

2. 地级市政务公开前 100 位分析

2018 年地级市政务公开前 100 位的标准化值及排名，如表 4.5 所示。

表 4.5 2018 年地级市政务公开前 100 位的标准化值及排名

城市	标准化值	地区排名	全国排名	城市	标准化值	地区排名	全国排名
华东地区				华东地区			
南京市	0.467 7	1	1	宣城市	0.467 7	1	1
无锡市	0.467 7	1	1	福州市	0.467 7	1	1
徐州市	0.467 7	1	1	莆田市	0.467 7	1	1
常州市	0.467 7	1	1	泉州市	0.467 7	1	1
苏州市	0.467 7	1	1	厦门市	0.467 7	1	1
扬州市	0.467 7	1	1	漳州市	0.467 7	1	1
宿迁市	0.467 7	1	1	龙岩市	0.467 7	1	1
杭州市	0.467 7	1	1	三明市	0.467 7	1	1
宁波市	0.467 7	1	1	济南市	0.467 7	1	1
温州市	0.467 7	1	1	东营市	0.467 7	1	1
嘉兴市	0.467 7	1	1	烟台市	0.467 7	1	1
衢州市	0.467 7	1	1	济宁市	0.467 7	1	1
台州市	0.467 7	1	1	泰安市	0.467 7	1	1
合肥市	0.467 7	1	1	威海市	0.467 7	1	1
铜陵市	0.467 7	1	1	临沂市	0.467 7	1	1
黄山市	0.467 7	1	1	淮安市	0.356 8	2	2
宿州市	0.467 7	1	1	滁州市	0.356 8	2	2

续表

城市	标准化值	地区排名	全国排名	城市	标准化值	地区排名	全国排名
华东地区				中南地区			
连云港市	0.341 0	3	3	惠州市	0.467 7	1	1
盐城市	0.341 0	3	3	阳江市	0.467 7	1	1
泰州市	0.341 0	3	3	潮州市	0.467 7	1	1
湖州市	0.341 0	3	3	三亚市	0.467 7	1	1
丽水市	0.341 0	3	3	儋州市	0.467 7	1	1
蚌埠市	0.341 0	3	3	荆州市	0.356 8	2	2
阜阳市	0.341 0	3	3	长沙市	0.356 8	2	2
南平市	0.341 0	3	3	湘潭市	0.356 8	2	2
淄博市	0.341 0	3	3	佛山市	0.356 8	2	2
德州市	0.341 0	3	3	湛江市	0.356 8	2	2
绍兴市	0.246 0	4	4	汕尾市	0.341 0	3	3
金华市	0.246 0	4	4	河源市	0.341 0	3	3
安庆市	0.246 0	4	4	云浮市	0.341 0	3	3
中南地区				西南地区			
洛阳市	0.467 7	1	1	绵阳市	0.467 7	1	1
濮阳市	0.467 7	1	1	广元市	0.467 7	1	1
武汉市	0.467 7	1	1	遂宁市	0.467 7	1	1
荆门市	0.467 7	1	1	资阳市	0.467 7	1	1
黄冈市	0.467 7	1	1	达州市	0.467 7	1	1
岳阳市	0.467 7	1	1	眉山市	0.467 7	1	1
常德市	0.467 7	1	1	贵阳市	0.467 7	1	1
娄底市	0.467 7	1	1	六盘水市	0.467 7	1	1
郴州市	0.467 7	1	1	玉溪市	0.467 7	1	1
广州市	0.467 7	1	1	南充市	0.356 8	2	2
深圳市	0.467 7	1	1	雅安市	0.356 8	2	2
珠海市	0.467 7	1	1	内江市	0.341 0	3	3
韶关市	0.467 7	1	1	遵义市	0.341 0	3	3
江门市	0.467 7	1	1	毕节市	0.341 0	3	3

续表

城市	标准化值	地区排名	全国排名	城市	标准化值	地区排名	全国排名
西北地区				华北地区			
银川市	0.341 0	1	3	巴彦淖尔市	0.356 8	2	2
华北地区				东北地区			
石家庄市	0.467 7	1	1	辽源市	0.356 8	1	2
唐山市	0.467 7	1	1	大连市	0.246 0	2	4
大同市	0.467 7	1	1	长春市	0.246 0	2	4
晋城市	0.467 7	1	1	齐齐哈尔市	0.246 0	2	4
晋中市	0.356 8	2	2	佳木斯市	0.246 0	2	4

注：本表仅公布政务公开测度结果全国排名前 100 位的地级市，如需其他地级市政务公开测度的标准化值及排名，请与本书编著单位联系

表 4.5 揭示了我国地级市政务公开前 100 位分布呈现以下两个特征。第一，地级市政务公开排名并列的现象特别突出。同一区域内的排名并列的地级市数量很多，不同区域的排名并列的地级市也很多。这既反映了各地级市政府普遍重视政务公开工作，又表明了它们推进政务公开的进程与效率基本相似。第二，与测度政府效率的其他因素相比，我国地级市政务公开较好，但这只是表象。实际上，本书有关政务公开测度结果却揭示了地级市政府在政务公开方面的短板与困难。虽然 2018 年地级市政务公开指标数据总体上优于 2017 年，但是，因为有关政务公开的指标基本都是 2017 年底或者 2018 年初在地级市召开地方两会时由地级市政府的市长、财政局局长、发改委主任、统计局局长等向地级市两会代表及委员所做的报告或者通报的数据。这些政务基础信息尽管重要，但都是常识性的且最简单，所以应该全部及时在其政府网站公开，但实际并非如此。因此，还须大力推进地级市政务公开工作。

因此，全面推行地级市政务公开，增加地方政府工作的透明度，不仅是持续深化地方“放管服”改革的关键环节，而且是提升地方政府效率的重要路径。

4.3 2018 年政府效率“百高市”测度子因素分析

4.3.1 地级市科教文卫服务分析

科教文卫服务是地级市政府公共服务的重要子因素（即二级指标），被赋予 0.30 权重，包括全年专利申请量等 8 个指标，见附录 1.2。2018 年地级市政府科教文卫服务测度前 100 位的标准化值及排名，如表 4.6 所示。

表 4.6　2018 年地级市科教文卫服务前 100 位的标准化值及排名

城市	标准化值	地区排名	全国排名	城市	标准化值	地区排名	全国排名
华东地区				中南地区			
南昌市	2.231 8	1	2	深圳市	2.046 8	3	4
南京市	0.609 6	2	11	郑州市	1.695 8	4	5
芜湖市	0.498 5	3	14	珠海市	0.748 1	5	7
湖州市	0.446 2	4	17	中山市	0.651 6	6	9
宁波市	0.388 7	5	23	广州市	0.632 3	7	10
镇江市	0.372 8	6	24	揭阳市	0.492 1	8	15
威海市	0.366 8	7	25	惠州市	0.427 6	9	18
淄博市	0.344 0	8	27	佛山市	0.419 1	10	20
金华市	0.282 8	9	31	三亚市	0.340 9	11	28
黄山市	0.233 7	10	41	武汉市	0.333 5	12	30
龙岩市	0.223 9	11	42	江门市	0.279 1	13	32
温州市	0.221 9	12	43	张家界市	0.261 7	14	36
常州市	0.209 5	13	48	黄石市	0.253 8	15	37
台州市	0.188 7	14	50	汕头市	0.219 5	16	44
衢州市	0.187 5	15	51	茂名市	0.215 1	17	45
扬州市	0.141 8	16	57	阳江市	0.159 7	18	54
丽水市	0.129 0	17	60	潮州市	0.153 1	19	55
济宁市	0.128 3	18	61	长沙市	0.143 0	20	56
莆田市	0.120 4	19	63	咸宁市	0.135 5	21	58
嘉兴市	0.118 4	20	64	湘潭市	0.077 8	22	74
绍兴市	0.112 4	21	66	鄂州市	0.064 2	23	78
潍坊市	0.109 5	22	68	郴州市	0.056 7	24	81
济南市	0.104 3	23	70	株洲市	0.056 7	25	82
三明市	0.094 1	24	72	安阳市	0.056 4	26	83
宿迁市	0.066 5	25	76	濮阳市	0.055 9	27	84
吉安市	0.061 8	26	79	新乡市	0.049 7	28	87
徐州市	0.040 3	27	92	汕尾市	0.046 2	29	89
烟台市	0.034 2	28	97	永州市	0.039 6	30	93
萍乡市	0.031 6	29	98	益阳市	0.038 8	31	94
中南地区				许昌市	0.030 5	32	100
衡阳市	5.710 3	1	1	西南地区			
襄阳市	2.116 5	2	3	昌都市	1.392 1	1	6

续表

城市	标准化值	地区排名	全国排名	城市	标准化值	地区排名	全国排名
西南地区				西北地区			
六盘水市	0.425 6	2	19	金昌市	0.105 7	10	69
成都市	0.272 1	3	34	延安市	0.101 4	11	71
乐山市	0.270 8	4	35	海东市	0.085 4	12	73
贵阳市	0.195 5	5	49	安康市	0.066 5	13	77
拉萨市	0.167 9	6	52	吐鲁番市	0.040 8	14	91
林芝市	0.166 8	7	53	铜川市	0.031 1	15	99
铜仁市	0.135 3	8	59	华北地区			
广元市	0.057 9	9	80	呼和浩特市	0.472 6	1	16
昆明市	0.055 3	10	85	秦皇岛市	0.360 7	2	26
泸州市	0.054 8	11	86	张家口市	0.339 7	3	29
遵义市	0.045 6	12	90	包头市	0.243 8	4	39
西北地区				太原市	0.234 2	5	40
定西市	0.688 8	1	8	长治市	0.211 0	6	47
西安市	0.543 5	2	12	晋城市	0.125 4	7	62
酒泉市	0.517 0	3	13	大同市	0.074 9	8	75
克拉玛依市	0.395 3	4	21	阳泉市	0.047 5	9	88
平凉市	0.393 8	5	22	晋中市	0.034 7	10	96
榆林市	0.252 2	6	38	东北地区			
咸阳市	0.211 5	7	46	锦州市	0.273 7	1	33
张掖市	0.112 8	8	65	沈阳市	0.038 3	2	95
嘉峪关市	0.111 8	9	67				

注：本表仅公布科教文卫服务测度结果全国排名前 100 位的地级市，如需其他 192 个地级市科教文卫服务测度的标准化值及排名，请与本书编著单位联系

表 4.6 揭示了我国地级市政府科教文卫服务前 100 位分布具有以下三个特点。

首先，我国地级市科教文卫服务排名的区域分布呈现三级态势，即我国中南地区、西北地区、华北地区等属于一级，其科教文卫服务最优；华东地区、西南地区等属于二级，其科教文卫服务次优；东北地区属于三级，其科教文卫服务不佳。科教文卫服务全国排名前 30 位的地级市中，中南地区有衡阳市等 12 个地级市，西北地区有定西市等 5 个地级市，华北地区有呼和浩特市等 3 个地级市，华东地区有南昌市等 8 个地级市，西南地区有昌都市等 2 个地级市，东北地区没有地级市科教文卫服务进入全国前 30 位。

其次，除东北地区外，各地科教文卫服务区域分布比较均衡。排名全国前 100 位的地级市中，华东地区有 29 个地级市，约占华东地区地级市样本的 38%；中南地区有 32 个地级市，约占中南地区地级市样本的 40%；西南地区有 12 个地级市，约占西南地级市样本的 32%；西北地区有 15 个地级市，约占西北地区地级市样本的 45%；华北地区

有 10 个地级市，约占华北地区地级市样本的 32%；东北地区有 2 个地级市，约占东北地区地级市样本的 6%。

最后，科教文卫服务排名居前的地级市往往是知名度高、经济发达的中心城市（如省会城市或大城市）。例如，排在华东地区前 5 名的是南昌市、南京市、芜湖市、湖州市、宁波市，其中南京市和宁波市都是副省级城市；排在中南地区前 5 名的是衡阳市、襄阳市、深圳市、郑州市、珠海市，其中，深圳市是副省级城市；排在西南地区前 5 名的是昌都市、六盘水市、成都市、乐山市、贵阳市，其中，成都市是副省级城市；排在西北地区前 5 名的是定西市、西安市、酒泉市、克拉玛依市、平凉市，其中，西安市是副省级城市。由此可见，对科教文卫服务而言，城市越大、经济越发达，当地政府就越有财力保障对科教文卫服务的投入与效率。当然，除此以外，该指标水平高低还与地级市政府是否重视科教文卫服务、是否贯彻实施科教兴国，以及建设创新型国家的执政理念有关。

4.3.2　地级市公共安全服务分析

公共安全服务是地级市政府公共服务的重要子因素，被赋予 0.15 权重，包括生产安全事故死亡人数占总人口的比例等 3 个指标。2018 年地级市公共安全服务前 100 位的标准化值及排名，如表 4.7 所示。

表 4.7　2018 年地级市公共安全服务前 100 位的标准化值及排名

城市	标准化值	地区排名	全国排名	城市	标准化值	地区排名	全国排名
华东地区				华东地区			
威海市	0.977 9	1	2	潍坊市	0.500 9	17	54
福州市	0.866 9	2	3	温州市	0.432 8	18	64
青岛市	0.864 2	3	4	东营市	0.410 6	19	68
龙岩市	0.841 0	4	5	枣庄市	0.359 1	20	79
厦门市	0.794 4	5	10	台州市	0.345 9	21	83
泉州市	0.744 3	6	14	菏泽市	0.339 4	22	84
萍乡市	0.743 8	7	15	宁波市	0.321 6	23	87
漳州市	0.674 3	8	21	安庆市	0.299 0	24	90
三明市	0.665 2	9	23	绍兴市	0.288 7	25	91
宁德市	0.630 0	10	32	南通市	0.267 4	26	96
赣州市	0.613 4	11	35	滨州市	0.259 4	27	99
莆田市	0.600 4	12	36	中南地区			
烟台市	0.571 9	13	38	防城港市	0.828 6	1	6
宜春市	0.552 1	14	43	梅州市	0.803 6	2	7
南平市	0.513 2	15	50	揭阳市	0.796 3	3	8
济宁市	0.505 0	16	52	衡阳市	0.786 2	4	11

续表

城市	标准化值	地区排名	全国排名	城市	标准化值	地区排名	全国排名
中南地区				西南地区			
海口市	0.766 9	5	12	临沧市	0.619 2	5	33
邵阳市	0.762 2	6	13	昭通市	0.557 1	6	42
岳阳市	0.708 2	7	16	毕节市	0.540 7	7	44
茂名市	0.683 8	8	19	广安市	0.519 4	8	48
益阳市	0.669 5	9	22	丽江市	0.505 0	9	53
十堰市	0.662 1	10	24	六盘水市	0.439 4	10	63
郴州市	0.661 0	11	26	贵阳市	0.431 9	11	65
怀化市	0.642 1	12	27	遂宁市	0.407 1	12	69
娄底市	0.639 1	13	29	广元市	0.399 3	13	70
潮州市	0.617 0	14	34	遵义市	0.288 5	14	93
永州市	0.565 6	15	39	西北地区			
广州市	0.564 1	16	40	西宁市	0.474 3	1	57
三亚市	0.560 0	17	41	咸阳市	0.464 2	2	59
湛江市	0.485 9	18	56	安康市	0.338 9	3	85
常德市	0.474 2	19	58	汉中市	0.285 0	4	94
汕头市	0.443 8	20	62	克拉玛依市	0.260 8	5	98
长沙市	0.410 8	21	67	华北地区			
深圳市	0.384 0	22	73	呼伦贝尔市	0.700 7	1	17
珠海市	0.383 1	23	74	承德市	0.639 9	2	28
河源市	0.362 9	24	77	大同市	0.586 4	3	37
信阳市	0.362 0	25	78	秦皇岛市	0.526 4	4	47
惠州市	0.351 4	26	80	呼和浩特市	0.505 0	5	51
南阳市	0.323 0	27	86	通辽市	0.454 8	6	60
襄阳市	0.268 5	28	95	张家口市	0.393 3	7	71
肇庆市	0.265 5	29	97	乌兰察布市	0.378 1	8	76
株洲市	0.256 5	30	100	赤峰市	0.349 3	9	81
西南地区				鄂尔多斯市	0.306 9	10	88
玉溪市	0.794 6	1	9	东北地区			
内江市	0.686 2	2	18	大连市	1.122 5	1	1
乐山市	0.680 5	3	20	白城市	0.661 7	2	25
德阳市	0.631 7	4	31	鸡西市	0.637 0	3	30

续表

城市	标准化值	地区排名	全国排名	城市	标准化值	地区排名	全国排名
东北地区				东北地区			
通化市	0.539 8	4	45	吉林市	0.387 7	10	72
丹东市	0.532 1	5	46	沈阳市	0.379 5	11	75
长春市	0.518 3	6	49	铁岭市	0.347 9	12	82
鹤岗市	0.487 0	7	55	白山市	0.299 1	13	89
松原市	0.451 1	8	61	伊春市	0.288 7	14	92
葫芦岛市	0.426 0	9	66				

注：本表仅公开政府公共安全服务测度结果全国排名前 100 位的地级市，如需其他 192 个地级市政府公共安全服务测度的标准化值及排名，请与本书编著单位联系

分析表 4.7，可以发现地级市公共安全服务前 100 位分布呈现以下两个特点。

一方面，我国绝大多数地级市公共安全服务成效显著，但是西北地级市公共安全服务欠佳。公共安全服务排在全国前 100 位的地级市中，中南地区有 30 个地级市，占该地区 80 个地级市样本的 38%；东北地区有 14 个地级市，占该地区 34 个地级市样本的 41%；西南地区有 14 个地级市，占该地区 37 个地级市样本的 38%；华东地区有 27 个地级市，占该地区 77 个地级市样本的 35%，华北地区有 10 个地级市，占该地区 31 个地级市样本的 32%；西北地区仅有 5 个地级市，约占该地区 33 个地级市样本的 15%。可见，西北地区的地级市公共安全服务相对不佳，而我国其他区域的地级市公共安全服务相对较好。

另一方面，公共安全服务特别优秀、排在全国前 10 名的分别是：东北地区的大连市（第 1），华东地区的威海市（第 2）、福州市（第 3）、青岛市（第 4）、龙岩市（第 5）、厦门市（第 10），中南地区的防城港市（第 6）、梅州市（第 7）、揭阳市（第 8），西南地区的玉溪市（第 9）。可见，公共安全服务特别优异的地级市基本是来自经济欠发达、工商业产值较低的地区，而经济较发达、工商业产值较高的地区，如华东地区，其公共安全服务存在潜在风险。因此，经济较发达地区需要高度重视公共安全服务存在的问题，重视提升公共安全治理质量与效率，以促进当地社会和谐稳定。

4.3.3 地级市社会保障服务分析

社会保障服务是地级市政府公共服务的重要子因素，被赋予 0.15 权重，包括社会保障和就业支出占地方一般公共预算支出比例等 3 个指标。2018 年地级市社会保障服务前 100 位的标准化值及排名，如表 4.8 所示。

表 4.8 2018 年地级市社会保障服务前 100 位的标准化值及排名

城市	标准化值	地区排名	全国排名	城市	标准化值	地区排名	全国排名
华东地区				西南地区			
淮南市	3.011 0	1	3	自贡市	0.861 9	3	25
菏泽市	1.012 3	2	19	德阳市	0.768 4	4	28
盐城市	0.757 9	3	30	毕节市	0.652 7	5	36
铜陵市	0.639 9	4	37	乐山市	0.628 8	6	38
新余市	0.624 9	5	39	南充市	0.428 2	7	57
池州市	0.567 6	6	43	保山市	0.237 9	8	77
莱芜市	0.508 9	7	48	日喀则市	0.223 2	9	79
淮北市	0.473 4	8	52	遵义市	0.198 4	10	83
日照市	0.388 0	9	58	铜仁市	0.188 4	11	85
常州市	0.357 9	10	60	巴中市	0.165 4	12	91
泰州市	0.281 1	11	65	广元市	0.141 5	13	94
烟台市	0.261 6	12	67	遂宁市	0.138 9	14	95
丽水市	0.250 2	13	70	六盘水市	0.122 8	15	98
九江市	0.242 4	14	72	资阳市	0.119 3	16	99
湖州市	0.239 7	15	74	西北地区			
台州市	0.223 5	16	78	嘉峪关市	4.184 8	1	1
景德镇市	0.199 7	17	82	金昌市	2.173 5	2	5
威海市	0.197 5	18	84	平凉市	1.369 8	3	14
金华市	0.155 5	19	92	吐鲁番市	0.999 3	4	21
中南地区				酒泉市	0.573 2	5	42
荆门市	1.603 0	1	11	石嘴山市	0.254 2	6	68
鄂州市	0.795 0	2	26	铜川市	0.251 4	7	69
荆州市	0.656 7	3	35	张掖市	0.245 3	8	71
平顶山市	0.496 1	4	50	海东市	0.241 3	9	73
梧州市	0.239 7	5	75	延安市	0.176 8	10	88
随州市	0.185 9	6	86	华北地区			
商丘市	0.169 8	7	90	大同市	1.458 4	1	13
儋州市	0.151 6	8	93	乌海市	1.036 0	2	18
西南地区				乌兰察布市	0.926 0	3	23
雅安市	3.144 2	1	2	阳泉市	0.763 8	4	29
安顺市	1.303 7	2	15	太原市	0.728 7	5	32

续表

城市	标准化值	地区排名	全国排名	城市	标准化值	地区排名	全国排名
华北地区				东北地区			
包头市	0.685 6	6	34	鞍山市	1.733 6	4	8
赤峰市	0.588 0	7	40	辽阳市	1.678 2	5	9
晋中市	0.586 6	8	41	阜新市	1.614 0	6	10
长治市	0.516 5	9	46	七台河市	1.592 2	7	12
晋城市	0.515 7	10	47	长春市	1.090 0	8	16
忻州市	0.465 0	11	53	沈阳市	1.051 8	9	17
承德市	0.449 2	12	54	白山市	1.009 3	10	20
秦皇岛市	0.437 4	13	56	辽源市	0.944 8	11	22
临汾市	0.380 6	14	59	双鸭山市	0.916 7	12	24
运城市	0.293 3	15	63	朝阳市	0.770 3	13	27
邢台市	0.288 3	16	64	营口市	0.734 2	14	31
巴彦淖尔市	0.238 0	17	76	锦州市	0.723 8	15	33
朔州市	0.219 2	18	80	葫芦岛市	0.566 1	16	44
衡水市	0.200 8	19	81	通化市	0.535 0	17	45
邯郸市	0.183 5	20	87	大连市	0.502 0	18	49
吕梁市	0.130 7	21	96	盘锦市	0.479 0	19	51
通辽市	0.123 3	22	97	鸡西市	0.446 9	20	55
唐山市	0.114 8	23	100	白城市	0.316 2	21	61
东北地区				大庆市	0.308 2	22	62
本溪市	2.333 2	1	4	佳木斯市	0.276 5	23	66
抚顺市	2.136 8	2	6	牡丹江市	0.170 7	24	89
丹东市	1.945 0	3	7				

注：本表仅公开地级市社会保障服务测度结果全国排名前 100 位的地级市，如需其他 192 个地级市社会保障服务测度的标准化值及排名，请与本书编著单位联系

由表 4.8 可知，我国地级市社会保障服务前 100 位分布具有以下两个特点。

第一，按各地区前 100 位数量占比从高到低排列来看，地级市政府社会保障服务呈现出“华北—东北—西南—西北—华东—中南”的分布态势。社会保障服务全国排名前 100 位的地级市中，华北地区有 23 个地级市，占该地区 31 个地级市的 74%；东北地区有 24 个地级市，占该地区 34 个地级市的 71%；西南地区有 16 个地级市，占该地区 37 个地级市的 43%；西北地区有 10 个地级市，占该地区 33 个地级市的 30%；华东地区有 19 个地级市，占该地区 77 个地级市的 25%；中南地区有 8 个地级市，占该地区 80 个地级市的 10%。究其原因，社会保障服务较好的地区基本上是我国传统老重工业基地所在

地，如东北、华北地区。由于产业转型升级，这些地区的国有工业企业职工权益面临调整，需要加强社会保障服务，才能维持当地社会稳定与民生水平。这从某种程度上提升了当地社会保障服务水平与效率。与北方相比，我国南方是改革开放的前沿，建立了现代经济体系，面临的产业升级换代压力较小，民营企业较多，对社会保障服务需求不如北方地区的地级市强烈。这就致使南方地区的地级市社会保障服务滞后于经济发展，社会保障服务水平相对较低。

第二，我国地级市政府的社会保障服务不仅总体水平不高，与区域经济发展水平也不协调。这说明社会保障服务水平及效率不高构成了我国地级市经济社会发展的短板，如果不着力加以解决，将会阻碍当地产业转型升级及供给侧结构改革。

4.3.4 地级市经济发展服务分析

经济发展服务是衡量地级市政府公共服务与政府效率的重要子因素，被赋予 0.30 权重，由全社会固定资产投资占 GDP 的比例等 6 个指标构成。2018 年地级市经济发展服务前 100 位的标准化值及排名，如表 4.9 所示。

表 4.9 2018 年地级市经济发展服务前 100 位的标准化值及排名

城市	标准化值	地区排名	全国排名	城市	标准化值	地区排名	全国排名
华东地区				华东地区			
舟山市	1.736 4	1	3	景德镇市	0.237 2	18	54
厦门市	1.006 3	2	10	济南市	0.232 7	19	55
衢州市	0.850 3	3	12	湖州市	0.221 9	20	56
丽水市	0.806 2	4	13	嘉兴市	0.221 3	21	57
温州市	0.802 7	5	14	泉州市	0.212 5	22	58
南昌市	0.684 2	6	16	南通市	0.202 8	23	60
台州市	0.626 1	7	17	三明市	0.193 6	24	62
杭州市	0.618 5	8	18	合肥市	0.186 6	25	65
无锡市	0.564 1	9	20	黄山市	0.170 3	26	68
金华市	0.467 2	10	24	萍乡市	0.169 0	27	69
南京市	0.383 9	11	34	连云港市	0.163 4	28	70
青岛市	0.375 8	12	37	苏州市	0.151 0	29	71
莆田市	0.321 6	13	41	常州市	0.146 5	30	73
福州市	0.311 6	14	43	威海市	0.142 9	31	74
绍兴市	0.255 4	15	50	宣城市	0.129 5	32	78
漳州市	0.250 1	16	51	泰州市	0.126 3	33	79
龙岩市	0.242 1	17	52	蚌埠市	0.112 0	34	83

续表

城市	标准化值	地区排名	全国排名	城市	标准化值	地区排名	全国排名
华东地区				西南地区			
徐州市	0.103 3	35	85	昆明市	0.925 6	5	11
铜陵市	0.076 4	36	93	安顺市	0.479 1	6	21
马鞍山市	0.068 3	37	96	巴中市	0.475 7	7	22
中南地区				临沧市	0.472 4	8	23
深圳市	5.224 1	1	1	成都市	0.434 5	9	26
衡阳市	2.904 6	2	2	山南市	0.402 2	10	33
三亚市	1.583 7	3	4	铜仁市	0.383 7	11	35
襄阳市	1.150 0	4	6	乐山市	0.380 4	12	36
珠海市	0.567 9	5	19	泸州市	0.321 7	13	40
洛阳市	0.425 3	6	28	宜宾市	0.188 3	14	63
中山市	0.416 6	7	30	德阳市	0.125 6	15	80
汕头市	0.406 8	8	32	六盘水市	0.099 1	16	87
张家界市	0.321 5	9	42	绵阳市	0.066 4	17	98
武汉市	0.292 8	10	46	雅安市	0.064 7	18	99
广州市	0.263 5	11	48	日喀则市	0.063 8	19	100
长沙市	0.259 6	12	49	西北地区			
海口市	0.239 8	13	53	西安市	0.717 3	1	15
云浮市	0.139 6	14	75	铜川市	0.433 3	2	27
郑州市	0.135 6	15	76	西宁市	0.421 6	3	29
益阳市	0.115 9	16	81	庆阳市	0.416 4	4	31
三门峡市	0.111 1	17	84	固原市	0.340 6	5	38
江门市	0.102 1	18	86	渭南市	0.305 4	6	44
信阳市	0.094 2	19	89	兰州市	0.300 6	7	45
咸宁市	0.093 7	20	90	乌鲁木齐市	0.285 8	8	47
阳江市	0.085 7	21	92	海东市	0.209 6	9	59
河源市	0.076 1	22	94	银川市	0.185 4	10	66
西南地区				宝鸡市	0.172 1	11	67
昌都市	1.412 5	1	5	克拉玛依市	0.114 6	12	82
贵阳市	1.086 4	2	7	汉中市	0.098 5	13	88
拉萨市	1.058 2	3	8	平凉市	0.086 9	14	91
林芝市	1.035 2	4	9	嘉峪关市	0.074 2	15	95

续表

城市	标准化值	地区排名	全国排名	城市	标准化值	地区排名	全国排名
西北地区				东北地区			
酒泉市	0.066 8	16	97	七台河市	0.454 8	1	25
华北地区				长春市	0.322 3	2	39
石家庄市	0.187 0	1	64	哈尔滨市	0.196 8	3	61
廊坊市	0.149 8	2	72				
呼和浩特市	0.132 0	3	77				

注：本表仅公布政府经济发展服务测度结果全国排名前 100 位的地级市，如需其他 192 个地级市政府经济发展服务测度的标准化值及排名，请与本书编著单位联系

由表 4.9 可知，我国地级市政府的经济发展服务前 100 位分布呈现以下两大特征。

第一，从各区域中经济发展服务全国前 100 位占比可知，除东北、华北地区外，我国多数地区地级市经济发展服务水平基本相当。从地级市经济发展服务排名全国前 100 位的区域分布看：西南地区有 19 个地级市，占该地区 37 个地级市的 51%；西北地区有 16 个地级市，占该地区 33 个地级市的 48%；华东地区有 37 个地级市，占该地区 77 个地级市的 48%；中南地区有 22 个地级市，占该地区 80 个地级市的 28%；华北地区有 3 个地级市，占该地区 31 个地级市的 10%；东北地区有 3 个地级市，占该地区 34 个地级市的 9%。可见，我国地级市经济发展服务水平呈现西高北低的态势。

第二，我国同一地区内部的不同地级市政府经济发展服务差异更大。除华北地区和东北地区以外，我国华东、中南、西南、西北等地区内部差异较大。例如，华东地区的舟山市（全国第 3）与该地区的马鞍山市（全国第 96）相差 93 位；中南地区的深圳市（全国第 1）与该地区的河源市（全国第 94）相差 93 位；西南地区的昌都市（全国第 5）与该地区的日喀则市（全国第 100）相差 95 位；西北地区的西安市（全国第 15）和酒泉市（全国第 97）二者相差 82 位。

可见，我国不同地区地级市经济发展服务差距不大，但是同一地区内部差异十分显著。因此，进一步深化行政体制改革、持续推进“放管服”、不断加强作风建设、大力优化营商环境及经济发展服务是我国各地提升政府效率和发展质量的主要措施。

4.3.5　地级市落实宏观调控分析

落实宏观调控是政府公共服务的子因素。由于中央政府的宏观调控职能需要地方政府贯彻落实，因此，该指标会影响地级市政府效率，包括居民消费价格上涨指数等 2 个指标，被赋予 0.05 权重。2018 年地级市落实宏观调控前 100 位的标准化值及排名，如表 4.10 所示。

表 4.10　2018 年地级市落实宏观调控前 100 位的标准化值及排名

城市	标准化值	地区排名	全国排名	城市	标准化值	地区排名	全国排名
华东地区				中南地区			
无锡市	1.909 8	1	1	珠海市	1.043 0	2	10
常州市	1.031 3	2	11	三门峡市	1.007 9	3	12
南平市	0.933 7	3	16	儋州市	0.949 3	4	15
三明市	0.890 8	4	20	汕尾市	0.929 8	5	17
蚌埠市	0.859 5	5	22	鹤壁市	0.890 8	6	20
莆田市	0.785 3	6	25	漯河市	0.746 3	7	27
铜陵市	0.746 3	7	27	洛阳市	0.742 4	8	28
漳州市	0.719 0	8	32	濮阳市	0.726 8	9	31
日照市	0.699 4	9	34	防城港市	0.719 0	10	32
龙岩市	0.644 8	10	38	驻马店市	0.703 4	11	33
福州市	0.640 9	11	40	百色市	0.660 4	12	35
宣城市	0.601 8	12	44	安阳市	0.652 6	13	37
菏泽市	0.601 8	12	44	开封市	0.644 8	14	38
滁州市	0.597 9	14	45	黄冈市	0.629 2	15	41
泉州市	0.582 3	15	46	鄂州市	0.621 4	16	42
马鞍山市	0.539 4	16	49	信阳市	0.555 0	17	48
淮北市	0.527 7	17	50	邵阳市	0.523 8	18	51
宿州市	0.515 9	18	52	茂名市	0.508 2	19	53
芜湖市	0.476 9	19	58	长沙市	0.496 4	20	56
阜阳市	0.394 9	20	66	焦作市	0.461 3	21	59
淮南市	0.391 1	21	67	北海市	0.441 8	22	62
宁德市	0.383 3	22	70	新乡市	0.437 9	23	63
滨州市	0.355 9	23	74	张家界市	0.437 9	23	63
枣庄市	0.352 0	24	75	贵港市	0.383 2	25	71
亳州市	0.332 4	25	78	深圳市	0.355 9	26	74
济宁市	0.328 6	26	79	许昌市	0.336 4	27	77
威海市	0.320 8	27	81	汕头市	0.332 4	28	78
合肥市	0.297 3	28	84	衡阳市	0.297 3	29	84
淄博市	0.285 6	29	85	西南地区			
中南地区				安顺市	1.749 6	1	2
商丘市	1.148 4	1	9	巴中市	1.538 9	2	4

续表

城市	标准化值	地区排名	全国排名	城市	标准化值	地区排名	全国排名
西南地区				西北地区			
昭通市	1.511 5	3	5	渭南市	0.613 6	3	43
昆明市	1.445 1	4	6	宝鸡市	0.539 4	4	49
铜仁市	1.288 9	5	7	榆林市	0.504 3	5	54
贵阳市	1.249 9	6	8	铜川市	0.426 2	6	64
德阳市	1.004 0	7	13	商洛市	0.391 0	7	68
临沧市	0.996 1	8	14	庆阳市	0.340 3	8	76
遵义市	0.898 5	9	19	汉中市	0.309 0	9	82
保山市	0.886 8	10	21	吴忠市	0.301 2	10	83
毕节市	0.820 4	11	23	华北地区			
玉溪市	0.758 0	12	26	吕梁市	1.652 0	1	3
普洱市	0.730 6	13	29	运城市	0.816 6	2	24
六盘水市	0.601 8	14	44	临汾市	0.726 9	3	30
宜宾市	0.558 9	15	47	忻州市	0.656 6	4	36
林芝市	0.447 6	16	61	晋城市	0.641 0	5	39
山南市	0.406 6	17	65	朔州市	0.367 6	6	72
自贡市	0.359 8	18	73	东北地区			
昌都市	0.322 3	19	80	佳木斯市	0.496 5	1	55
日喀则市	0.322 3	19	80	伊春市	0.477 0	2	57
攀枝花市	0.285 6	21	85	黑河市	0.457 5	3	60
西北地区				白城市	0.387 2	4	69
延安市	0.933 7	1	16	长春市	0.301 2	5	83
克拉玛依市	0.914 2	2	18				

注：本表仅公布政府落实宏观调控测度结果全国排名前100位的地级市，如需其他192个地级市政府落实宏观调控测度的标准化值及排名，请与本书编著单位联系

表4.10反映了我国地级市政府落实宏观调控前100位分布的以下三个特征。

第一，从各地区占我国地级市政府宏观调控前100位的比例来看，我国地级市落实宏观调控基本呈现西高东低的阶梯状分布，即“西南—华东—中南—西北—华北—东北”的阶梯态势。例如，从落实宏观调控排名全国前100位的地级市数量分布看，西南地区有21个地级市，占该地区地级市总数的57%；华东地区有29个地级市，占该地区地级市总数的38%；中南地区有29个地级市，占该地区地级市总数的36%；西北地区有10个地级市，占该地区地级市总数的30%；华北地区有6个地级市，占该地区地级市总数的19%；东北地区有5个地级市，占该地区地级市总数的15%。可见，落实中央宏观调

控方面，西南地区的地级市表现优秀，东北和华北地区的地级市表现欠佳。同时，经济较发达的华东、中南地区等地级市表现有待改进。究其原因，可能是西南地区经济发展程度及消费水平不高，其落实宏观调控难度比发展环境复杂、经济比较发达的华东地区和中南地区容易一些，因此，其落实宏观调控效果比较明显。

第二，在西高东低的阶梯总态势下，我国地级市落实宏观调控呈现明显的三级分布特点。例如，以落实宏观调控极好、排名全国前 30 名的地级市区域分布数量看，一级是西南、中南、华东地区，西南地区有安顺市等 13 个地级市、中南地区有商丘市等 8 个地级市、华东地区有无锡市等 7 个地级市；二级是华北、西北地区，华北地区有 3 个地级市、西北地区有 2 个地级市；三级是东北地区，该地区没有地级市进入全国前 30 名。

第三，地级市政府落实宏观调控排名与当地居民消费水平、经济发展水平有一定的必然联系。相对而言，居民消费及经济发展水平偏低的地区落实宏观调控难度较小；而居民消费及经济发展水平偏高的地区，落实宏观调控的压力较大，其调控成效在短期内不容易显现。

4.3.6　地级市市场监管服务分析

市场监管服务是测度地级市政府效率的子因素，旨在考察地级市“放管服”改革与加快政府职能转变等内容，被赋予 0.05 权重。它由权力清单（发布数量及时间）等 2 个指标构成。2018 年地级市政府市场监管前 100 位的标准化值及排名，如表 4.11 所示。

表 4.11　2018 年地级市市场监管前 100 位的标准化值及排名

城市	标准化值	地区排名	全国排名	城市	标准化值	地区排名	全国排名
华东地区				华东地区			
南京市	0.299 8	1	1	宿迁市	0.299 8	1	1
无锡市	0.299 8	1	1	杭州市	0.299 8	1	1
徐州市	0.299 8	1	1	宁波市	0.299 8	1	1
常州市	0.299 8	1	1	温州市	0.299 8	1	1
苏州市	0.299 8	1	1	绍兴市	0.299 8	1	1
南通市	0.299 8	1	1	湖州市	0.299 8	1	1
连云港市	0.299 8	1	1	嘉兴市	0.299 8	1	1
淮安市	0.299 8	1	1	金华市	0.299 8	1	1
盐城市	0.299 8	1	1	衢州市	0.299 8	1	1
扬州市	0.299 8	1	1	台州市	0.299 8	1	1
镇江市	0.299 8	1	1	丽水市	0.299 8	1	1
泰州市	0.299 8	1	1	舟山市	0.299 8	1	1

续表

城市	标准化值	地区排名	全国排名	城市	标准化值	地区排名	全国排名
华东地区				华北地区			
合肥市	0.299 8	1	1	保定市	0.299 8	1	1
芜湖市	0.299 8	1	1	张家口市	0.299 8	1	1
蚌埠市	0.299 8	1	1	承德市	0.299 8	1	1
淮南市	0.299 8	1	1	沧州市	0.299 8	1	1
马鞍山市	0.299 8	1	1	衡水市	0.299 8	1	1
淮北市	0.299 8	1	1	太原市	0.299 8	1	1
铜陵市	0.299 8	1	1	大同市	0.299 8	1	1
安庆市	0.299 8	1	1	阳泉市	0.299 8	1	1
黄山市	0.299 8	1	1	长治市	0.299 8	1	1
阜阳市	0.299 8	1	1	晋城市	0.299 8	1	1
宿州市	0.299 8	1	1	朔州市	0.299 8	1	1
滁州市	0.299 8	1	1	忻州市	0.299 8	1	1
六安市	0.299 8	1	1	吕梁市	0.299 8	1	1
宣城市	0.299 8	1	1	晋中市	0.299 8	1	1
池州市	0.299 8	1	1	临汾市	0.299 8	1	1
亳州市	0.299 8	1	1	运城市	0.299 8	1	1
福州市	0.299 8	1	1	呼和浩特市	0.299 8	1	1
莆田市	0.299 8	1	1	包头市	0.299 8	1	1
泉州市	0.299 8	1	1	乌海市	0.299 8	1	1
厦门市	0.299 8	1	1	东北地区			
漳州市	0.299 8	1	1	沈阳市	0.299 8	1	1
龙岩市	0.299 8	1	1	大连市	0.299 8	1	1
华北地区				鞍山市	0.299 8	1	1
石家庄市	0.299 8	1	1	抚顺市	0.299 8	1	1
唐山市	0.299 8	1	1	本溪市	0.299 8	1	1
秦皇岛市	0.299 8	1	1	锦州市	0.299 8	1	1
邯郸市	0.299 8	1	1	营口市	0.299 8	1	1
邢台市	0.299 8	1	1	阜新市	0.299 8	1	1

续表

城市	标准化值	地区排名	全国排名	城市	标准化值	地区排名	全国排名
东北地区				东北地区			
辽阳市	0.299 8	1	1	齐齐哈尔市	0.299 8	1	1
盘锦市	0.299 8	1	1	牡丹江市	0.299 8	1	1
葫芦岛市	0.299 8	1	1	佳木斯市	0.299 8	1	1
长春市	0.299 8	1	1	大庆市	0.299 8	1	1
吉林市	0.299 8	1	1	伊春市	0.299 8	1	1
四平市	0.299 8	1	1	鸡西市	0.299 8	1	1
辽源市	0.299 8	1	1	鹤岗市	0.299 8	1	1
通化市	0.299 8	1	1	双鸭山市	0.299 8	1	1
白城市	0.299 8	1	1	七台河市	0.299 8	1	1
松原市	0.299 8	1	1	绥化市	0.299 8	1	1
哈尔滨市	0.299 8	1	1	黑河市	0.299 8	1	1

注：本表仅公布市场监管服务测度结果全国排名前 100 位的地级市，如需其他 192 个地级市政府市场监管测度的标准化值及排名，请与本书编著单位联系

由表 4.11 可知，我国地级市政府在市场监管服务方面具有鲜明特点，即市场监管服务排名前 100 位地级市排名并列第 1 的现象特别突出，不但同一区域内部不同地级市排名并列第 1 的数量很多，不同地区地级市排名并列第 1 的数量也很多。其原因主要有两个：①市场监管服务所含指标太少，测度结果容易相似；②各地级市政府都重视市场监管工作，并取得了较好的监管效果。但是，这可能也是各地级市政府淡化市场服务、严格管制市场的表现，不利于落实“只进一扇门”“最多跑一次”改革。

4.3.7 地级市政务基本信息分析

政务基本信息是政务公开的主要子因素，被赋予 0.80 权重，包括领导信息公开等 8 个三级指标。2018 年我国地级市政务基本信息前 100 位的标准化值及排名，如表 4.12 所示。

表 4.12 2018 年地级市政务基本信息前 100 位的标准化值及排名

城市	标准化值	地区排名	全国排名	城市	标准化值	地区排名	全国排名
华东地区				华东地区			
南京市	0.381 3	1	1	常州市	0.381 3	1	1
无锡市	0.381 3	1	1	苏州市	0.381 3	1	1
徐州市	0.381 3	1	1	南通市	0.381 3	1	1

续表

城市	标准化值	地区排名	全国排名	城市	标准化值	地区排名	全国排名
华东地区				华东地区			
扬州市	0.381 3	1	1	枣庄市	0.381 3	1	1
宿迁市	0.381 3	1	1	东营市	0.381 3	1	1
杭州市	0.381 3	1	1	烟台市	0.381 3	1	1
宁波市	0.381 3	1	1	济宁市	0.381 3	1	1
温州市	0.381 3	1	1	泰安市	0.381 3	1	1
嘉兴市	0.381 3	1	1	威海市	0.381 3	1	1
衢州市	0.381 3	1	1	日照市	0.381 3	1	1
台州市	0.381 3	1	1	滨州市	0.381 3	1	1
合肥市	0.381 3	1	1	聊城市	0.381 3	1	1
芜湖市	0.381 3	1	1	临沂市	0.381 3	1	1
马鞍山市	0.381 3	1	1	菏泽市	0.381 3	1	1
铜陵市	0.381 3	1	1	淮安市	0.242 7	2	2
黄山市	0.381 3	1	1	滁州市	0.242 7	2	2
宿州市	0.381 3	1	1	中南地区			
六安市	0.381 3	1	1	郑州市	0.381 3	1	1
宣城市	0.381 3	1	1	洛阳市	0.381 3	1	1
福州市	0.381 3	1	1	濮阳市	0.381 3	1	1
莆田市	0.381 3	1	1	武汉市	0.381 3	1	1
泉州市	0.381 3	1	1	鄂州市	0.381 3	1	1
厦门市	0.381 3	1	1	荆门市	0.381 3	1	1
漳州市	0.381 3	1	1	黄冈市	0.381 3	1	1
龙岩市	0.381 3	1	1	衡阳市	0.381 3	1	1
三明市	0.381 3	1	1	岳阳市	0.381 3	1	1
宁德市	0.381 3	1	1	常德市	0.381 3	1	1
南昌市	0.381 3	1	1	娄底市	0.381 3	1	1
赣州市	0.381 3	1	1	郴州市	0.381 3	1	1
九江市	0.381 3	1	1	广州市	0.381 3	1	1
济南市	0.381 3	1	1	深圳市	0.381 3	1	1

续表

城市	标准化值	地区排名	全国排名	城市	标准化值	地区排名	全国排名
中南地区				西南地区			
珠海市	0.381 3	1	1	玉溪市	0.381 3	1	1
韶关市	0.381 3	1	1	西北地区			
肇庆市	0.381 3	1	1	西安市	0.381 3	1	1
江门市	0.381 3	1	1	渭南市	0.381 3	1	1
茂名市	0.381 3	1	1	华北地区			
惠州市	0.381 3	1	1	石家庄市	0.381 3	1	1
阳江市	0.381 3	1	1	唐山市	0.381 3	1	1
清远市	0.381 3	1	1	邯郸市	0.381 3	1	1
潮州市	0.381 3	1	1	张家口市	0.381 3	1	1
三亚市	0.381 3	1	1	大同市	0.381 3	1	1
儋州市	0.381 3	1	1	晋城市	0.381 3	1	1
西南地区				忻州市	0.381 3	1	1
绵阳市	0.381 3	1	1	呼和浩特市	0.381 3	1	1
泸州市	0.381 3	1	1	晋中市	0.242 7	2	2
广元市	0.381 3	1	1	呼伦贝尔市	0.242 7	2	2
遂宁市	0.381 3	1	1	巴彦淖尔市	0.242 7	2	2
资阳市	0.381 3	1	1	东北地区			
达州市	0.381 3	1	1	伊春市	0.381 3	1	1
广安市	0.381 3	1	1	本溪市	0.242 7	2	2
眉山市	0.381 3	1	1	丹东市	0.242 7	2	2
贵阳市	0.381 3	1	1	辽源市	0.242 7	2	2
六盘水市	0.381 3	1	1				

注：本表仅公布政务基本信息测度结果全国排名前 100 位（含并列排名）的地级市，如需其他 192 个地级市政务基本信息测度的标准化值及排名，请与本书编著单位联系

政务基本信息是政务公开的重要内容，是测度地方政府效率的主要指标，是地方政府应该公布的最简单、最基本的信息，其数据来自各地级市政府网站公布的基本信息。分析表 4.12，可以得出以下两个基本论断。

第一，该指标出现排名并列的地级市很多。这既反映了各地级市普遍重视政务基本信息公开工作，又表明了各地推进基本政务信息公开进程基本相同。

第二，与测度政府效率的其他子因素相比，表面看来我国地级市基本政务信息指标

表现较好。其实不然，本书基本政务信息都是最简单、最基本的信息，从理论上讲应该全部及时在地级市政府网站公开，但实际并非如此。这表明我国地级市政府实现基本政务信息公开目标还存在困难，如有些地级市政府网站都无法进入。

4.3.8 地级市政务时效分析

政务时效是政府网上回应公众咨询及居民办事的时效，是居民或企业体验的政府服务质量与效果，直接体现地级市政府效率。政务时效是政务公开的重要子因素，被赋予0.20权重。2018年地级市政务时效前100位的标准化值及排名，如表4.13所示。

表4.13 2018年地级市政务时效前100位的标准化值及排名

城市	标准化值	地区排名	全国排名	城市	标准化值	地区排名	全国排名
华东地区				华东地区			
南京市	0.813 3	1	1	舟山市	0.813 3	1	1
无锡市	0.813 3	1	1	合肥市	0.813 3	1	1
徐州市	0.813 3	1	1	蚌埠市	0.813 3	1	1
常州市	0.813 3	1	1	铜陵市	0.813 3	1	1
苏州市	0.813 3	1	1	安庆市	0.813 3	1	1
连云港市	0.813 3	1	1	黄山市	0.813 3	1	1
淮安市	0.813 3	1	1	阜阳市	0.813 3	1	1
盐城市	0.813 3	1	1	宿州市	0.813 3	1	1
扬州市	0.813 3	1	1	滁州市	0.813 3	1	1
泰州市	0.813 3	1	1	宣城市	0.813 3	1	1
宿迁市	0.813 3	1	1	福州市	0.813 3	1	1
杭州市	0.813 3	1	1	莆田市	0.813 3	1	1
宁波市	0.813 3	1	1	泉州市	0.813 3	1	1
温州市	0.813 3	1	1	厦门市	0.813 3	1	1
绍兴市	0.813 3	1	1	漳州市	0.813 3	1	1
湖州市	0.813 3	1	1	龙岩市	0.813 3	1	1
嘉兴市	0.813 3	1	1	三明市	0.813 3	1	1
金华市	0.813 3	1	1	南平市	0.813 3	1	1
衢州市	0.813 3	1	1	景德镇市	0.813 3	1	1
台州市	0.813 3	1	1	鹰潭市	0.813 3	1	1
丽水市	0.813 3	1	1	济南市	0.813 3	1	1

续表

城市	标准化值	地区排名	全国排名	城市	标准化值	地区排名	全国排名
华东地区				中南地区			
青岛市	0.813 3	1	1	湘潭市	0.813 3	1	1
淄博市	0.813 3	1	1	邵阳市	0.813 3	1	1
东营市	0.813 3	1	1	岳阳市	0.813 3	1	1
烟台市	0.813 3	1	1	常德市	0.813 3	1	1
济宁市	0.813 3	1	1	娄底市	0.813 3	1	1
泰安市	0.813 3	1	1	华北地区			
威海市	0.813 3	1	1	石家庄市	0.813 3	1	1
德州市	0.813 3	1	1	唐山市	0.813 3	1	1
临沂市	0.813 3	1	1	邢台市	0.813 3	1	1
莱芜市	0.813 3	1	1	大同市	0.813 3	1	1
中南地区				阳泉市	0.813 3	1	1
洛阳市	0.813 3	1	1	长治市	0.813 3	1	1
安阳市	0.813 3	1	1	晋城市	0.813 3	1	1
鹤壁市	0.813 3	1	1	晋中市	0.813 3	1	1
濮阳市	0.813 3	1	1	巴彦淖尔市	0.813 3	1	1
漯河市	0.813 3	1	1	东北地区			
商丘市	0.813 3	1	1	大连市	0.813 3	1	1
武汉市	0.813 3	1	1	鞍山市	0.813 3	1	1
黄石市	0.813 3	1	1	锦州市	0.813 3	1	1
十堰市	0.813 3	1	1	营口市	0.813 3	1	1
荆州市	0.813 3	1	1	阜新市	0.813 3	1	1
襄阳市	0.813 3	1	1	铁岭市	0.813 3	1	1
荆门市	0.813 3	1	1	朝阳市	0.813 3	1	1
黄冈市	0.813 3	1	1	葫芦岛市	0.813 3	1	1
孝感市	0.813 3	1	1	长春市	0.813 3	1	1
咸宁市	0.813 3	1	1	辽源市	0.813 3	1	1
长沙市	0.813 3	1	1	通化市	0.813 3	1	1
株洲市	0.813 3	1	1	白山市	0.813 3	1	1

续表

城市	标准化值	地区排名	全国排名	城市	标准化值	地区排名	全国排名
东北地区				东北地区			
松原市	0.813 3	1	1	佳木斯市	0.813 3	1	1
哈尔滨市	0.813 3	1	1	双鸭山市	0.813 3	1	1
齐齐哈尔市	0.813 3	1	1				

注：本表仅公布政务时效测度结果全国排名前100位（含并列排名）的地级市，如需其他192个地级市政务时效测度的标准化值及排名，请与本书编著单位联系

分析表4.13，我国地级市政务时效前100位分布数量具有1个突出特征。我国前100位地级市的政务时效测度结果排名相同，都并列第1。主要原因在于：①政务时效只含1个指标即政府办事时效，因此，无法反映不同地级市政务时效的差异；②这表明我国地级市政府都特别重视政务时效工作，其提高政务时效的进程基本相同。

第 5 章　2018 年中国县级政府效率 200 强

县级政府的基础及特殊地位导致县级政府效率直接影响我国地方政府效率整体水平。为了进一步增强县级政府效率的广泛性、代表性，根据县级政府网站及其公布信息的完全性、及时性，本书再次扩大政府效率研究范围，使县级政府效率测度样本数量从 709 个增加至 1 037 个，包括县、县级市、自治县、旗等。它们来自我国六大地区，其中，华东地区 317 个县级政府、中南地区 279 个县级政府、西南地区 129 个县级政府、西北地区 101 个县级政府、华北地区 116 个县级政府、东北地区 95 个县级政府。2018 年县级政府效率测度指标体系及权重、指标数据来源及处理说明、测度样本名单参考附录 1.3、附录 2.3、附录 3.3。

5.1　2018 年县级政府效率分析

由于县级政府效率测度样本较多，为了相互学习与借鉴，本书只公布政府效率较高、测度结果排在全国测度样本前 200 强的县级政府，并按照华东、中南、西南、西北、华北、东北等六大地区予以分析。

根据地方政府效率测度思路与方法，本书测度 2018 年我国 1 037 个县级政府效率，发布 2018 年政府效率 200 强的标准化值及具体排名，如表 5.1 所示。

表 5.1　2018 年政府效率 200 强的标准化值及排名

县级政府	标准化值	地区排名	全国排名	县级政府	标准化值	地区排名	全国排名
华东地区				华东地区			
崇仁县	4.469 0	1	1	义乌市	0.696 2	7	15
昆山市	1.321 5	2	4	张家港市	0.684 3	8	16
太仓市	0.982 7	3	8	镇江市	0.666 7	9	17
金乡县	0.942 9	4	9	海宁市	0.652 5	10	18
宁海县	0.868 4	5	11	海盐县	0.633 0	11	19
玉环市	0.820 0	6	13	桐乡市	0.599 6	12	21

续表

县级政府	标准化值	地区排名	全国排名	县级政府	标准化值	地区排名	全国排名
华东地区				华东地区			
新昌县	0.597 7	13	22	桐庐县	0.349 4	41	62
长兴县	0.550 8	14	25	泗水县	0.343 2	42	63
江阴市	0.550 3	15	26	丰城市	0.339 5	43	64
长岛县	0.549 0	16	27	明光市	0.339 4	44	65
常熟市	0.494 0	17	30	武义县	0.339 1	45	66
德清县	0.481 6	18	32	泰顺县	0.337 6	46	67
诸暨市	0.476 1	19	33	天台县	0.312 7	47	70
平湖市	0.473 1	20	34	岱山县	0.296 3	48	73
嘉善县	0.468 7	21	36	平阳县	0.294 9	49	74
莱州市	0.466 1	22	37	建德市	0.292 6	50	75
温岭市	0.463 6	23	38	溧阳市	0.289 8	51	77
惠安县	0.452 6	24	39	宝应县	0.289 6	52	78
宜兴市	0.435 8	25	41	句容市	0.288 4	53	79
磐安县	0.425 1	26	42	淳安县	0.288 3	54	80
太和县	0.421 1	27	43	休宁县	0.279 5	55	84
东阳市	0.420 6	28	44	浦江县	0.275 1	56	85
扬中市	0.416 1	29	45	涟水县	0.264 9	57	89
安吉县	0.415 9	30	46	嵊州市	0.253 6	58	93
苍南县	0.415 3	31	47	象山县	0.251 6	59	95
永康市	0.414 7	32	48	祁门县	0.236 2	60	103
永嘉县	0.390 9	33	50	凤台县	0.235 7	61	104
余姚市	0.389 0	34	51	海门市	0.231 6	62	108
丹阳市	0.382 5	35	52	高邮市	0.229 3	63	110
慈溪市	0.380 9	36	53	仙居县	0.227 5	64	111
乐清市	0.377 2	37	55	泾县	0.225 9	65	112
兴化市	0.371 9	38	56	寿光市	0.225 3	66	113
泰兴市	0.353 2	39	59	如东县	0.224 9	67	114
瑞安市	0.351 3	40	61	常山县	0.222 4	68	116

续表

县级政府	标准化值	地区排名	全国排名	县级政府	标准化值	地区排名	全国排名
华东地区				华东地区			
南昌县	0.222 1	69	117	界首市	0.143 5	97	181
灌云县	0.221 2	70	118	武平县	0.141 5	98	183
射阳县	0.211 0	71	122	灌南县	0.131 9	99	189
启东市	0.210 2	72	124	东至县	0.129 2	100	192
荣成市	0.209 1	73	125	长泰县	0.124 1	101	200
文成县	0.206 2	74	126	中南地区			
泗洪县	0.203 3	75	128	南澳县	0.869 9	1	10
兰溪市	0.202 7	76	129	新密市	0.698 4	2	14
芜湖县	0.197 3	77	131	韶山市	0.571 3	3	24
如皋市	0.196 2	78	133	吉首市	0.504 0	4	29
石狮市	0.190 7	79	137	津市市	0.482 4	5	31
云和县	0.187 3	80	139	义马市	0.365 2	6	57
无棣县	0.184 6	81	141	长沙县	0.363 8	7	58
开化县	0.184 2	82	142	灵宝市	0.352 0	8	60
广德县	0.179 0	83	149	南县	0.304 3	9	71
江山市	0.178 8	84	150	浦北县	0.291 6	10	76
龙游县	0.168 8	85	154	耒阳市	0.287 9	11	81
松阳县	0.166 9	86	155	冷水江市	0.285 2	12	82
枞阳县	0.161 3	87	161	开平市	0.258 4	13	91
龙泉市	0.160 0	88	164	钟祥市	0.247 8	14	97
临海市	0.159 8	89	165	松滋市	0.245 8	15	100
盱眙县	0.159 0	90	166	东兴市	0.245 2	16	102
新沂市	0.157 6	91	169	登封市	0.206 1	17	127
缙云县	0.156 2	92	170	浏阳市	0.195 7	18	134
五河县	0.156 0	93	172	渑池县	0.185 2	19	140
遂昌县	0.155 9	94	173	尉氏县	0.174 7	20	152
和县	0.149 4	95	177	廉江市	0.165 2	21	158
三门县	0.149 3	96	178	醴陵市	0.161 5	22	160

续表

县级政府	标准化值	地区排名	全国排名	县级政府	标准化值	地区排名	全国排名
中南地区				西南地区			
安陆市	0.160 5	23	163	得荣县	0.179 9	20	146
中牟县	0.150 4	24	176	永平县	0.179 8	21	147
武穴市	0.142 6	25	182	赤水市	0.166 2	22	156
辰溪县	0.139 3	26	184	清镇市	0.158 1	23	168
连南瑶族自治县	0.135 9	27	185	丹棱县	0.156 2	24	171
澧县	0.133 3	28	186	蒙自市	0.151 5	25	175
凭祥市	0.126 3	29	198	祥云县	0.132 1	26	188
西南地区				富民县	0.131 4	27	190
楚雄市	2.640 2	1	2	邛崃市	0.129 1	28	193
青川县	1.231 1	2	5	凯里市	0.129 0	29	194
汉源县	1.109 2	3	6	峨山彝族自治县	0.128 3	30	195
腾冲市	1.103 0	4	7	水富县	0.128 0	31	196
彭州市	0.626 7	5	20	瓮安县	0.127 7	32	197
乐至县	0.581 6	6	23	盈江县	0.125 4	33	199
荣县	0.399 1	7	49	西北地区			
安宁市	0.379 6	8	54	治多县	1.401 4	1	3
兴义市	0.272 8	9	87	潼关县	0.536 2	2	28
大理市	0.269 5	10	88	靖边县	0.470 7	3	35
瑞丽市	0.259 4	11	90	韩城市	0.316 2	4	69
都江堰市	0.252 1	12	94	蓝田县	0.280 1	5	83
玉屏侗族自治县	0.250 5	13	96	周至县	0.254 0	6	92
马尔康市	0.245 6	14	101	子长县	0.232 9	7	106
开远市	0.234 0	15	105	大荔县	0.232 0	8	107
芒市	0.216 0	16	119	木垒哈萨克自治县	0.212 0	9	120
稻城县	0.211 0	17	123	玛曲县	0.197 0	10	132
嵩明县	0.202 5	18	130	奎屯市	0.190 9	11	136
通海县	0.190 6	19	138	眉县	0.182 7	12	144

续表

县级政府	标准化值	地区排名	全国排名	县级政府	标准化值	地区排名	全国排名
西北地区				华北地区			
志丹县	0.165 7	13	157	鄂托克旗	0.246 3	7	99
五家渠市	0.162 9	14	159	二连浩特市	0.229 7	8	109
凤县	0.161 0	15	162	南宫市	0.211 5	9	121
格尔木市	0.158 4	16	167	孝义市	0.190 9	10	135
昌吉市	0.154 3	17	174	阳城县	0.183 5	11	143
城固县	0.144 1	18	180	锡林浩特市	0.181 9	12	145
迭部县	0.129 8	19	191	阿拉善右旗	0.177 8	13	151
华北地区				左云县	0.173 2	14	153
定襄县	0.837 2	1	12	额济纳旗	0.145 4	15	179
怀仁县	0.445 9	2	40	乌拉特后旗	0.132 8	16	187
满洲里市	0.329 9	3	68	东北地区			
准格尔旗	0.302 4	4	72	绥芬河市	0.222 6	1	115
涿州市	0.273 9	5	86	长海县	0.179 5	2	148
侯马市	0.247 2	6	98				

注：本表仅公布政府效率测度样本全国排名前 200 强的县级政府，如需其他 837 个县级政府效率测度的标准化值及排名，请与本书编著单位联系

从表 5.1 看出，我国县级政府效率 200 强分布具有以下 3 个显著特点。

第一，县级政府效率区域分布数量呈现出三级分布趋势，其中，华东地区县级政府效率很高。一方面，政府效率排名前 30 位的县级政府中，华东地区有崇仁县、昆山市等 17 个县级政府，其数量占绝对优势，县级政府效率为一级，即特优；中南、西南、西北、华北等地区有少数县级市进入全国前 30 位，属于二级，即次优，如中南地区有南澳县 4 个县级政府、西南地区有楚雄市等 6 个县级政府、西北地区有治多县和潼关县 2 个县级政府、华北地区有定襄县 1 个县级政府；东北地区属于三级，因为该地区没有县级政府进入前 30 位，其县级政府效率欠佳。

另一方面，从县级政府效率排名前 200 强的区域分布数量看也存在三级趋势。其中，华东地区为一级：华东地区有 101 个县级政府进入全国前 200 强，约占华东地区测度样本（317 个县级政府）的 32%；西北、西南、华北地区为二级：西北地区有 19 个县级政府，约占该区测度样本（101 个县级政府）的 19%；西南地区有 33 个县级政府，约占该区测度样本（129 个县级政府）的 26%；华北地区有 16 个县级政府，约占该区测度样本（116 个县级政府）的 14%；中南、东北地区为三级：中南地区有 29 个县级政府，约占该区测度样本（279 个县级政府）的 10%；东北地区有 2 个县级政府，约占该区测度样

本（95个县级政府）的2%。

第二，西南、中南、西北及华北地区的个别县级政府效率表现突出，不仅高于本地区其他的县级政府，也高于华东地区大部分县级政府。例如，西南地区的楚雄市、青川县、汉源县等政府效率水平较高，分别位居全国第2、5、6位。又如，中南地区的南澳县（全国第10位）、西北地区的治多县（全国第3位）、华北地区的定襄县（全国第12位），其政府效率也高于其他地区的大多数县级政府。这些来自欠发达地区县级政府提升政府效率的经验，值得其他县级政府借鉴。

第三，县级政府效率水平与区域经济社会发展程度具有一定的正相关性。上述分析表明，政府效率较高（即全国排名居前）的县级政府，其辖区经济社会发展程度较高；经济社会发展程度较高的地区，其县级政府效率也较高。因此，良好的经济社会发展水平有助于提高县级政府效率，较高的政府效率也会促进县域经济社会发展。

5.2 2018年县级政府效率测度因素分析

5.2.1 2018年县级政府公共服务分析

1. 县级政府公共服务简介

政府公共服务是县级政府效率测度因素（即一级指标），被赋予0.60权重，下设4个子因素（即二级指标）：科教文卫服务、社会保障服务、经济发展服务、市场监管服务。该指标情况、指标数据来源及处理说明详见附录1.3、附录2.3。

2. 县级政府公共服务200强分析

2018年县级政府公共服务200强的标准化值及排名，如表5.2所示。

表5.2 2018年县级政府公共服务200强的标准化值及排名

县级政府	标准化值	地区排名	全国排名	县级政府	标准化值	地区排名	全国排名
华东地区				华东地区			
崇仁县	7.519 0	1	1	玉环市	0.469 0	10	29
金乡县	1.544 4	2	6	无棣县	0.461 4	11	32
昆山市	0.735 5	3	8	张家港市	0.444 9	12	35
镇江市	0.650 0	4	11	明光市	0.429 2	13	37
莱州市	0.549 7	5	14	诸暨市	0.392 0	14	40
义乌市	0.522 0	6	15	祁门县	0.389 0	15	42
丰城市	0.514 5	7	17	温岭市	0.348 1	16	50
新昌县	0.501 2	8	22	仙游县	0.326 2	17	56
太仓市	0.477 3	9	27	德清县	0.301 0	18	63

续表

县级政府	标准化值	地区排名	全国排名	县级政府	标准化值	地区排名	全国排名
华东地区				华东地区			
慈溪市	0.283 9	19	68	常熟市	0.156 2	47	149
磐安县	0.283 2	20	69	曲阜市	0.156 0	48	150
德化县	0.282 5	21	70	句容市	0.155 8	49	151
长兴县	0.275 3	22	72	蒙阴县	0.147 3	50	163
永康市	0.272 6	23	74	淳安县	0.141 1	51	168
桐庐县	0.267 9	24	76	广德县	0.139 6	52	170
石狮市	0.264 8	25	78	东阳市	0.134 2	53	176
永嘉县	0.251 3	26	82	太和县	0.133 4	54	177
余姚市	0.244 3	27	84	芜湖县	0.130 0	55	182
苍南县	0.244 0	28	85	嘉善县	0.127 7	56	185
桐乡市	0.237 2	29	88	乳山市	0.127 3	57	186
平阳县	0.231 0	30	92	云和县	0.126 5	58	187
明溪县	0.229 1	31	94	盱眙县	0.126 2	59	189
安溪县	0.227 1	32	95	中南地区			
乐清市	0.225 3	33	97	吉首市	0.706 4	1	10
平湖市	0.215 9	34	105	南澳县	0.508 4	2	18
瑞安市	0.210 4	35	107	耒阳市	0.488 5	3	24
丹阳市	0.197 2	36	115	开平市	0.463 0	4	31
海盐县	0.190 3	37	122	钟祥市	0.409 5	5	38
涟水县	0.187 9	38	124	灵宝市	0.390 8	6	41
寿光市	0.184 4	39	125	东兴市	0.380 2	7	43
安吉县	0.180 4	40	127	新密市	0.376 7	8	44
江阴市	0.180 3	41	128	长沙县	0.360 8	9	46
宁海县	0.179 0	42	130	辰溪县	0.325 1	10	57
武平县	0.170 9	43	134	凭祥市	0.324 9	11	58
新泰市	0.167 8	44	137	石门县	0.304 6	12	62
长泰县	0.164 1	45	142	韶山市	0.296 2	13	65
海宁市	0.162 0	46	145	陆川县	0.290 0	14	66

续表

县级政府	标准化值	地区排名	全国排名	县级政府	标准化值	地区排名	全国排名
中南地区				中南地区			
宜城市	0.261 1	15	80	沙洋县	0.125 9	42	190
尉氏县	0.258 2	16	81	英德市	0.123 3	43	191
连平县	0.251 0	17	83	宜章县	0.122 1	44	192
阳朔县	0.233 2	18	90	冷水江市	0.121 0	45	194
津市市	0.231 9	19	91	郁南县	0.118 8	46	195
平果县	0.230 5	20	93	龙门县	0.118 3	47	196
浦北县	0.223 9	21	99	西南地区			
杞县	0.222 9	22	100	楚雄市	4.036 6	1	2
连南瑶族自治县	0.207 2	23	108	青川县	1.976 1	2	4
田阳县	0.196 9	24	116	汉源县	1.600 2	3	5
中牟县	0.196 1	25	117	乐至县	1.294 9	4	7
登封市	0.193 9	26	118	稻城县	0.728 8	5	9
乳源瑶族自治县	0.192 8	27	120	永平县	0.515 7	6	16
澧县	0.189 4	28	123	大理市	0.507 5	7	19
长垣县	0.171 7	29	133	芒市	0.506 4	8	20
宾阳县	0.155 8	30	152	荣县	0.503 2	9	21
伊川县	0.152 9	31	155	马尔康市	0.499 0	10	23
平南县	0.147 0	32	164	得荣县	0.474 4	11	28
获嘉县	0.146 4	33	165	安宁市	0.467 9	12	30
慈利县	0.142 6	34	166	开远市	0.454 0	13	34
桃源县	0.142 2	35	167	瑞丽市	0.365 2	14	45
罗定市	0.134 8	36	175	松潘县	0.359 2	15	47
博白县	0.132 0	37	179	华宁县	0.354 4	16	49
龙川县	0.131 4	38	180	兴义市	0.338 1	17	53
宁远县	0.130 8	39	181	赤水市	0.331 2	18	54
岑溪市	0.129 8	40	183	祥云县	0.329 8	19	55
新乡县	0.128 4	41	184	凯里市	0.324 6	20	59

续表

县级政府	标准化值	地区排名	全国排名	县级政府	标准化值	地区排名	全国排名
西南地区				西南地区			
盈江县	0.289 5	21	67	大邑县	0.116 0	48	199
河口瑶族自治县	0.274 5	22	73	西北地区			
峨山彝族自治县	0.269 8	23	75	治多县	2.537 2	1	3
易门县	0.266 2	24	77	奎屯市	0.484 4	2	25
禄丰县	0.263 0	25	79	木垒哈萨克自治县	0.477 8	3	26
黔西县	0.224 2	26	98	靖边县	0.458 0	4	33
普定县	0.222 7	27	101	城固县	0.396 3	5	39
桐梓县	0.218 8	28	104	博湖县	0.338 9	6	52
湄潭县	0.212 0	29	106	喀什市	0.317 8	7	60
通海县	0.201 8	30	111	五家渠市	0.309 3	8	61
澄江县	0.192 2	31	121	玛曲县	0.240 4	9	86
丹棱县	0.174 8	32	132	贵德县	0.239 9	10	87
彭州市	0.170 1	33	136	格尔木市	0.225 4	11	96
元谋县	0.165 1	34	141	大荔县	0.221 5	12	102
建水县	0.160 3	35	146	眉县	0.201 7	13	112
清镇市	0.157 1	36	148	潼关县	0.201 2	14	114
富民县	0.155 4	37	153	阿拉尔市	0.180 1	15	129
安岳县	0.153 7	38	154	临泽县	0.178 8	16	131
蒙自市	0.152 2	39	156	蓝田县	0.170 7	17	135
岳池县	0.152 1	40	157	尖扎县	0.167 5	18	138
瓮安县	0.150 4	41	159	迭部县	0.166 7	19	140
嵩明县	0.149 9	42	161	温宿县	0.162 2	20	144
绥阳县	0.135 2	43	173	和硕县	0.150 5	21	158
江油市	0.132 9	44	178	成县	0.150 0	22	160
福泉市	0.121 2	45	193	伊吾县	0.140 1	23	169
美姑县	0.118 1	46	197	轮台县	0.137 2	24	171
修文县	0.116 7	47	198	塔城市	0.136 5	25	172

续表

县级政府	标准化值	地区排名	全国排名	县级政府	标准化值	地区排名	全国排名
西北地区				华北地区			
温泉县	0.134 9	26	174	鄂托克旗	0.203 3	9	110
福海县	0.126 3	27	188	定襄县	0.201 3	10	113
伊宁市	0.114 3	28	200	左云县	0.193 4	11	119
华北地区				二连浩特市	0.181 8	12	126
南宫市	0.625 0	1	12	阿拉善右旗	0.167 5	13	139
怀仁县	0.561 9	2	13	乌拉特后旗	0.162 8	14	143
准格尔旗	0.359 1	3	48	额济纳旗	0.159 0	15	147
应县	0.344 0	4	51	阳城县	0.149 8	16	162
右玉县	0.298 3	5	64	东北地区			
侯马市	0.279 4	6	71	长海县	0.431 1	1	36
满洲里市	0.221 0	7	103	绥芬河市	0.237 0	2	89
原平市	0.204 4	8	109				

注：本表仅公布政府公共服务测度样本中全国排名前 200 强的县级政府，如需其他 837 个县级政府公共服务测度的标准化值及排名，请与本书编著单位联系

政府公共服务反映了县级政府提供基本公共服务的数量及质量，表征了县级政府收益，是体现政府效率的重要指标。由表 5.2 可知，我国县级政府公共服务 200 强分布具有以下 2 个特点。

第一，县级政府公共服务存在明显的区域差异，其中，西南地区县级政府公共服务最优、东北地区欠佳。一方面，从政府公共服务优质、全国排名前 30 位的县级政府数量分布的多少就可印证。其中，西南地区县级政府数量最多，有楚雄市等 12 个县级政府；华东地区有崇仁县等 10 个县级政府；西北地区有治多县等 3 个县级政府；中南地区有吉首市等 3 个县级政府；华北地区有南宫市等 2 个县级政府；东北地区没有县级政府进入全国前 30 名。另一方面，从县级政府公共服务 200 强的区域分布比例看也存在差异。其中，西南地区有 48 个县级政府，约占该地区测度样本数量（129 个县级政府）的 37%；西北地区 28 个县级政府，约占该地区样本（101 个县级政府）的 28%；华东地区有 59 个县级政府，约占该地区样本（317 个县级政府）的 19%；中南地区有 47 个县级政府，约占该地区样本（279 个县级政府）的 17%；华北地区有 16 个县级政府，约占该地区样本（116 个县级政府）的 14%；东北地区有 2 个县级政府，约占该地区样本（95 个县级政府）的 2%。

第二，区域经济增长压力较大、经济发展基础欠佳的西南、西北等地区，其县级政府公共服务总体水平比较高。这就表明，在深化“放管服”的改革背景下，我国西部地区地方政府的主动作为，在服务型政府建设与职能转变等方面成效显著，当地县级政府

公共服务及政府效率明显提升。

5.2.2　2018 年县级政府规模分析

1. 县级政府规模简介

政府规模反映了政府消费的相对规模，表征了政府成本，直接体现了政府效率。该因素虽然所含指标不多，但却是政府成本的主要方面，对县级政府效率影响较大，被赋予 0.15 权重。政府规模包含地方一般公共预算支出等 3 个指标，见附录 1.3。

2. 县级政府规模 200 强分析

2018 年县级政府规模 200 强的标准化值及排名，如表 5.3 所示。

表 5.3　2018 年县级政府规模 200 强的标准化值及排名

县级政府	标准化值	地区排名	全国排名	县级政府	标准化值	地区排名	全国排名
华东地区				华东地区			
泗水县	3.973 4	1	4	绩溪县	1.001 7	21	39
宁海县	3.931 7	2	5	东阳市	0.962 4	22	41
长岛县	3.773 9	3	6	宜兴市	0.947 2	23	42
惠安县	3.387 1	4	8	桐乡市	0.926 9	24	43
昆山市	3.232 0	5	9	枞阳县	0.897 8	25	45
海宁市	2.646 5	6	12	嘉善县	0.858 3	26	49
太和县	2.281 7	7	15	南昌县	0.835 4	27	51
太仓市	1.805 2	8	19	东至县	0.810 4	28	53
兴化市	1.744 4	9	20	界首市	0.809 1	29	54
休宁县	1.664 2	10	21	开化县	0.787 6	30	56
玉环市	1.624 3	11	22	磐安县	0.778 2	31	57
天台县	1.611 2	12	23	张家港市	0.750 1	32	61
平和县	1.522 0	13	25	泾县	0.720 3	33	64
扬中市	1.480 0	14	26	武义县	0.704 8	34	65
长兴县	1.229 3	15	29	射阳县	0.690 5	35	67
宝应县	1.217 2	16	30	曲阜市	0.678 2	36	68
海盐县	1.167 2	17	32	苍南县	0.674 7	37	70
泰兴市	1.099 6	18	35	江山市	0.661 0	38	71
凤台县	1.039 1	19	37	安吉县	0.642 6	39	73
遂昌县	1.033 6	20	38	平湖市	0.609 8	40	76

续表

县级政府	标准化值	地区排名	全国排名	县级政府	标准化值	地区排名	全国排名
华东地区				华东地区			
泗洪县	0.605 3	41	77	邵武市	0.366 3	69	125
灌云县	0.582 6	42	79	青田县	0.364 9	70	126
文成县	0.577 4	43	81	鱼台县	0.357 1	71	127
仙居县	0.572 6	44	82	长丰县	0.353 1	72	128
嘉祥县	0.568 4	45	83	分宜县	0.345 6	73	131
繁昌县	0.566 2	46	85	柘荣县	0.336 4	74	133
镇江市	0.557 0	47	86	共青城市	0.326 8	75	137
金湖县	0.549 4	48	89	浦江县	0.310 7	76	140
如东县	0.547 6	49	90	永嘉县	0.309 9	77	141
浮梁县	0.541 2	50	91	安溪县	0.307 7	78	142
泰顺县	0.538 0	51	92	嵊州市	0.300 3	79	144
江阴市	0.523 9	52	93	德清县	0.298 4	80	145
启东市	0.512 8	53	95	和县	0.290 0	81	149
常熟市	0.501 7	54	97	湖口县	0.286 2	82	151
丹阳市	0.500 7	55	98	明光市	0.253 4	83	156
贵溪市	0.490 4	56	99	歙县	0.248 5	84	157
武平县	0.488 1	57	100	溧阳市	0.247 2	85	158
沭阳县	0.473 4	58	103	高邮市	0.231 9	86	162
常山县	0.472 7	59	104	樟树市	0.220 8	87	166
微山县	0.445 6	60	108	青阳县	0.215 8	88	167
濉溪县	0.429 5	61	109	泰和县	0.213 3	89	169
灌南县	0.426 5	62	111	南靖县	0.213 1	90	170
涟水县	0.424 1	63	112	龙南县	0.212 8	91	171
信丰县	0.422 7	64	113	丰县	0.208 4	92	173
怀宁县	0.412 9	65	115	都昌县	0.202 4	93	175
肥东县	0.392 7	66	117	连江县	0.186 1	94	179
新昌县	0.385 6	67	119	淳安县	0.182 7	95	180
永康市	0.372 1	68	121	峡江县	0.177 5	96	185

续表

县级政府	标准化值	地区排名	全国排名	县级政府	标准化值	地区排名	全国排名
华东地区				中南地区			
海门市	0.174 0	97	188	当阳市	0.420 1	22	114
慈溪市	0.173 6	98	189	汉川市	0.403 3	23	116
上高县	0.171 1	99	192	新晃侗族自治县	0.368 8	24	122
建湖县	0.166 7	100	196	徐闻县	0.367 4	25	123
海东县	0.156 1	101	200	连平县	0.334 8	26	134
中南地区				安陆市	0.324 1	27	138
南澳县	4.017 5	1	3	雷州市	0.296 9	28	146
新密市	3.511 7	2	7	郁南县	0.265 7	29	155
义马市	2.307 5	3	13	沅江市	0.247 0	30	159
渑池县	2.119 1	4	16	湘潭县	0.232 5	31	161
韶山市	1.935 3	5	17	辰溪县	0.201 9	32	177
津市市	1.851 2	6	18	澧县	0.193 7	33	178
冷水江市	1.559 8	7	24	乐昌市	0.182 0	34	182
南县	1.253 6	8	28	醴陵市	0.180 6	35	183
松滋市	1.146 8	9	34	吉首市	0.179 1	36	184
武穴市	1.065 4	10	36	澄迈县	0.169 5	37	194
文昌市	0.910 1	11	44	临武县	0.168 8	38	195
台山市	0.776 3	12	58	洪江市	0.162 0	39	197
饶平县	0.755 2	13	59	中牟县	0.158 5	40	198
屯昌县	0.753 7	14	60	阳春市	0.158 1	41	199
四会市	0.739 3	15	62	西南地区			
浦北县	0.724 9	16	63	腾冲市	7.677 1	1	1
安乡县	0.646 9	17	72	彭州市	3.066 9	2	10
嘉禾县	0.642 2	18	74	水富县	1.300 5	3	27
临澧县	0.590 2	19	78	荣县	0.890 2	4	47
灵宝市	0.503 8	20	96	都江堰市	0.851 1	5	50
廉江市	0.452 8	21	106	玉屏侗族自治县	0.821 7	6	52

续表

县级政府	标准化值	地区排名	全国排名	县级政府	标准化值	地区排名	全国排名
西南地区				华北地区			
汉源县	0.580 4	7	80	涿州市	2.747 2	2	11
华蓥市	0.482 3	8	102	阿拉善右旗	1.179 6	3	31
西充县	0.447 7	9	107	孝义市	0.881 3	4	48
邛崃市	0.385 0	10	120	山阴县	0.699 7	5	66
盐边县	0.287 3	11	150	清徐县	0.556 4	6	87
荥经县	0.268 3	12	154	涿鹿县	0.515 0	7	94
开江县	0.214 9	13	168	侯马市	0.471 7	8	105
广汉市	0.202 9	14	174	陵川县	0.328 9	9	135
蓬安县	0.171 8	15	191	新巴尔虎右旗	0.326 8	10	136
西北地区				屯留县	0.300 9	11	143
韩城市	2.306 8	1	14	开鲁县	0.292 0	12	147
周至县	0.978 1	2	40	雄县	0.290 9	13	148
子长县	0.890 5	3	46	满洲里市	0.284 1	14	152
潼关县	0.801 9	4	55	永清县	0.228 7	15	163
洛川县	0.674 8	5	69	扎兰屯市	0.225 2	16	164
华阴市	0.617 3	6	75	望都县	0.222 2	17	165
迭部县	0.566 8	7	84	涞水县	0.182 5	18	181
凤县	0.552 6	8	88	永济市	0.176 0	19	186
彬州市	0.487 2	9	101	新乐市	0.169 7	20	193
玛曲县	0.389 9	10	118	东北地区			
昭苏县	0.350 5	11	129	图们市	1.156 2	1	33
霍城县	0.348 6	12	130	抚顺县	0.428 0	2	110
乾县	0.311 9	13	139	桦甸市	0.367 2	3	124
蓝田县	0.273 4	14	153	舒兰市	0.338 2	4	132
永宁县	0.202 3	15	176	林口县	0.232 6	5	160
泾阳县	0.174 8	16	187	乾安县	0.210 5	6	172
华北地区				友谊县	0.171 9	7	190
定襄县	5.852 0	1	2				

注：本表仅公布政府规模测度样本全国排名前200强的县级政府，如需其他837个县级政府规模测度的标准化值及排名，请与本书编著单位联系

根据表 5.3，我国县级政府规模 200 强分布呈现以下 2 个典型特征。

一方面，我国县级政府规模区域分布数量存在三级特征，具有不平衡性。从全国看，华东地区县级政府规模比较适度，并优于其他地区，为一级；中南、华北、西南等地区次之，为二级；西北、东北地区的县级政府规模欠佳，为三级。从政府规模极佳、排名全国前 30 位县级政府的区域分布数量看，华东地区有泗水县等 16 个县级政府，约占华东地区样本总数的 5%；中南地区有南澳县等 8 个县级政府，约占中南地区样本总数的 3%；华北地区有定襄县和涿州市 2 个县级政府，约占华北地区样本总数的 2%；西南地区有腾冲市等 3 个县级政府，约占西南地区样本总数的 2%；西北地区有韩城市 1 个县级政府，约占西北地区样本总数的 1%；而东北地区则没有样本进入政府规模前 30 强。

另一方面，我国不少地区的县级政府规模表现相对均衡。中南、西南、西北、华北等地区进入县级政府规模前 200 强的数量与比例基本相似，其中，中南地区有 41 个县级政府，约占中南地区样本总数的 15%；西南地区有 15 个县级政府，约占西南地区样本总数的 12%；西北地区有 16 个县级政府，约占西北地区样本总数的 16%；华北地区有 20 个县级政府，约占华北地区样本总数的 17%。由此可见，我国中南、西南、西北、华北等地区进入县级政府规模全国 200 强的数量比例基本相当、分布相对均衡。

由此可见，中央政府深化行政体制改革、持续推进“放管服”以来，我国各地县级政府积极推进改革，取得了较好实效，促进了基层政府效率提升，助推了县域经济社会发展。与此同时，中央相关改革在各地还没有完全落地，因为有些地区的县级政府规模依然偏大，需要进一步调整优化。

5.2.3　2018 年县级政府居民经济福利分析

1. 县级政府居民经济福利简介

居民经济福利包括农村居民人均可支配收入、城镇居民人均可支配收入、人均 GDP、城镇登记失业率、月最低工资标准等 5 个指标，间接反映了服务型政府的运行质量和效率，被赋予 0.10 权重。

2. 县级政府居民经济福利 200 强分析

2018 年县级政府居民经济福利 200 强的标准化值及排名，如表 5.4 所示。

表 5.4　2018 年县级政府居民经济福利 200 强的标准化值及排名

县级政府	标准化值	地区排名	全国排名	县级政府	标准化值	地区排名	全国排名
华东地区				华东地区			
太仓市	2.890 4	1	1	江阴市	2.120 1	6	9
昆山市	2.752 4	2	2	海盐县	2.072 7	7	11
义乌市	2.453 4	3	3	常熟市	2.048 8	8	12
张家港市	2.283 4	4	5	嘉善县	2.043 1	9	14
海宁市	2.148 9	5	8	桐乡市	1.981 0	10	15

续表

县级政府	标准化值	地区排名	全国排名
华东地区			
玉环市	1.969 9	11	17
岱山县	1.774 3	12	19
平湖市	1.742 9	13	20
诸暨市	1.724 2	14	21
慈溪市	1.696 1	15	22
宜兴市	1.687 3	16	23
乐清市	1.621 8	17	25
余姚市	1.565 2	18	27
德清县	1.562 6	19	28
瑞安市	1.517 4	20	29
扬中市	1.473 0	21	30
临海市	1.461 9	22	31
长兴县	1.456 4	23	32
东阳市	1.401 5	24	33
镇江市	1.399 3	25	34
嵊州市	1.394 5	26	35
嵊泗县	1.363 7	27	37
丹阳市	1.341 4	28	38
温岭市	1.323 5	29	40
安吉县	1.317 7	30	41
新昌县	1.280 4	31	42
海门市	1.194 8	32	43
荣成市	1.167 8	33	44
宁海县	1.159 9	34	46
永康市	1.158 1	35	47
象山县	1.125 7	36	49
溧阳市	1.109 7	37	51
桐庐县	1.097 9	38	53
蓬莱市	1.087 4	39	54
莱州市	1.053 0	40	56
建德市	1.039 6	41	57
启东市	1.021 8	42	60
丰城市	0.918 6	43	71
句容市	0.908 1	44	73
龙游县	0.899 8	45	75
石狮市	0.882 7	46	77
江山市	0.783 1	47	85
广饶县	0.766 1	48	89
仪征市	0.748 5	49	92
平阳县	0.730 5	50	94
浦江县	0.728 8	51	95
苍南县	0.722 0	52	97
招远市	0.693 5	53	99
福清市	0.692 2	54	100
三门县	0.658 6	55	107
泰兴市	0.658 2	56	108
如东县	0.621 7	57	115
肥城市	0.615 8	58	116
青田县	0.615 6	59	117
进贤县	0.610 4	60	118
平度市	0.609 0	61	119
南昌县	0.598 9	62	121
如皋市	0.581 9	63	123
淳安县	0.578 4	64	124
诸城市	0.573 2	65	126
胶州市	0.571 7	66	127

续表

县级政府	标准化值	地区排名	全国排名	县级政府	标准化值	地区排名	全国排名
华东地区				华东地区			
永嘉县	0.571 6	67	128	遂昌县	0.389 2	95	197
长泰县	0.565 8	68	129	中南地区			
博兴县	0.559 4	69	130	浏阳市	1.369 5	1	36
福鼎市	0.527 1	70	135	灵宝市	1.336 1	2	39
缙云县	0.525 4	71	136	长沙县	1.075 2	3	55
兰溪市	0.524 2	72	138	韶山市	1.032 1	4	59
青州市	0.519 3	73	139	荥阳市	1.008 0	5	62
邹平县	0.517 9	74	140	登封市	0.915 8	6	72
平潭县	0.512 8	75	141	偃师市	0.876 1	7	78
云和县	0.498 4	76	145	新安县	0.875 8	8	79
泰顺县	0.496 8	77	146	新郑市	0.812 1	9	84
乳山市	0.494 4	78	147	渑池县	0.766 5	10	88
龙泉市	0.493 7	79	148	醴陵市	0.742 0	11	93
南安市	0.492 0	80	149	宁乡县	0.676 0	12	103
兴化市	0.482 9	81	152	巩义市	0.674 2	13	104
天台县	0.479 1	82	154	沁阳市	0.664 9	14	105
莱西市	0.469 8	83	158	义马市	0.636 5	15	111
临沭县	0.455 3	84	165	攸县	0.553 4	16	131
高邮市	0.448 3	85	171	长葛市	0.499 1	17	144
武义县	0.446 7	86	172	孟州市	0.470 9	18	157
滕州市	0.443 8	87	173	尉氏县	0.464 2	19	160
仙居县	0.442 0	88	175	老河口市	0.460 3	20	162
长岛县	0.430 9	89	181	禹州市	0.450 4	21	168
常山县	0.425 7	90	183	湘潭县	0.440 3	22	179
晋江市	0.425 6	91	184	西南地区			
漳浦县	0.412 0	92	187	楚雄市	2.162 6	1	7
福安市	0.395 1	93	194	嵩明县	0.588 0	2	122
分宜县	0.390 7	94	196	峨眉山市	0.547 5	3	132

续表

县级政府	标准化值	地区排名	全国排名	县级政府	标准化值	地区排名	全国排名
西南地区				西北地区			
清镇市	0.538 0	4	133	阜康市	0.623 5	15	114
荣县	0.531 1	5	134	灵武市	0.600 1	16	120
安宁市	0.524 4	6	137	吉木萨尔县	0.481 0	17	153
澄江县	0.508 3	7	142	黄陵县	0.456 4	18	164
彭州市	0.456 6	8	163	敦煌市	0.451 8	19	167
汉源县	0.448 7	9	170	韩城市	0.442 1	20	174
仁怀市	0.441 8	10	177	泾川县	0.438 5	21	180
蒲江县	0.441 1	11	178	志丹县	0.411 1	22	189
个旧市	0.412 8	12	186	三原县	0.383 6	23	200
西昌市	0.411 9	13	188	华北地区			
什邡市	0.395 2	14	193	鄂托克旗	2.205 6	1	6
广汉市	0.385 5	15	199	伊金霍洛旗	2.116 2	2	10
西北地区				准格尔旗	2.048 8	3	13
潼关县	2.335 0	1	4	乌审旗	1.977 6	4	16
神木市	1.112 8	2	50	锡林浩特市	1.163 5	5	45
若羌县	1.034 4	3	58	满洲里市	1.131 0	6	48
五家渠市	0.998 3	4	64	迁安市	1.098 2	7	52
靖边县	0.960 8	5	67	阿拉善左旗	1.013 1	8	61
府谷县	0.945 7	6	68	额济纳旗	1.007 3	9	63
伊吾县	0.889 3	7	76	新巴尔虎左旗	0.985 0	10	65
格尔木市	0.846 1	8	81	怀仁县	0.944 6	11	69
玛纳斯县	0.727 1	9	96	新巴尔虎右旗	0.943 7	12	70
昌吉市	0.708 7	10	98	阿拉善右旗	0.860 3	13	80
平罗县	0.676 1	11	102	二连浩特市	0.829 2	14	82
库尔勒市	0.654 2	12	109	遵化市	0.827 8	15	83
凤县	0.643 4	13	110	鄂温克族自治旗	0.777 5	16	86
奇台县	0.627 9	14	112	杭锦旗	0.766 5	17	87

续表

县级政府	标准化值	地区排名	全国排名	县级政府	标准化值	地区排名	全国排名
华北地区				华北地区			
左云县	0.755 3	18	90	乌拉特后旗	0.417 0	33	185
孝义市	0.751 5	19	91	清徐县	0.399 0	34	191
乐亭县	0.681 3	20	101	山阴县	0.397 0	35	192
镶黄旗	0.658 6	21	106	古交市	0.392 0	36	195
额尔古纳市	0.625 0	22	113	牙克石市	0.386 7	37	198
滦南县	0.507 0	23	143	东北地区			
原平市	0.489 4	24	150	瓦房店市	1.929 8	1	18
阿荣旗	0.486 4	25	151	绥中县	1.630 3	2	24
乌拉特中旗	0.477 1	26	155	辽阳县	1.604 5	3	26
玉田县	0.474 3	27	156	庄河市	0.980 8	4	66
黄骅市	0.466 1	28	159	绥芬河市	0.905 4	5	74
霸州市	0.463 6	29	161	东宁市	0.574 0	6	125
武安市	0.454 4	30	166	大石桥市	0.441 9	7	176
扎兰屯市	0.450 3	31	169	集贤县	0.406 0	8	190
多伦县	0.430 5	32	182				

注：本表仅列举居民经济福利测度样本全国排名前 200 强的县级政府，如需其他 837 个县级政府居民经济福利测度的标准化值及排名，请与本书编著单位联系

分析表 5.4，发现我国县级政府居民经济福利 200 强分布具有以下 2 个显著特征。

第一，县级政府居民经济福利区域分布数量呈现两级态势。其中，华东地区居民经济福利最高，为一级；西南、西北、华北、东北及中南地区居民经济福利不佳，为二级。从居民经济福利很高、全国排名前 30 位县级政府的区域分布数量看，华东地区有太仓市等 21 个县级政府，约占华东县级政府样本总数的 7%；西南地区有楚雄市 1 个县级政府；西北地区有潼关县 1 个县级政府；华北地区有鄂托克旗等 4 个县级政府；东北地区有瓦房店市等 3 个县级政府；中南地区没有县级政府进入全国居民经济福利前 30 位。

第二，我国不少地区县级政府居民经济福利基本相当、差异不大。华东地区与华北地区，中南地区与西南地区、西北地区、东北地区等地区的县级政府居民经济福利水平比较相似。从全国排名前 200 强的县级政府区域分布比例看，华东地区有 95 个县级政府，约占华东地区样本总数的 30%；华北地区有 37 个县级政府，约占华北地区样本总数的 32%；中南地区有 22 个县级政府，约占中南地区样本总数的 8%；西南地区有 15 个县级政府，约占西南地区样本总数的 12%；西北地区有 23 个县级政府，约占西北地区样本总数的 23%；东北地区有 8 个县级政府，约占东北地区样本总数的 8%。这表明，

我国各地县级政府坚持“以人为本”，做好“发展与共享”两项工作，着力增进县级政府辖区的居民经济福利，极大地提高了县级政府效率。

5.2.4 2018 年县级政府政务公开分析

1. 县级政务公开简介

政务公开是体现政府效率的重要因素，直接影响县级政府效率水平，被赋予 0.15 权重，包括政务基本信息、政务时效 2 个子因素，以及 8 个指标：领导信息公开、三公经费公开、工作报告公开、预算报告公开、计划报告公开、统计公报公开、公务员考试职位表公开和政府办事时效等。

2. 县级政务公开 200 强分析

2018 年县级政府政务公开 200 强的标准化值及排名，如表 5.5 所示。

表 5.5 2018 年县级政府政务公开 200 强的标准化值及排名

县级政府	标准化值	地区排名	全国排名	县级政府	标准化值	地区排名	全国排名
华东地区				华东地区			
海门市	1.051 3	1	1	永嘉县	0.910 0	7	7
如东县	1.051 3	1	1	乐清市	0.896 3	8	8
江阴市	1.009 9	2	2	武城县	0.818 6	9	9
兰溪市	1.009 9	2	2	天长市	0.818 6	9	9
高邮市	1.009 9	2	2	枞阳县	0.818 6	9	9
新沂市	1.009 9	2	2	五河县	0.816 3	10	10
歙县	0.953 0	3	3	广德县	0.816 3	10	10
霍山县	0.953 0	3	3	固镇县	0.816 3	10	10
无为县	0.953 0	3	3	桐乡市	0.801 1	11	11
建德市	0.937 4	4	4	昆山市	0.800 7	12	12
泰顺县	0.937 4	4	4	常熟市	0.800 7	12	12
武义县	0.937 4	4	4	平阳县	0.800 7	12	12
岱山县	0.935 5	5	5	沛县	0.800 7	12	12
溧阳市	0.935 5	5	5	义乌市	0.798 8	13	13
如皋市	0.935 5	5	5	磐安县	0.798 8	13	13
灌云县	0.914 6	6	6	平原县	0.798 0	14	14
太仓市	0.910 0	7	7	庆云县	0.798 0	14	14
海盐县	0.910 0	7	7	淳安县	0.789 3	15	15
瑞安市	0.910 0	7	7	余姚市	0.782 4	16	16

续表

县级政府	标准化值	地区排名	全国排名	县级政府	标准化值	地区排名	全国排名
华东地区				华东地区			
五莲县	0.756 6	17	17	句容市	0.650 6	31	33
齐河县	0.756 6	17	17	象山县	0.639 2	32	35
郎溪县	0.756 6	17	17	开化县	0.639 2	32	35
夏津县	0.756 6	17	17	苍南县	0.636 6	33	36
新昌县	0.741 0	18	18	东明县	0.622 2	34	37
宝应县	0.739 1	19	19	南城县	0.619 9	35	38
泗洪县	0.736 5	20	20	望江县	0.619 9	35	38
射阳县	0.736 5	20	20	涟水县	0.602 4	36	39
长丰县	0.702 0	21	21	芜湖县	0.556 7	37	41
凤阳县	0.690 8	22	22	蒙城县	0.556 7	37	41
寿光市	0.684 2	23	23	南陵县	0.547 8	38	44
永泰县	0.682 2	24	24	都昌县	0.547 5	39	45
凤台县	0.682 2	24	24	繁昌县	0.545 5	40	46
太和县	0.682 2	24	24	含山县	0.545 5	40	46
当涂县	0.681 9	25	25	泾县	0.545 5	40	46
来安县	0.681 9	25	25	和县	0.545 5	40	46
明光市	0.681 9	25	25	濉溪县	0.545 5	40	46
青阳县	0.681 9	25	25	庆元县	0.541 1	41	48
灌南县	0.676 8	26	26	梁山县	0.538 1	42	49
德清县	0.666 6	27	28	安吉县	0.530 3	43	50
桐庐县	0.666 6	27	28	永康市	0.529 9	44	51
三门县	0.666 6	27	28	松阳县	0.529 9	44	51
仙居县	0.666 6	27	28	诸城市	0.527 2	45	53
文成县	0.666 6	27	28	宁国市	0.527 2	45	53
温岭市	0.664 7	28	29	平湖市	0.518 5	46	55
泰兴市	0.664 7	28	29	缙云县	0.518 5	46	55
浦江县	0.662 1	29	31	响水县	0.511 6	47	56
玉环市	0.652 9	30	32	张家港市	0.509 7	48	57
嵊泗县	0.652 9	30	32	德安县	0.506 3	49	59
常山县	0.652 9	30	32	宜兴市	0.502 5	50	61

续表

县级政府	标准化值	地区排名	全国排名	县级政府	标准化值	地区排名	全国排名
华东地区				中南地区			
莒县	0.487 8	51	62	翁源县	0.682 2	2	24
东阿县	0.487 8	51	62	醴陵市	0.643 0	3	34
宁津县	0.487 8	51	62	衡东县	0.643 0	3	34
青州市	0.485 8	52	63	琼海市	0.622 2	4	37
临沭县	0.485 8	52	63	饶平县	0.567 6	5	40
彭泽县	0.485 8	52	63	崇阳县	0.556 7	6	41
郓城县	0.485 8	52	63	随县	0.556 4	7	42
巨野县	0.485 8	52	63	黄梅县	0.547 8	8	44
莒南县	0.485 8	52	63	东兴市	0.547 5	9	45
宜黄县	0.483 2	53	64	龙川县	0.547 5	9	45
沂水县	0.483 2	53	64	保康县	0.545 5	10	46
临邑县	0.474 0	54	65	岑溪市	0.545 2	11	47
诸暨市	0.470 2	55	66	吴川市	0.545 2	11	47
云和县	0.470 2	55	66	苍梧县	0.545 2	11	47
盱眙县	0.468 0	56	67	宜章县	0.529 2	12	52
沭阳县	0.447 4	57	68	炎陵县	0.527 2	13	53
顺昌县	0.431 2	58	70	新邵县	0.508 6	14	58
福清市	0.413 4	59	74	津市市	0.487 8	15	62
罗源县	0.413 4	59	74	连南瑶族自治县	0.487 8	15	62
清流县	0.413 4	59	74	攸县	0.485 8	16	63
屏南县	0.413 4	59	74	博罗县	0.433 2	17	69
中南地区				雷州市	0.430 9	18	71
遂溪县	0.816 3	1	10	龙门县	0.428 6	19	72
廉江市	0.816 3	1	10	老河口市	0.420 0	20	73
竹山县	0.816 3	1	10	浏阳市	0.413 4	21	74
安陆市	0.682 2	2	24	西南地区			
蕲春县	0.682 2	2	24	青川县	0.798 0	1	14
团风县	0.682 2	2	24	兴义市	0.684 2	2	23
南县	0.682 2	2	24	玉屏侗族自治县	0.682 2	3	24
连州市	0.682 2	2	24	贵定县	0.682 2	3	24

续表

县级政府	标准化值	地区排名	全国排名	县级政府	标准化值	地区排名	全国排名
西南地区				西北地区			
息烽县	0.668 2	4	27	黄陵县	0.529 2	9	52
阆中市	0.668 2	4	27	黄龙县	0.529 2	9	52
瓮安县	0.547 8	5	44	乾县	0.487 8	10	62
惠水县	0.547 8	5	44	凤翔县	0.485 8	11	63
嵩明县	0.485 8	6	63	武功县	0.485 8	11	63
开阳县	0.485 8	6	63	神木市	0.433 2	12	69
青神县	0.485 8	6	63	青铜峡市	0.433 2	12	69
绥阳县	0.485 8	6	63	三原县	0.413 4	13	74
通海县	0.485 8	6	63	子长县	0.413 4	13	74
石林彝族自治县	0.485 8	6	63	华北地区			
蒙自市	0.433 2	7	69	孝义市	0.684 2	1	23
三台县	0.433 2	7	69	阳城县	0.684 2	1	23
龙里县	0.431 2	8	70	河津市	0.547 8	2	44
丹棱县	0.413 4	9	74	苏尼特右旗	0.547 5	3	45
西北地区				乌兰浩特市	0.547 5	3	45
蓝田县	0.953 0	1	3	涉县	0.505 6	4	60
靖边县	0.818 6	2	9	卢龙县	0.487 8	5	62
大荔县	0.756 6	3	17	永济市	0.485 8	6	63
彬州市	0.682 2	4	24	迁安市	0.433 2	7	69
扶风县	0.682 2	4	24	东北地区			
志丹县	0.663 6	5	30	鸡东县	0.818 6	1	9
凤县	0.643 0	6	34	柳河县	0.554 1	2	43
千阳县	0.622 2	7	37	虎林市	0.522 3	3	54
泾源县	0.547 8	8	44				

注：本表仅公布政务公开测度样本中全国排名前 200 强的县级政府，如需其他 837 个县级政府政务公开测度的标准化值及排名，请与本书编著单位联系

政务公开是用来测度县级政府效率的重要指标，其数据来自各县级政府网站公布的最简单的、比较重要的基本信息，能够反映县级政府执行力与效率。分析表 5.5，发现我国县级政府政务公开 200 强分布具有以下 3 个特点。

第一，排名并列的县级政府很多。例如，海门市和如东县 2 个县级政府并列全国第 1；江阴市等 4 个县级政府并列第 2；枞阳县等 3 个县级政府并列全国第 9；明光市等 4 个县

级政府并列全国第 25。另外，其他县级政府也出现了排名并列的现象。这既反映了各地县级政府比较重视政务公开工作，又反映了地方政府推进政务公开工作节奏具有相似性。

第二，与其他因素相比，好像我国县级政务公开较好，但实际上却揭示了我国县级政府在政务公开方面所面临的巨大困难和挑战。因为本书有关政务公开的指标是最简单且重要的基础信息，理论上讲应该全部及时在县级政府网站公开。也就是说，这里的政务公开指标测度结果排名在全国 1 037 个县级政府中应该都并列第 1。遗憾的是，即使中央政府及部门带头开展“晒账本”等政务公开工作，三令五申地要求地方政府全面公开政务信息，但是截至 2018 年 5 月底，我国多数县级政府仍没有公开最基本的政务信息，更没有以老百姓看得懂的方式公开“三公经费”“权力清单、服务清单”等中央政府要求全部公开的基本政务信息。因此，我国县级政府落实中央有关全面推行政务公开的文件精神任重道远。

第三，从县级政府效率测度样本选取的数量也可以发现我国县级政务公开的艰巨性。截至 2018 年 4 月，尽管中国的县级政府即县级行政区划单位有 2 889 个，但是，由于大多数县级政府没有能够打开的政府网站或者其政府网站没有公开自身的基本政务信息、基本的经济社会发展统计数据，或者外界无法从其政府网站找到基本的政务信息。所以本书只能从这 2 889 个县级行政区划单位中选取 1 037 个政务基本信息公开较好的县级政府作为政府效率研究样本。

由此可见，县级政务公开是当前影响我国县级政府效率最重要的因素。因此，全面实现县级政务公开，增加县级政府工作的透明度，让权力在阳光下运行，把县级政府的行政行为置于人民群众的有效监督之下，是基层政府深化行政审批体制改革、提升政府效率最重要的手段。

5.3 2018 年县级政府效率测度子因素分析

5.3.1 县级政府科教文卫服务分析

科教文卫服务是县级政府公共服务的重要子因素（即二级指标），被赋予 0.30 权重，包括 9 个指标，即科技支出占地方一般公共预算支出比例、文化体育与传媒支出占地方一般公共预算支出比例、教育支出占地方一般公共预算支出比例、医疗卫生支出占地方一般公共预算支出比例、在校生人数占总人口的比例、全年专利申请量、每万人口卫生机构、每千人口卫生机构床位、每千人口卫生技术人员。2018 年县级政府科教文卫服务 200 强的标准化值及排名，如表 5.6 所示。

表 5.6 2018 年县级政府科教文卫服务 200 强的标准化值及排名

县级政府	标准化值	地区排名	全国排名	县级政府	标准化值	地区排名	全国排名
华东地区				华东地区			
崇仁县	11.621 5	1	1	昆山市	1.895 3	2	5

续表

县级政府	标准化值	地区排名	全国排名	县级政府	标准化值	地区排名	全国排名
华东地区				华东地区			
明光市	1.537 5	3	7	德清县	0.493 6	31	50
新昌县	1.532 5	4	8	磐安县	0.463 3	32	54
镇江市	1.268 6	5	10	建德市	0.428 5	33	58
莱州市	0.998 0	6	13	靖安县	0.423 3	34	59
张家港市	0.964 0	7	14	玉环市	0.418 1	35	60
慈溪市	0.890 6	8	17	东阳市	0.407 8	36	66
诸暨市	0.867 4	9	18	丹阳市	0.407 4	37	67
常熟市	0.786 5	10	20	宁海县	0.377 9	38	72
永康市	0.740 8	11	23	武义县	0.373 2	39	74
太仓市	0.712 1	12	24	乐清市	0.365 1	40	76
青阳县	0.699 2	13	25	东台市	0.361 2	41	78
桐庐县	0.695 4	14	26	福鼎市	0.343 4	42	82
温岭市	0.675 0	15	27	泗阳县	0.331 9	43	83
涟水县	0.661 7	16	29	南安市	0.324 8	44	86
石狮市	0.660 1	17	30	嵊州市	0.310 2	45	89
安吉县	0.628 8	18	32	晋江市	0.309 7	46	90
义乌市	0.620 1	19	34	仪征市	0.309 2	47	91
余姚市	0.619 4	20	35	明溪县	0.305 4	48	93
宜兴市	0.611 9	21	36	滕州市	0.296 3	49	94
德化县	0.593 5	22	37	东海县	0.294 0	50	97
江阴市	0.593 1	23	38	临海市	0.284 6	51	99
长兴县	0.573 2	24	39	嘉善县	0.282 5	52	100
海宁市	0.572 3	25	40	如皋市	0.277 0	53	101
云和县	0.540 3	26	41	象山县	0.260 3	54	107
瑞安市	0.538 8	27	42	浦江县	0.253 9	55	110
桐乡市	0.529 1	28	43	寿光市	0.253 1	56	111
太和县	0.525 3	29	44	盱眙县	0.253 0	57	112
海盐县	0.496 8	30	46	曹县	0.238 3	58	117

续表

县级政府	标准化值	地区排名	全国排名	县级政府	标准化值	地区排名	全国排名
华东地区				华东地区			
泗洪县	0.235 7	59	118	响水县	0.118 4	87	192
高安市	0.234 0	60	121	长泰县	0.117 5	88	194
平阳县	0.228 5	61	122	涡阳县	0.116 7	89	196
青州市	0.225 1	62	123	中南地区			
缙云县	0.214 4	63	129	耒阳市	1.056 1	1	11
诸城市	0.214 2	64	130	钟祥市	1.033 1	2	12
凤台县	0.207 9	65	137	南澳县	0.944 8	3	15
郓城县	0.199 4	66	142	吉首市	0.904 5	4	16
莱西市	0.198 2	67	144	沙洋县	0.760 7	5	21
曲阜市	0.192 9	68	146	罗定市	0.626 6	6	33
肥西县	0.188 4	69	149	广宁县	0.496 8	7	47
高邮市	0.170 5	70	156	平南县	0.493 4	8	51
泰兴市	0.160 8	71	163	长沙县	0.493 3	9	52
南靖县	0.160 0	72	165	登封市	0.456 4	10	56
建湖县	0.159 7	73	166	伊川县	0.415 6	11	62
界首市	0.154 8	74	169	平果县	0.410 1	12	64
新沂市	0.154 2	75	170	开平市	0.408 5	13	65
莱阳市	0.151 1	76	172	尉氏县	0.389 3	14	71
仙游县	0.148 6	77	174	叶县	0.326 6	15	84
平湖市	0.143 9	78	176	灵宝市	0.325 4	16	85
莒县	0.143 4	79	177	新乡县	0.317 0	17	88
闽侯县	0.140 5	80	179	罗山县	0.265 9	18	103
巨野县	0.140 3	81	180	长垣县	0.264 0	19	104
苍南县	0.136 5	82	182	辰溪县	0.261 7	20	106
海东县	0.131 0	83	186	遂溪县	0.259 4	21	108
宁国市	0.129 6	84	187	杞县	0.255 0	22	109
蒙城县	0.123 9	85	189	中牟县	0.252 7	23	113
五河县	0.123 8	86	190	兴业县	0.242 8	24	115

续表

县级政府	标准化值	地区排名	全国排名	县级政府	标准化值	地区排名	全国排名
中南地区				西南地区			
博罗县	0.235 0	25	119	马尔康市	0.664 3	5	28
邓州市	0.222 2	26	125	大邑县	0.645 6	6	31
义马市	0.220 5	27	127	荥县	0.496 1	7	48
郁南县	0.217 3	28	128	新津县	0.480 0	8	53
岑溪市	0.210 3	29	134	安宁市	0.412 3	9	63
澧县	0.209 7	30	135	凯里市	0.405 8	10	68
濮阳县	0.203 1	31	138	开远市	0.398 8	11	70
获嘉县	0.201 3	32	141	射洪县	0.351 0	12	81
延津县	0.198 6	33	143	都江堰市	0.294 1	13	96
桂平市	0.196 9	34	145	大理市	0.285 7	14	98
高州市	0.192 7	35	147	营山县	0.263 7	15	105
龙门县	0.191 6	36	148	得荣县	0.239 6	16	116
永城市	0.182 6	37	151	西昌市	0.213 2	17	132
廉江市	0.181 9	38	152	兴义市	0.208 0	18	136
韶山市	0.175 1	39	155	天全县	0.202 3	19	139
麻阳苗族自治县	0.163 9	40	161	江油市	0.176 4	20	154
阳西县	0.158 5	41	168	红原县	0.169 9	21	158
南乐县	0.151 0	42	173	个旧市	0.164 2	22	160
吴川市	0.137 9	43	181	安岳县	0.158 8	23	167
鹤山市	0.135 5	44	184	盈江县	0.131 5	24	185
石门县	0.117 0	45	195	松潘县	0.125 5	25	188
浦北县	0.116 1	46	197	叙州区	0.122 0	26	191
英德市	0.115 7	47	198	清镇市	0.118 3	27	193
西南地区				西北地区			
楚雄市	6.832 9	1	2	治多县	3.157 2	1	3
汉源县	3.095 3	2	4	奎屯市	0.752 0	2	22
永平县	1.556 9	3	6	临泽县	0.494 1	3	49
祥云县	1.317 7	4	9	伊吾县	0.415 6	4	61

续表

县级政府	标准化值	地区排名	全国排名	县级政府	标准化值	地区排名	全国排名
西北地区				华北地区			
靖边县	0.402 7	5	69	涿鹿县	0.319 8	8	87
木垒哈萨克自治县	0.363 0	6	77	文水县	0.307 0	9	92
格尔木市	0.295 1	7	95	成安县	0.246 2	10	114
成县	0.265 9	8	102	怀仁县	0.234 1	11	120
库尔勒市	0.213 7	9	131	古交市	0.224 3	12	124
且末县	0.179 4	10	153	乌兰浩特市	0.221 3	13	126
高台县	0.145 3	11	175	交口县	0.211 8	14	133
伊宁市	0.142 4	12	178	曲周县	0.185 4	15	150
迭部县	0.135 8	13	183	阿拉善左旗	0.162 2	16	162
城固县	0.114 4	14	200	迁安市	0.151 4	17	171
华北地区				沁县	0.115 1	18	199
阿拉善右旗	0.851 1	1	19	东北地区			
原平市	0.518 4	2	45	铁岭县	0.373 7	1	73
阳城县	0.458 9	3	55	穆棱市	0.201 6	2	140
阳曲县	0.449 2	4	57	临江市	0.170 1	3	157
昌黎县	0.370 6	5	75	友谊县	0.169 5	4	159
定襄县	0.360 0	6	79	宝清县	0.160 2	5	164
泽州县	0.357 8	7	80				

注：本表仅公布科教文卫服务测度样本全国排名前200强的县级政府，如需其他837个县级政府科教文卫服务测度的标准化值及排名，请与本书编著单位联系

科教文卫服务作为县级政府提供的主要政府公共服务，在很大程度上反映了县级政府提供的基本公共服务数量及质量，是体现县级政府效率的重要指标。由表5.6可知，我国县级政府科教文卫服务200强的区域分布具有以下3个特征。

第一，从教科文卫服务的区域分布数量来看，华东地区县级政府表现最优。在全国排名前200强的县级政府中，华东地区有89个县级政府，其数量明显多于其他地区，而中南地区有47个县级政府、西南地区27个县级政府、西北地区14个县级政府、华北地区18个县级政府、东北地区5个县级政府。

第二，中南、西南、西北、华北地区的县级政府分布比例比较均衡，其科教文卫服务相互差距较小。例如，科教文卫服务排名全国前30位的县级政府中，中南地区有耒阳市等5个县级政府，约占该地区样本总数的2%；西南地区有楚雄市等5个县级政府，

约占该地区样本总数的 4%；西北地区有治多县等 2 个县级政府，约占西北地区样本总数的 2%；华北地区有阿拉善右旗 1 个县级政府，约占华北地区样本总数的 1%。

第三，东北县级政府科教文卫服务表现不佳，该地区没有县级政府进入全国前 30 位。

5.3.2　县级政府社会保障服务分析

社会保障服务也是政府公共服务的主要子因素，被赋予 0.15 权重，包括 3 个指标：社会保障和就业支出占地方一般公共预算支出比例、住房保障支出占地方一般公共预算支出比例、社会保险基金支出占地方一般公共预算支出比例。2018 年县级政府社会保障服务前 200 位的标准化值及排名，如表 5.7 所示。

表 5.7　2018 年县级政府社会保障服务前 200 位的标准化值及排名

县级政府	标准化值	地区排名	全国排名	县级政府	标准化值	地区排名	全国排名
华东地区				华东地区			
崇仁县	19.270 7	1	1	界首市	0.066 5	23	120
金乡县	10.431 1	2	2	东阿县	0.058 9	24	129
仙游县	1.068 0	3	6	溧阳市	0.057 7	25	132
丰城市	0.531 9	4	13	含山县	0.055 2	26	134
曹县	0.462 4	5	16	蒙阴县	0.052 6	27	142
单县	0.352 7	6	25	龙南县	0.052 2	28	144
黎川县	0.349 9	7	27	东平县	0.051 3	29	146
共青城市	0.349 0	8	28	永修县	0.043 4	30	155
凤台县	0.200 9	9	43	东至县	0.041 0	31	160
濉溪县	0.173 2	10	49	泰兴市	0.037 8	32	163
镇江市	0.172 3	11	51	遂昌县	0.031 6	33	173
鄄城县	0.150 3	12	57	临沭县	0.021 4	34	187
禹城市	0.145 3	13	62	兴化市	0.021 3	35	188
玉山县	0.134 4	14	66	明光市	0.018 9	36	195
无棣县	0.131 4	15	67	中南地区			
东明县	0.121 1	16	73	陆川县	2.188 1	1	4
南城县	0.118 9	17	78	津市市	0.590 2	2	10
宜丰县	0.103 7	18	90	竹山县	0.566 9	3	11
蒙城县	0.098 9	19	94	石门县	0.453 0	4	17
建瓯市	0.081 9	20	102	辰溪县	0.437 4	5	18
莒县	0.081 9	21	103	平南县	0.435 0	6	19
瑞金市	0.077 6	22	109	英德市	0.422 9	7	20

续表

县级政府	标准化值	地区排名	全国排名	县级政府	标准化值	地区排名	全国排名
中南地区				中南地区			
桃源县	0.352 7	8	24	杞县	0.054 4	36	138
钟祥市	0.350 2	9	26	应城市	0.052 0	37	145
蓝山县	0.317 4	10	29	赤壁市	0.050 9	38	148
陵水黎族自治县	0.314 3	11	30	韶山市	0.049 9	39	149
靖州苗族侗族自治县	0.239 1	12	35	炎陵县	0.047 4	40	151
卫辉市	0.221 6	13	38	嘉禾县	0.042 5	41	156
信宜市	0.215 6	14	40	江永县	0.041 2	42	158
澧县	0.196 7	15	45	全州县	0.031 7	43	172
洪江市	0.174 5	16	48	鄢陵县	0.027 8	44	180
汉寿县	0.147 0	17	60	会同县	0.026 6	45	182
武穴市	0.134 4	18	65	云梦县	0.025 6	46	183
道县	0.128 6	19	69	团风县	0.025 5	47	184
双牌县	0.127 9	20	71	始兴县	0.023 1	48	186
临武县	0.120 2	21	76	邓州市	0.020 8	49	189
南县	0.116 3	22	82	桃江县	0.020 7	50	190
浠水县	0.101 1	23	93	禹州市	0.020 4	51	192
安乡县	0.098 0	24	96	江陵县	0.020 0	52	193
远安县	0.089 7	25	99	新乡县	0.019 1	53	194
永兴县	0.084 1	26	101	正阳县	0.017 6	54	197
冷水江市	0.080 1	27	105	汤阴县	0.016 9	55	198
石首市	0.074 5	28	113	兴山县	0.016 3	56	199
连南瑶族自治县	0.068 2	29	118	西南地区			
芷江侗族自治县	0.065 1	30	121	楚雄市	0.514 0	1	14
当阳市	0.064 8	31	122	绥阳县	0.375 3	2	21
乐昌市	0.064 2	32	123	普定县	0.375 0	3	22
西平县	0.058 8	33	130	峨眉山市	0.371 3	4	23
麻阳苗族自治县	0.055 1	34	135	桐梓县	0.294 6	5	31
沙洋县	0.054 8	35	137	黔西县	0.284 3	6	32

续表

县级政府	标准化值	地区排名	全国排名	县级政府	标准化值	地区排名	全国排名
西南地区				西北地区			
简阳市	0.239 6	7	34	治多县	7.197 3	1	3
西充县	0.234 7	8	36	城固县	0.969 1	2	7
福泉市	0.169 8	9	52	轮台县	0.550 5	3	12
江油市	0.158 2	10	53	班玛县	0.228 0	4	37
叙州区	0.147 3	11	59	玉树市	0.220 4	5	39
北川羌族自治县	0.140 4	12	63	武功县	0.207 1	6	42
凤冈县	0.135 5	13	64	大荔县	0.195 1	7	46
大理市	0.128 5	14	70	库尔勒市	0.153 2	8	55
新平彝族傣族自治县	0.120 8	15	74	蓝田县	0.152 7	9	56
崇州市	0.119 6	16	77	黄陵县	0.148 0	10	58
渠县	0.110 5	17	85	玉门市	0.117 8	11	80
马尔康市	0.109 9	18	86	临泽县	0.114 2	12	83
息烽县	0.106 5	19	89	志丹县	0.113 8	13	84
红原县	0.089 6	20	100	喀什市	0.107 6	14	87
景谷傣族彝族自治县	0.081 2	21	104	伊宁市	0.093 3	15	97
元谋县	0.077 4	22	110	民乐县	0.079 4	16	106
荣县	0.069 0	23	116	伊吾县	0.072 9	17	115
梓潼县	0.068 6	24	117	青铜峡市	0.067 8	18	119
蒙自市	0.060 4	25	128	扶风县	0.062 8	19	124
米易县	0.057 0	26	133	乌苏市	0.061 0	20	126
阆中市	0.054 3	27	139	凤翔县	0.060 5	21	127
通海县	0.054 2	28	140	华阴市	0.058 4	22	131
富顺县	0.052 7	29	141	韩城市	0.055 0	23	136
石屏县	0.051 2	30	147	迭部县	0.045 5	24	153
瓮安县	0.040 0	31	162	温泉县	0.041 4	25	157
夹江县	0.037 5	32	164	福海县	0.029 0	26	178
高县	0.035 9	33	168	千阳县	0.028 6	27	179
松潘县	0.033 8	34	169	景泰县	0.027 4	28	181
资中县	0.032 5	35	171	泾阳县	0.020 4	29	191

续表

县级政府	标准化值	地区排名	全国排名	县级政府	标准化值	地区排名	全国排名
西北地区				东北地区			
永昌县	0.016 1	30	200	柳河县	1.343 7	1	5
华北地区				铁力市	0.923 0	2	8
杭锦后旗	0.200 5	1	44	双辽市	0.636 7	3	9
锡林浩特市	0.184 5	2	47	东辽县	0.510 0	4	15
牙克石市	0.172 6	3	50	建平县	0.254 8	5	33
苏尼特右旗	0.146 9	4	61	嘉荫县	0.215 3	6	41
乌兰浩特市	0.129 8	5	68	盖州市	0.153 3	7	54
扎兰屯市	0.120 8	6	75	塔河县	0.125 9	8	72
孝义市	0.118 5	7	79	长海县	0.117 8	9	81
侯马市	0.103 7	8	91	东丰县	0.106 6	10	88
涿鹿县	0.098 6	9	95	肇东市	0.103 6	11	92
平定县	0.093 2	10	98	永吉县	0.079 1	12	108
准格尔旗	0.079 3	11	107	洮南市	0.076 4	13	111
沁县	0.052 5	12	143	集安市	0.075 4	14	112
正定县	0.049 5	13	150	东宁市	0.074 2	15	114
定州市	0.045 6	14	152	瓦房店市	0.061 2	16	125
泽州县	0.041 1	15	159	北票市	0.045 1	17	154
怀仁县	0.037 0	16	165	桦甸市	0.040 6	18	161
卢龙县	0.036 4	17	166	抚松县	0.036 2	19	167
方山县	0.033 0	18	170	勃利县	0.030 9	20	174
盂县	0.030 8	19	175	呼玛县	0.030 2	21	176
乌拉特中旗	0.024 8	20	185	农安县	0.029 5	22	177
黄骅市	0.017 9	21	196				

注：本表仅公布社会保障服务测度样本全国排名前 200 位的县级政府，如需其他 837 个县级政府社会保障服务测度的标准化值及排名，请与本书编著单位联系

社会保障服务反映了县级政府提供的基本社会保障服务数量及质量，是体现县级政府效率的主要指标。由表 5.7 可知，我国县级政府社会保障服务前 200 位的区域分布具有以下 2 个特点。

第一，我国华东、中南、西南、西北、东北等五大地区的社会保障服务差异不大、发展比较平衡。社会保障服务测度结果排名全国前 30 位的县级政府中，华东地区有崇仁县等 8 个县级政府、中南地区有陆川县等 11 个县级政府、西南地区有楚雄市等 4 个县级政府、西北地区有治多县等 3 个县级政府、东北地区有柳河县等 4 个县级政府。

第二，从区域分布比例看，我国西北、西南、东北等经济欠发达地区的县级政府社会保障服务较好，优于华东、中南经济发达地区。社会保障服务排名前 200 位的县级政府中，西北地区有 30 个县级政府，占西北地区样本总数的 30%；西南地区有 35 个县级政府，占西南地区样本总数的 27%；东北地区有 22 个县级政府，占东北地区样本总数的 23%；华东地区有 36 个县级政府，约占华东地区样本总数的 11%；中南地区有 56 个县级政府，占中南地区样本总数的 20%；华北地区有 21 个县级政府，占华北地区样本总数的 18%。

5.3.3　县级政府经济发展服务分析

经济发展服务是政府公共服务的重要子因素，被赋予 0.45 权重，包括：节能环保支出占地方一般公共预算支出比例、全社会固定资产投资占 GDP 的比例、人均邮电业务量、移动电话普及率、互联网普及率、全年社会消费品零售总额增长率、第三产业对 GDP 增长贡献率、GDP 增长率等 8 个指标。2018 年县级政府经济发展服务前 200 位的标准化值及排名，如表 5.8 所示。

表 5.8　2018 年县级政府经济发展服务前 200 位的标准化值及排名

县级政府	标准化值	地区排名	全国排名	县级政府	标准化值	地区排名	全国排名
华东地区				华东地区			
崇仁县	2.431 4	1	4	武平县	0.335 5	19	111
无棣县	1.089 3	2	10	寿光市	0.331 4	20	112
祁门县	1.032 7	3	13	蒙阴县	0.330 7	21	113
丰城市	0.976 2	4	17	漳平市	0.316 2	22	119
玉环市	0.711 3	5	36	曲阜市	0.314 8	23	121
义乌市	0.696 7	6	38	平湖市	0.306 1	24	125
莱州市	0.668 0	7	43	平阳县	0.282 5	25	136
太仓市	0.664 1	8	44	安吉县	0.280 0	26	137
镇江市	0.615 4	9	50	德清县	0.279 2	27	138
永嘉县	0.524 3	10	64	丹阳市	0.272 7	28	142
昆山市	0.500 7	11	68	龙游县	0.272 5	29	143
乐平市	0.439 0	12	75	婺源县	0.268 0	30	145
张家港市	0.438 9	13	76	磐安县	0.263 9	31	147
长泰县	0.401 9	14	83	胶州市	0.257 7	32	149
安溪县	0.397 4	15	85	广德县	0.256 1	33	151
芜湖县	0.379 5	16	91	明溪县	0.252 9	34	154
苍南县	0.375 8	17	93	乳山市	0.250 8	35	156
句容市	0.373 1	18	94	温岭市	0.250 7	36	158

续表

县级政府	标准化值	地区排名	全国排名	县级政府	标准化值	地区排名	全国排名
华东地区				中南地区			
荣成市	0.248 2	37	159	津市市	0.557 5	11	57
德兴市	0.247 8	38	160	连平县	0.551 9	12	59
禹城市	0.242 0	39	162	阳朔县	0.521 3	13	67
永康市	0.231 0	40	169	耒阳市	0.458 4	14	73
泰顺县	0.224 8	41	173	南澳县	0.434 7	15	77
诸暨市	0.224 0	42	174	韶山市	0.418 6	16	79
泰兴市	0.219 2	43	176	中牟县	0.396 2	17	86
乐清市	0.216 9	44	177	宾阳县	0.389 4	18	87
招远市	0.208 6	45	180	宁远县	0.357 0	19	97
郎溪县	0.206 6	46	182	浦北县	0.343 8	20	107
新泰市	0.206 4	47	183	石门县	0.341 5	21	108
灌云县	0.203 8	48	184	宜章县	0.340 3	22	109
淳安县	0.203 1	49	185	南县	0.328 9	23	114
松阳县	0.196 8	50	191	桃源县	0.318 3	24	117
新昌县	0.195 0	51	192	龙川县	0.317 4	25	118
瑞安市	0.193 3	52	193	资兴市	0.312 6	26	122
武夷山市	0.193 2	53	194	辰溪县	0.295 8	27	130
石城县	0.187 6	54	197	田阳县	0.293 4	28	131
中南地区				慈利县	0.259 1	29	148
吉首市	1.087 2	1	11	尉氏县	0.254 6	30	152
东兴市	0.863 1	2	20	靖州苗族侗族自治县	0.252 4	31	155
开平市	0.854 1	3	22	登封市	0.238 0	32	165
新密市	0.816 0	4	25	赤壁市	0.237 9	33	166
长沙县	0.780 9	5	28	永兴县	0.229 5	34	171
灵宝市	0.776 0	6	29	灵山县	0.208 8	35	179
凭祥市	0.720 9	7	35	杞县	0.200 9	36	186
乳源瑶族自治县	0.672 7	8	42	沅江市	0.200 7	37	187
连南瑶族自治县	0.613 5	9	51	洪江市	0.188 5	38	196
宜城市	0.565 3	10	55	宁乡县	0.186 9	39	198

续表

县级政府	标准化值	地区排名	全国排名	县级政府	标准化值	地区排名	全国排名
中南地区				西南地区			
保康县	0.186 0	40	199	美姑县	0.416 6	26	81
西南地区				清镇市	0.401 8	27	84
青川县	4.485 9	1	1	富民县	0.385 8	28	89
楚雄市	4.137 2	2	2	修文县	0.381 5	29	90
乐至县	3.199 5	3	3	瓮安县	0.377 7	30	92
稻城县	1.470 6	4	6	景谷傣族彝族自治县	0.369 9	31	95
汉源县	1.441 3	5	7	凯里市	0.356 9	32	98
芒市	1.058 8	6	12	广汉市	0.352 5	33	100
得荣县	0.986 4	7	15	丹棱县	0.351 8	34	101
华宁县	0.978 0	8	16	安岳县	0.348 1	35	102
大理市	0.968 7	9	18	湄潭县	0.345 7	36	104
安宁市	0.859 2	10	21	黔西县	0.344 9	37	105
开远市	0.827 9	11	23	普定县	0.344 7	38	106
瑞丽市	0.799 5	12	26	龙里县	0.338 5	39	110
赤水市	0.786 1	13	27	桐梓县	0.324 2	40	115
禄丰县	0.743 4	14	34	元谋县	0.318 9	41	116
兴义市	0.710 0	15	37	石林彝族自治县	0.304 2	42	126
荣县	0.658 2	16	45	都匀市	0.300 9	43	127
澄江县	0.647 8	17	48	彭州市	0.295 8	44	129
松潘县	0.596 9	18	52	新平彝族傣族自治县	0.290 6	45	132
河口瑶族自治县	0.547 8	19	60	惠水县	0.289 9	46	133
易门县	0.539 6	20	61	建水县	0.286 4	47	134
通海县	0.527 0	21	62	仁怀市	0.279 1	48	139
峨山彝族自治县	0.525 0	22	63	嵩明县	0.266 2	49	146
马尔康市	0.523 1	23	65	岳池县	0.256 9	50	150
盈江县	0.460 5	24	72	宜良县	0.241 9	51	163
蒙自市	0.420 2	25	78	玉屏侗族自治县	0.215 2	52	178

续表

县级政府	标准化值	地区排名	全国排名	县级政府	标准化值	地区排名	全国排名
西南地区				西北地区			
福泉市	0.190 6	53	195	阿勒泰市	0.228 8	28	172
西北地区				周至县	0.219 9	29	175
治多县	1.028 0	1	14	库车县	0.208 5	30	181
贵德县	0.818 4	2	24	精河县	0.199 2	31	188
尖扎县	0.774 2	3	30	温泉县	0.185 9	32	200
玛曲县	0.764 8	4	32	华北地区			
木垒哈萨克自治县	0.754 1	5	33	南宫市	1.547 4	1	5
奎屯市	0.686 9	6	39	怀仁县	1.154 5	2	9
博湖县	0.684 8	7	40	准格尔旗	0.889 9	3	19
靖边县	0.655 0	8	46	应县	0.771 2	4	31
眉县	0.619 8	9	49	右玉县	0.681 3	5	41
五家渠市	0.575 8	10	54	侯马市	0.590 6	6	53
城固县	0.555 5	11	58	满洲里市	0.563 9	7	56
喀什市	0.522 8	12	66	额济纳旗	0.493 5	8	70
温宿县	0.494 8	13	69	二连浩特市	0.475 9	9	71
潼关县	0.453 6	14	74	左云县	0.418 3	10	80
蓝田县	0.389 0	15	88	鄂托克旗	0.414 5	11	82
且末县	0.355 1	16	99	大城县	0.365 3	12	96
塔城市	0.347 3	17	103	新乐市	0.309 9	13	123
大荔县	0.299 7	18	128	晋州市	0.306 7	14	124
和硕县	0.283 9	19	135	山阴县	0.235 9	15	168
阿拉尔市	0.275 6	20	140	乌拉特后旗	0.230 0	16	170
新和县	0.273 0	21	141	古交市	0.198 9	17	189
临夏市	0.269 4	22	144	卢龙县	0.197 9	18	190
福海县	0.253 4	23	153	东北地区			
共和县	0.250 8	24	157	长海县	1.186 2	1	8
扶风县	0.246 7	25	161	绥芬河市	0.650 5	2	47
成县	0.241 2	26	164	林口县	0.315 2	3	120
格尔木市	0.237 1	27	167				

注：本表仅公布经济发展服务测度样本全国排名前 200 位的县级政府，如需其他 837 个县级政府经济发展服务测度的标准化值及排名，请与本书编著单位联系

经济发展服务是我国县级政府履职的第一要务，既是落实十九大精神、发挥市场对资源配置决定性作用的重要举措，又是更好发挥政府作用、提升政府效率的主要抓手。表 5.8 揭示了我国县级政府经济发展服务前 200 位分布的两个特点。

第一，与 2017 年相比，从经济发展服务区域数量分布来看西南地区县级政府经济发展服务明显好转，并优于其他地区。排名全国前 30 位的县级政府中，西南地区有青川县等 13 个县级政府、华东地区有崇仁县等 4 个县级政府、中南地区有吉首市等 6 个县级政府、西北地区有治多县等 3 个县级政府、华北地区有南宫市等 3 个县级政府、东北地区有长海县 1 个县级政府。经济发展服务排名全国前 200 位的县级政府中，西南地区有 53 个县级政府，约占西南地区样本总数的 41%，其比例高于其他地区。

第二，除西南地区外，我国其他地区县级政府经济发展服务表现相对均衡，其经济发展服务水平基本相近。

因此，经济发展不仅是我国六大地区始终坚持的首要选择，也是欠发达地区促进区域经济发展、提升政府效率的重要路径。

5.3.4　县级政府市场监管服务分析

市场监管服务是县级政府公共服务的主要子因素，被赋予 0.10 权重。市场监管服务包括权力清单（发布数量及时间）、特别重大事故一票否决两个指标。2018 年县级政府市场监管服务前 200 位的标准化值及排名，如表 5.9 所示。

表 5.9　2018 年县级政府市场监管服务前 200 位的标准化值及排名

县级政府	标准化值	地区排名	全国排名	县级政府	标准化值	地区排名	全国排名
华东地区				华东地区			
崇仁县	0.478 5	1	1	磐安县	0.478 5	1	1
玉环市	0.478 5	1	1	广德县	0.478 5	1	1
义乌市	0.478 5	1	1	明溪县	0.478 5	1	1
永嘉县	0.478 5	1	1	乳山市	0.478 5	1	1
安溪县	0.478 5	1	1	温岭市	0.478 5	1	1
苍南县	0.478 5	1	1	泰顺县	0.478 5	1	1
句容市	0.478 5	1	1	诸暨市	0.478 5	1	1
武平县	0.478 5	1	1	乐清市	0.478 5	1	1
蒙阴县	0.478 5	1	1	新泰市	0.478 5	1	1
漳平市	0.478 5	1	1	淳安县	0.478 5	1	1
平湖市	0.478 5	1	1	松阳县	0.478 5	1	1
平阳县	0.478 5	1	1	石城县	0.478 5	1	1
德清县	0.478 5	1	1	长兴县	0.478 5	1	1

续表

县级政府	标准化值	地区排名	全国排名	县级政府	标准化值	地区排名	全国排名
华东地区				华东地区			
仙游县	0.478 5	1	1	永春县	0.478 5	1	1
德化县	0.478 5	1	1	东阿县	0.478 5	1	1
连城县	0.478 5	1	1	中南地区			
和县	0.478 5	1	1	东兴市	0.478 5	1	1
泾县	0.478 5	1	1	新密市	0.478 5	1	1
桐乡市	0.478 5	1	1	凭祥市	0.478 5	1	1
福清市	0.478 5	1	1	宜城市	0.478 5	1	1
龙泉市	0.478 5	1	1	连平县	0.478 5	1	1
连江县	0.478 5	1	1	阳朔县	0.478 5	1	1
石狮市	0.478 5	1	1	南澳县	0.478 5	1	1
休宁县	0.478 5	1	1	韶山市	0.478 5	1	1
丰县	0.478 5	1	1	宾阳县	0.478 5	1	1
扬中市	0.478 5	1	1	浦北县	0.478 5	1	1
清流县	0.478 5	1	1	石门县	0.478 5	1	1
平邑县	0.478 5	1	1	龙川县	0.478 5	1	1
含山县	0.478 5	1	1	辰溪县	0.478 5	1	1
长汀县	0.478 5	1	1	田阳县	0.478 5	1	1
桐庐县	0.478 5	1	1	慈利县	0.478 5	1	1
齐河县	0.478 5	1	1	尉氏县	0.478 5	1	1
宁海县	0.478 5	1	1	赤壁市	0.478 5	1	1
嘉善县	0.478 5	1	1	灵山县	0.478 5	1	1
余姚市	0.478 5	1	1	杞县	0.478 5	1	1
泰宁县	0.478 5	1	1	荥阳市	0.478 5	1	1
海阳市	0.478 5	1	1	衡山县	0.478 5	1	1
盱眙县	0.478 5	1	1	长垣县	0.478 5	1	1
华安县	0.478 5	1	1	松滋市	0.478 5	1	1
闽清县	0.478 5	1	1	南丹县	0.478 5	1	1
南城县	0.478 5	1	1	博白县	0.478 5	1	1

续表

县级政府	标准化值	地区排名	全国排名	县级政府	标准化值	地区排名	全国排名
中南地区				中南地区			
平果县	0.478 5	1	1	南漳县	0.478 5	1	1
衡阳县	0.478 5	1	1	江陵县	0.478 5	1	1
获嘉县	0.478 5	1	1	始兴县	0.478 5	1	1
合山市	0.478 5	1	1	钟山县	0.478 5	1	1
澧县	0.478 5	1	1	大新县	0.478 5	1	1
昌江黎族自治县	0.478 5	1	1	遂平县	0.478 5	1	1
安仁县	0.478 5	1	1	汝州市	0.478 5	1	1
方城县	0.478 5	1	1	西南地区			
项城市	0.478 5	1	1	楚雄市	0.478 5	1	1
冷水江市	0.478 5	1	1	稻城县	0.478 5	1	1
邵东县	0.478 5	1	1	汉源县	0.478 5	1	1
浏阳市	0.478 5	1	1	芒市	0.478 5	1	1
岑溪市	0.478 5	1	1	瑞丽市	0.478 5	1	1
龙门县	0.478 5	1	1	荣县	0.478 5	1	1
襄城县	0.478 5	1	1	松潘县	0.478 5	1	1
延津县	0.478 5	1	1	河口瑶族自治县	0.478 5	1	1
惠东县	0.478 5	1	1	易门县	0.478 5	1	1
蕉岭县	0.478 5	1	1	峨山彝族自治县	0.478 5	1	1
郁南县	0.478 5	1	1	马尔康市	0.478 5	1	1
通许县	0.478 5	1	1	盈江县	0.478 5	1	1
修武县	0.478 5	1	1	美姑县	0.478 5	1	1
镇平县	0.478 5	1	1	凯里市	0.478 5	1	1
汉寿县	0.478 5	1	1	丹棱县	0.478 5	1	1
禹州市	0.478 5	1	1	湄潭县	0.478 5	1	1
沁阳市	0.478 5	1	1	黔西县	0.478 5	1	1
安陆市	0.478 5	1	1	普定县	0.478 5	1	1
新晃侗族自治县	0.478 5	1	1	桐梓县	0.478 5	1	1

续表

县级政府	标准化值	地区排名	全国排名	县级政府	标准化值	地区排名	全国排名
西南地区				华北地区			
元谋县	0.478 5	1	1	满洲里市	0.478 5	1	1
彭州市	0.478 5	1	1	二连浩特市	0.478 5	1	1
建水县	0.478 5	1	1	左云县	0.478 5	1	1
嵩明县	0.478 5	1	1	鄂托克旗	0.478 5	1	1
西北地区				乌拉特后旗	0.478 5	1	1
治多县	0.478 5	1	1	卢龙县	0.478 5	1	1
木垒哈萨克自治县	0.478 5	1	1	黄骅市	0.478 5	1	1
博湖县	0.478 5	1	1	正定县	0.478 5	1	1
靖边县	0.478 5	1	1	三河市	0.478 5	1	1
五家渠市	0.478 5	1	1	定襄县	0.478 5	1	1
喀什市	0.478 5	1	1	泊头市	0.478 5	1	1
温宿县	0.478 5	1	1	锡林浩特市	0.478 5	1	1
潼关县	0.478 5	1	1	涉县	0.478 5	1	1
塔城市	0.478 5	1	1	原平市	0.478 5	1	1
大荔县	0.478 5	1	1	汾阳市	0.478 5	1	1
和硕县	0.478 5	1	1	广平县	0.478 5	1	1
阿拉尔市	0.478 5	1	1	高碑店市	0.478 5	1	1
福海县	0.478 5	1	1	陵川县	0.478 5	1	1
格尔木市	0.478 5	1	1	宁晋县	0.478 5	1	1
阿勒泰市	0.478 5	1	1	河间市	0.478 5	1	1
周至县	0.478 5	1	1	永清县	0.478 5	1	1
库车县	0.478 5	1	1	乌兰浩特市	0.478 5	1	1
精河县	0.478 5	1	1	玉田县	0.478 5	1	1
温泉县	0.478 5	1	1	成安县	0.478 5	1	1
富蕴县	0.478 5	1	1	潞城市	0.478 5	1	1
霍城县	0.478 5	1	1	伊金霍洛旗	0.478 5	1	1
华北地区				稷山县	0.478 5	1	1
南宫市	0.478 5	1	1	长子县	0.478 5	1	1

续表

县级政府	标准化值	地区排名	全国排名	县级政府	标准化值	地区排名	全国排名
东北地区				东北地区			
梅河口市	0.478 5	1	1	双辽市	0.478 5	1	1
农安县	0.478 5	1	1	抚松县	0.478 5	1	1
庄河市	0.478 5	1	1	安达市	0.478 5	1	1
通化县	0.478 5	1	1	抚顺县	0.478 5	1	1
舒兰市	0.478 5	1	1	珲春市	0.478 5	1	1
榆树市	0.478 5	1	1	桓仁满族自治县	0.478 5	1	1

注：本表仅公布市场监管服务测度样本全国排名 200 位（含并列排名）的县级政府，如需其他 837 个县级政府市场监管服务测度的标准化值及排名，请与本书编著单位联系

市场监管服务是我国县级政府履职的主要内容，是确保县域市场运行畅通、维护公平竞争和公平交易、保障企业合法权益而进行的管理和监督。分析表 5.9，可以看出：该子因素包含的指标数量较少，因此呈现出其测度结果排名全国前 200 位的县级政府都是并列第一的情形。一方面，这反映了各地县级政府重视市场监管服务工作，且监管效果较好；另一方面，这也许是各地县级政府淡化市场服务、严格管制市场的表现，可能不利于“只进一扇门”“最多跑一次”改革。

5.3.5　县级政务基本信息分析

政务基本信息是政务公开的重要子因素，被赋予 0.80 权重，包括领导信息公开、三公经费公开、工作报告公开、预算报告公开、计划报告公开、统计公报公开、公务员考试职位表公开等 7 个指标。2018 年县级政务基本信息前 200 位的标准化值及排名，如表 5.10 所示。

表 5.10　2018 年县级政务基本信息前 200 位的标准化值及排名

县级政府	标准化值	地区排名	全国排名	县级政府	标准化值	地区排名	全国排名
华东地区				华东地区			
岱山县	1.089 0	1	1	安吉县	0.921 0	2	2
温岭市	1.089 0	1	1	义乌市	0.918 2	3	3
溧阳市	1.089 0	1	1	磐安县	0.918 2	3	3
泰兴市	1.089 0	1	1	张家港市	0.895 3	4	4
如皋市	1.089 0	1	1	海门市	0.895 3	4	4
桐乡市	0.921 0	2	2	如东县	0.895 3	4	4

续表

县级政府	标准化值	地区排名	全国排名	县级政府	标准化值	地区排名	全国排名
华东地区				华东地区			
江阴市	0.843 5	5	5	灌云县	0.724 4	11	11
兰溪市	0.843 5	5	5	太仓市	0.718 7	12	12
高邮市	0.843 5	5	5	海盐县	0.718 7	12	12
宝应县	0.843 5	5	5	瑞安市	0.718 7	12	12
新沂市	0.843 5	5	5	宁海县	0.718 7	12	12
南昌县	0.772 4	6	6	象山县	0.718 7	12	12
庐江县	0.772 4	6	6	永嘉县	0.718 7	12	12
永泰县	0.772 4	6	6	开化县	0.718 7	12	12
凤台县	0.772 4	6	6	乐清市	0.701 6	13	13
歙县	0.772 4	6	6	镇江市	0.701 6	13	13
霍山县	0.772 4	6	6	涟水县	0.672 7	14	14
无为县	0.772 4	6	6	启东市	0.649 8	15	15
诏安县	0.772 4	6	6	芜湖县	0.615 6	16	16
太和县	0.772 4	6	6	蒙城县	0.615 6	16	16
德清县	0.753 0	7	7	南陵县	0.604 4	17	17
桐庐县	0.753 0	7	7	龙海市	0.604 4	17	17
建德市	0.753 0	7	7	武城县	0.604 4	17	17
三门县	0.753 0	7	7	天长市	0.604 4	17	17
泰顺县	0.753 0	7	7	光泽县	0.604 4	17	17
武义县	0.753 0	7	7	枞阳县	0.604 4	17	17
仙居县	0.753 0	7	7	奉新县	0.601 6	18	18
文成县	0.753 0	7	7	繁昌县	0.601 6	18	18
浦江县	0.747 3	8	8	五河县	0.601 6	18	18
玉环市	0.735 8	9	9	乐平市	0.601 6	18	18
嵊泗县	0.735 8	9	9	广德县	0.601 6	18	18
常山县	0.735 8	9	9	含山县	0.601 6	18	18
句容市	0.733 0	10	10	泾县	0.601 6	18	18
建湖县	0.724 4	11	11	和县	0.601 6	18	18

续表

县级政府	标准化值	地区排名	全国排名	县级政府	标准化值	地区排名	全国排名
华东地区				华东地区			
固镇县	0.601 6	18	18	五莲县	0.526 9	25	25
定远县	0.601 6	18	18	巨野县	0.526 9	25	25
濉溪县	0.601 6	18	18	平邑县	0.526 9	25	25
庆元县	0.596 1	19	19	莒南县	0.526 9	25	25
昆山市	0.582 1	20	20	齐河县	0.526 9	25	25
常熟市	0.582 1	20	20	郎溪县	0.526 9	25	25
永康市	0.582 1	20	20	夏津县	0.526 9	25	25
平阳县	0.582 1	20	20	诸暨市	0.507 5	26	26
松阳县	0.582 1	20	20	扬中市	0.507 5	26	26
沛县	0.582 1	20	20	新昌县	0.507 5	26	26
荣成市	0.578 7	21	21	云和县	0.507 5	26	26
诸城市	0.578 7	21	21	盱眙县	0.504 7	27	27
宁国市	0.578 7	21	21	丰县	0.504 7	27	27
平原县	0.578 7	21	21	泗洪县	0.501 8	28	28
庆云县	0.578 7	21	21	射阳县	0.501 8	28	28
平湖市	0.567 8	22	22	沭阳县	0.478 9	29	29
淳安县	0.567 8	22	22	福安市	0.458 7	30	30
缙云县	0.567 8	22	22	肥东县	0.458 7	30	30
余姚市	0.559 3	23	23	闽清县	0.458 7	30	30
响水县	0.559 3	23	23	长丰县	0.458 7	30	30
宜兴市	0.547 8	24	24	顺昌县	0.458 7	30	30
青州市	0.526 9	25	25	仪征市	0.456 1	31	32
临沭县	0.526 9	25	25	东至县	0.444 7	32	33
安丘市	0.526 9	25	25	凤阳县	0.444 7	32	33
彭泽县	0.526 9	25	25	福清市	0.436 4	33	34
建瓯市	0.526 9	25	25	寿光市	0.436 4	33	34
郓城县	0.526 9	25	25	连江县	0.436 4	33	34

续表

县级政府	标准化值	地区排名	全国排名	县级政府	标准化值	地区排名	全国排名
华东地区				中南地区			
罗源县	0.436 4	33	34	绥宁县	0.436 4	9	34
中南地区				丰顺县	0.436 4	9	34
安陆市	0.772 4	1	6	定安县	0.436 4	9	34
蕲春县	0.772 4	1	6	西南地区			
鹤山市	0.772 4	1	6	清镇市	0.772 4	1	6
团风县	0.772 4	1	6	玉屏侗族自治县	0.772 4	1	6
南县	0.772 4	1	6	贵定县	0.772 4	1	6
连州市	0.772 4	1	6	瓮安县	0.604 4	2	17
翁源县	0.772 4	1	6	惠水县	0.604 4	2	17
崇阳县	0.615 6	2	16	青川县	0.578 7	3	21
黄梅县	0.604 4	3	17	嵩明县	0.526 9	4	25
保康县	0.601 6	4	18	开阳县	0.526 9	4	25
遂溪县	0.601 6	4	18	青神县	0.526 9	4	25
廉江市	0.601 6	4	18	绥阳县	0.526 9	4	25
竹山县	0.601 6	4	18	通海县	0.526 9	4	25
炎陵县	0.578 7	5	21	石林彝族自治县	0.526 9	4	25
攸县	0.526 9	6	25	龙里县	0.458 7	5	30
连山壮族瑶族自治县	0.526 9	6	25	个旧市	0.436 4	6	34
林州市	0.455 8	7	31	广汉市	0.436 4	6	34
老河口市	0.444 7	8	33	丹棱县	0.436 4	6	34
赤壁市	0.444 7	8	33	兴义市	0.436 4	6	34
浏阳市	0.436 4	9	34	西北地区			
武穴市	0.436 4	9	34	潼关县	0.772 4	1	6
新兴县	0.436 4	9	34	岐山县	0.772 4	1	6
兴宁市	0.436 4	9	34	彬州市	0.772 4	1	6
江陵县	0.436 4	9	34	蓝田县	0.772 4	1	6
罗定市	0.436 4	9	34	扶风县	0.772 4	1	6

续表

县级政府	标准化值	地区排名	全国排名	县级政府	标准化值	地区排名	全国排名
西北地区				华北地区			
靖边县	0.604 4	2	17	牙克石市	0.772 4	1	6
眉县	0.604 4	2	17	昌黎县	0.772 4	1	6
泾源县	0.604 4	2	17	沁水县	0.772 4	1	6
昌吉市	0.601 6	3	18	满洲里市	0.604 4	2	17
温泉县	0.601 6	3	18	河津市	0.604 4	2	17
凤翔县	0.526 9	4	25	开鲁县	0.601 6	3	18
武功县	0.526 9	4	25	永济市	0.526 9	4	25
大荔县	0.526 9	4	25	孝义市	0.436 4	5	34
三原县	0.436 4	5	34	侯马市	0.436 4	5	34
子长县	0.436 4	5	34	阳城县	0.436 4	5	34
周至县	0.436 4	5	34	东北地区			
和静县	0.436 4	5	34	鸡东县	0.604 4	1	17
迭部县	0.436 4	5	34	讷河市	0.601 6	2	18
华北地区				桦甸市	0.436 4	3	34
清徐县	0.772 4	1	6				

注：本表仅公布政务基本信息测度样本全国排名前 200 位（含并列排名）的县级政府，如需其他 837 个县级政务基本信息测度的标准化值及排名，请与本书编著单位联系

政务基本信息是政务公开的重要内容，是测度县级政府效率的主要指标，是县级政府应该公布的最简单、最基本的信息，其数据来自各县级政府网站公布的基本信息。分析表 5.10，可以得出以下两个结论。

第一，政务基本信息出现排名并列的县级政府很多。同时，本书暂时没有对外公开的排在全国前 200 位以后的其他县级政府的政务基本信息排名也出现大量并列现象。这既反映了各地县政府普遍重视政务基本信息公开工作，又表明各地推进基本政务信息公开进程大致相同。

第二，虽然我国县级政务基本信息测度结果较好，但却揭示了县级政府在基本政务信息公开方面存在的窘态。因为本书有关政务基本信息都是最简单、最基本的信息，来自 2017 年底或者 2018 年初在县级政府召开地方两会时由县级政府主要负责人、财政局长、发改委主任、统计局局长等在县级政府两会上向两会代表及委员所做的报告或者通报的数据，理论上应该全部及时在县级政府网站公开。换言之，这里的政务基本信息排名在全国 1 037 个县级政府中应该都是并列第 1，但是实际远非如此。因此，我国县级政府急需加强落实中央有关全面实行政务公开文件的要求。

因此，全面推行县级政务公开、提高县级政府工作透明度与执行力是建设廉洁效率型政府的重要选择。

5.3.6 县级政务时效分析

政务时效是政务公开的主要子因素，被赋予 0.20 的权重，包括政府办事时效 1 个指标。2018 年县级政务时效前 200 位的标准化值及排名，如表 5.11 所示。

表 5.11 2018 年县级政务时效前 200 位的标准化值及排名

县级政府	标准化值	地区排名	全国排名	县级政府	标准化值	地区排名	全国排名
华东地区				华东地区			
海门市	1.675 2	1	1	固镇县	1.675 2	1	1
如东县	1.675 2	1	1	昆山市	1.675 2	1	1
江阴市	1.675 2	1	1	常熟市	1.675 2	1	1
兰溪市	1.675 2	1	1	平阳县	1.675 2	1	1
高邮市	1.675 2	1	1	沛县	1.675 2	1	1
新沂市	1.675 2	1	1	平原县	1.675 2	1	1
歙县	1.675 2	1	1	庆云县	1.675 2	1	1
霍山县	1.675 2	1	1	淳安县	1.675 2	1	1
无为县	1.675 2	1	1	余姚市	1.675 2	1	1
建德市	1.675 2	1	1	五莲县	1.675 2	1	1
泰顺县	1.675 2	1	1	齐河县	1.675 2	1	1
武义县	1.675 2	1	1	郎溪县	1.675 2	1	1
灌云县	1.675 2	1	1	夏津县	1.675 2	1	1
太仓市	1.675 2	1	1	新昌县	1.675 2	1	1
海盐县	1.675 2	1	1	泗洪县	1.675 2	1	1
瑞安市	1.675 2	1	1	射阳县	1.675 2	1	1
永嘉县	1.675 2	1	1	长丰县	1.675 2	1	1
乐清市	1.675 2	1	1	凤阳县	1.675 2	1	1
武城县	1.675 2	1	1	寿光市	1.675 2	1	1
天长市	1.675 2	1	1	当涂县	1.675 2	1	1
枞阳县	1.675 2	1	1	来安县	1.675 2	1	1
五河县	1.675 2	1	1	明光市	1.675 2	1	1
广德县	1.675 2	1	1	青阳县	1.675 2	1	1

续表

县级政府	标准化值	地区排名	全国排名	县级政府	标准化值	地区排名	全国排名
华东地区				华东地区			
灌南县	1.675 2	1	1	铜鼓县	1.675 2	1	1
苍南县	1.675 2	1	1	新泰市	1.675 2	1	1
东明县	1.675 2	1	1	安福县	1.675 2	1	1
南城县	1.675 2	1	1	余江区	1.675 2	1	1
望江县	1.675 2	1	1	上高县	1.675 2	1	1
都昌县	1.675 2	1	1	共青城市	1.675 2	1	1
梁山县	1.675 2	1	1	永丰县	1.675 2	1	1
德安县	1.675 2	1	1	贵溪市	1.675 2	1	1
莒县	1.675 2	1	1	金湖县	1.675 2	1	1
东阿县	1.675 2	1	1	桐城市	1.675 2	1	1
宁津县	1.675 2	1	1	南丰县	1.675 2	1	1
宜黄县	1.675 2	1	1	兰陵县	1.675 2	1	1
沂水县	1.675 2	1	1	岱山县	0.321 2	2	2
临邑县	1.675 2	1	1	溧阳市	0.321 2	2	2
怀远县	1.675 2	1	1	如皋市	0.321 2	2	2
休宁县	1.675 2	1	1	中南地区			
昌乐县	1.675 2	1	1	遂溪县	1.675 2	1	1
莱西市	1.675 2	1	1	廉江市	1.675 2	1	1
滨海县	1.675 2	1	1	竹山县	1.675 2	1	1
广饶县	1.675 2	1	1	醴陵市	1.675 2	1	1
万年县	1.675 2	1	1	衡东县	1.675 2	1	1
泰宁县	1.675 2	1	1	琼海市	1.675 2	1	1
鱼台县	1.675 2	1	1	饶平县	1.675 2	1	1
高密市	1.675 2	1	1	随县	1.675 2	1	1
黟县	1.675 2	1	1	东兴市	1.675 2	1	1
泗阳县	1.675 2	1	1	龙川县	1.675 2	1	1
蓬莱市	1.675 2	1	1	岑溪市	1.675 2	1	1
汶上县	1.675 2	1	1	吴川市	1.675 2	1	1

续表

县级政府	标准化值	地区排名	全国排名	县级政府	标准化值	地区排名	全国排名
中南地区				中南地区			
苍梧县	1.675 2	1	1	洞口县	1.675 2	1	1
宜章县	1.675 2	1	1	叶县	1.675 2	1	1
新邵县	1.675 2	1	1	禹州市	1.675 2	1	1
津市市	1.675 2	1	1	灵宝市	1.675 2	1	1
连南瑶族自治县	1.675 2	1	1	安陆市	0.321 2	2	2
博罗县	1.675 2	1	1	蕲春县	0.321 2	2	2
雷州市	1.675 2	1	1	西南地区			
龙门县	1.675 2	1	1	青川县	1.675 2	1	1
海丰县	1.675 2	1	1	兴义市	1.675 2	1	1
桂平市	1.675 2	1	1	息烽县	1.675 2	1	1
灌阳县	1.675 2	1	1	阆中市	1.675 2	1	1
蒙山县	1.675 2	1	1	蒙自市	1.675 2	1	1
浦北县	1.675 2	1	1	三台县	1.675 2	1	1
藤县	1.675 2	1	1	天全县	1.675 2	1	1
开平市	1.675 2	1	1	夹江县	1.675 2	1	1
南澳县	1.675 2	1	1	石棉县	1.675 2	1	1
大冶市	1.675 2	1	1	峨眉山市	1.675 2	1	1
钟山县	1.675 2	1	1	安宁市	1.675 2	1	1
广宁县	1.675 2	1	1	渠县	1.675 2	1	1
临颍县	1.675 2	1	1	汉源县	1.675 2	1	1
松滋市	1.675 2	1	1	兴文县	1.675 2	1	1
普宁市	1.675 2	1	1	邛崃市	1.675 2	1	1
徐闻县	1.675 2	1	1	长宁县	1.675 2	1	1
南丹县	1.675 2	1	1	江油市	1.675 2	1	1
武陟县	1.675 2	1	1	荥经县	1.675 2	1	1
鄢陵县	1.675 2	1	1	玉屏侗族自治县	0.321 2	2	2
惠来县	1.675 2	1	1	贵定县	0.321 2	2	2
杞县	1.675 2	1	1	瓮安县	0.321 2	2	2

续表

县级政府	标准化值	地区排名	全国排名	县级政府	标准化值	地区排名	全国排名
西北地区				华北地区			
蓝田县	1.675 2	1	1	涉县	1.675 2	1	1
靖边县	1.675 2	1	1	卢龙县	1.675 2	1	1
大荔县	1.675 2	1	1	迁安市	1.675 2	1	1
志丹县	1.675 2	1	1	锡林浩特市	1.675 2	1	1
凤县	1.675 2	1	1	榆社县	1.675 2	1	1
千阳县	1.675 2	1	1	涿州市	1.675 2	1	1
黄陵县	1.675 2	1	1	左云县	1.675 2	1	1
黄龙县	1.675 2	1	1	河津市	0.321 2	2	2
乾县	1.675 2	1	1	东北地区			
神木市	1.675 2	1	1	鸡东县	1.675 2	1	1
青铜峡市	1.675 2	1	1	柳河县	1.675 2	1	1
临泽县	1.675 2	1	1	虎林市	1.675 2	1	1
拜城县	1.675 2	1	1	乾安县	1.675 2	1	1
博乐市	1.675 2	1	1	图们市	1.675 2	1	1
玛纳斯县	1.675 2	1	1	东辽县	1.675 2	1	1
平罗县	1.675 2	1	1	塔河县	1.675 2	1	1
托克逊县	1.675 2	1	1	桓仁满族自治县	1.675 2	1	1
彬州市	0.321 2	2	2	西丰县	1.675 2	1	1
华北地区				集贤县	1.675 2	1	1
孝义市	1.675 2	1	1	依兰县	1.675 2	1	1
阳城县	1.675 2	1	1	抚松县	1.675 2	1	1
苏尼特右旗	1.675 2	1	1	安达市	1.675 2	1	1
乌兰浩特市	1.675 2	1	1	桦甸市	0.321 2	2	2

注：本表仅公布政务时效测度样本中全国排名前 200 强（含并列排名）的县级政府，如需其他 837 个县级政务时效测度的标准化值及排名，请与本书编著单位联系

政务时效是县级政府网上回应公众咨询及居民办事的时效，是居民或企业所体验的政府服务质量与效果，直接体现县级政府效率。分析表 5.11，我国县级政务时效 200 强分布具有以下 2 个特点。

第一，排名并列的县级政府很多。例如，新沂市、沛县等 189 个县级政府并列第 1；

同时，其他不少县级政府也出现排名并列现象。这既反映了各地县级政府普遍重视提升政务时效，又反映了各县级政府提升政务时效的效果及节奏相似。

第二，我国县级政务时效测度结果虽然较好，但从侧面揭示了我国县级政府在改进政务时效方面存在的严重局限。因为有关政务时效只是反映了县级政府最简单的、最近网上咨询及网上办事回应时间，本应在各自政府网站上全部公开。也就是说，全国 1 037 个县级政府的政务时效测度结果理论上都应并列第 1。但是，截至 2018 年 5 月底，我国仅有少数县级政府在其网站上初步公开了最近的、最简单的网上咨询及网上办事办结时点。

不难看出，我国县级政府落实中央有关政务公开文件绩效较差，成为制约县级政府效率的障碍。只有不断提升政务时效、落实政务公开，才能建立阳光型政府、提升县级政府效率。

第 6 章　2018 年中国扶贫效率“百高贫困县”

测度贫困县政府扶贫效率不但需要考量相关政府扶贫过程的质量与效率，如精准扶贫、扶贫服务，而且需要评价相关政府扶贫成效。由于扶贫效率涉及内容广且难以量化，所以 2018 年贫困县扶贫效率测度指标体系是基于扶贫效率内涵、兼顾扶贫过程与扶贫成效、结合定性与定量指标的测度结果。其中，2018 年贫困县政府扶贫效率测度指标体系及权重、指标数据来源及处理说明、测度样本参考附录 1.4、附录 2.4、附录 3.4。

6.1　2018 年“百高贫困县”扶贫效率分析

2018 年扶贫效率测度样本包括我国 434 个具有代表性的国家级贫困县政府，但是不包含数据收集截止日期已脱贫的贫困县政府。为了相互学习与借鉴，本书仅公布扶贫效率测度结果排名前 100 位的贫困县政府，即扶贫效率“百高贫困县”，并按照华东、中南、西南、西北、华北、东北等六大地区予以分析。

借鉴有关地方政府效率测度思路与方法，本书测度贫困县政府扶贫效率。2018 年扶贫效率“百高贫困县”的标准化值及排名，如表 6.1 所示。

表 6.1　2018 年扶贫效率“百高贫困县”的标准化值及排名

贫困县	标准化值	地区排名	全国排名	贫困县	标准化值	地区排名	全国排名
华东地区				华东地区			
霍邱县	0.883 1	1	5	萧县	0.340 6	7	42
金寨县	0.850 4	2	6	石台县	0.305 9	8	54
舒城县	0.545 3	3	11	万安县	0.291 9	9	59
临泉县	0.404 8	4	23	遂川县	0.275 4	10	63
泗县	0.400 5	5	27	砀山县	0.253 9	11	67
颍上县	0.375 8	6	34	宿松县	0.225 8	12	81

续表

贫困县	标准化值	地区排名	全国排名	贫困县	标准化值	地区排名	全国排名
华东地区				西南地区			
潜山县	0.183 8	13	95	三穗县	0.544 8	3	12
太湖县	0.182 5	14	96	盘州市	0.437 7	4	16
颍东区	0.171 0	15	100	雷山县	0.408 5	5	21
中南地区				昌宁县	0.406 0	6	22
忻城县	0.432 9	1	17	锦屏县	0.401 6	7	25
潢川县	0.432 9	2	18	天柱县	0.350 5	8	38
宁明县	0.392 9	3	28	叙永县	0.345 1	9	40
靖西市	0.383 3	4	31	奉节县	0.334 0	10	44
马山县	0.383 1	5	32	永胜县	0.321 3	11	47
乐业县	0.382 5	6	33	九寨沟县	0.315 5	12	51
竹山县	0.366 9	7	35	曲水县	0.302 1	13	57
孝昌县	0.362 2	8	37	印江县	0.273 7	14	64
环江县	0.310 6	9	52	康定市	0.258 7	15	65
柘城县	0.308 4	10	53	剑阁县	0.256 5	16	66
栾川县	0.302 2	11	56	独山县	0.249 8	17	72
宣恩县	0.287 4	12	60	丹寨县	0.245 3	18	74
竹溪县	0.234 8	13	77	施秉县	0.242 5	19	76
罗田县	0.231 9	14	78	万源市	0.228 1	20	80
融安县	0.230 3	15	79	双柏县	0.213 9	21	84
巴马县	0.212 2	16	85	金川县	0.203 8	22	89
泸溪县	0.188 5	17	90	越西县	0.186 7	23	93
保亭县	0.188 2	18	91	平昌县	0.185 2	24	94
德保县	0.187 7	19	92	西北地区			
琼中县	0.181 3	20	97	宁县	1.301 4	1	2
利川市	0.173 4	21	99	莎车县	0.959 7	2	4
西南地区				祁连县	0.818 6	3	7
甘洛县	2.221 6	1	1	略阳县	0.606 7	4	9
堆龙德庆区	1.231 0	2	3	旬邑县	0.557 9	5	10

续表

贫困县	标准化值	地区排名	全国排名	贫困县	标准化值	地区排名	全国排名
西北地区				西北地区			
洋县	0.491 8	6	13	静宁县	0.251 8	24	68
西乡县	0.444 6	7	14	彭阳县	0.251 2	25	70
白水县	0.443 3	8	15	庄浪县	0.251 1	26	71
澄城县	0.410 1	9	20	镇坪县	0.246 4	27	73
民和县	0.404 3	10	24	阿克陶县	0.242 8	28	75
平利县	0.400 6	11	26	汉阴县	0.218 0	29	82
英吉沙县	0.389 2	12	29	武山县	0.215 1	30	83
蒲城县	0.388 9	13	30	吴堡县	0.208 6	31	87
镇巴县	0.366 1	14	36	子洲县	0.208 3	32	88
永寿县	0.343 6	15	41	和政县	0.174 3	33	98
宜君县	0.332 6	16	45	华北地区			
洛南县	0.329 0	17	46	青龙县	0.731 0	1	8
镇原县	0.317 2	18	49	灵寿县	0.432 3	2	19
镇安县	0.315 6	19	50	临城县	0.348 8	3	39
宜川县	0.302 6	20	55	阿尔山市	0.338 8	4	43
耀州区	0.295 3	21	58	巨鹿县	0.318 7	5	48
勉县	0.285 3	22	61	怀安县	0.251 7	6	69
山阳县	0.276 3	23	62	承德县	0.212 2	7	86

注：本表仅公布政府扶贫效率 434 个样本中全国排名前 100 位的贫困县，如需其他 334 个贫困县政府扶贫效率测度的标准化值及排名，请与本书编著单位联系

分析表 6.1，我国贫困县政府扶贫效率前 100 位分布具有以下 3 个特征。

第一，区域之间扶贫效率差异明显。从各区域扶贫效率全国前 100 强数量占比的高低排列来看，我国贫困县政府扶贫效率呈现“华东—西北—中南—西南—华北—东北”的分布趋势。其中，华东、西北地区贫困县政府扶贫效率明显高于其他地区。扶贫效率排名前 100 位的贫困县中，华东地区有 15 个贫困县，约占华东地区 32 个贫困县样本的 47%；西北地区有 33 个贫困县，约占西北地区 98 个贫困县样本的 34%；中南地区有 21 个贫困县，约占中南地区 103 个贫困县样本的 20%；西南地区有 24 个贫困县，约占西南地区 122 个贫困县样本的 20%；华北地区有 7 个贫困县，约占华北地区 62 个贫困县样本的 11%；东北地区 17 个贫困县样本没有进入前 100 位。

第二，西部少数贫困县政府扶贫效率水平极高，不但高于本地区其他贫困县，而且高于中东部绝大多数贫困县。例如，扶贫效率排名前 5 位的贫困县中，西南地区的甘洛

县、西北地区的宁县、西南地区的拉萨市堆龙德庆区、西北地区的莎车县分别位居全国第 1、第 2、第 3、第 4，表现非凡，高于华东、中南等地区的所有贫困县排名。其中，甘洛县政府由于积极落实“精准扶贫”，多措并举，扶贫效率高居全国贫困县政府扶贫效率榜首。同时，宁县、拉萨市堆龙德庆区、莎车县等在脱贫攻坚中提升扶贫效率的有效经验也值得其他贫困县借鉴。

第三，贫困县政府扶贫效率排名与县域经济社会发展水平之间具有正相关性。透过贫困县扶贫效率排名高低的区域分布数量，不难发现，政府扶贫效率较高（即全国排名靠前）的贫困县政府，其县域经济社会发展水平也较高；县域经济社会发展水平较高的地区，其贫困县政府扶贫效率也较高。因此，促进县域经济社会发展有助于提高贫困县政府精准扶贫质量及扶贫效率，提高政府扶贫效率有助于加快当地经济社会发展。换言之，加快贫困地区经济社会发展与提高贫困县政府扶贫效率两者之间互相依赖、相辅相成。

6.2 2018 年“百高贫困县”精准扶贫分析

6.2.1 “百高贫困县”精准扶贫简介

精准扶贫是测度政府扶贫效率的重要因素，被赋予 0.45 权重，下设 6 个定性指标，分别是：建档立卡及效果、领导重视及效果、帮扶组织及效果、帮扶措施及效果、管理活动、管理效果。该指标情况、数据来源及处理说明见附录 1.4、附录 2.4。

6.2.2 “百高贫困县”精准扶贫分析

2018 年贫困县政府精准扶贫前 100 位的标准化值及排名，如表 6.2 所示。

表 6.2 2018 年贫困县政府精准扶贫前 100 位的标准化值及排名

贫困县	标准化值	地区排名	全国排名	贫困县	标准化值	地区排名	全国排名
华东地区				华东地区			
泗县	1.116 1	1	4	砀山县	0.485 0	9	57
临泉县	1.026 0	2	8	遂川县	0.436 6	10	61
舒城县	0.910 9	3	12	太湖县	0.375 5	11	70
萧县	0.910 9	3	12	霍邱县	0.374 4	12	71
颍上县	0.762 6	4	18	金寨县	0.361 0	13	76
万安县	0.732 3	5	23	阜南县	0.361 0	13	76
宿松县	0.722 8	6	26	中南地区			
石台县	0.683 0	7	34	巴马县	1.065 5	1	6
潜山县	0.534 7	8	48	竹山县	1.040 5	2	7

续表

贫困县	标准化值	地区排名	全国排名	贫困县	标准化值	地区排名	全国排名
中南地区				西南地区			
宣恩县	0.896 4	3	13	万源市	0.718 5	5	27
孝昌县	0.891 8	4	14	九寨沟县	0.708 0	6	29
靖西市	0.841 8	5	16	印江县	0.707 0	7	30
马山县	0.730 9	6	24	思南县	0.697 8	8	31
泸溪县	0.718 5	7	27	越西县	0.588 9	9	38
栾川县	0.717 5	8	28	三都县	0.574 4	10	41
潢川县	0.697 4	9	32	苍溪县	0.563 9	11	43
柘城县	0.692 2	10	33	康定市	0.553 4	12	44
忻城县	0.602 3	11	37	施秉县	0.549 4	13	45
隆回县	0.578 4	12	39	丹寨县	0.538 9	14	46
郧西县	0.563 9	13	43	雷山县	0.517 5	15	51
竹溪县	0.549 4	14	45	昌宁县	0.455 1	16	58
环江县	0.538 6	15	47	天柱县	0.382 6	17	66
那坡县	0.533 3	16	49	麻江县	0.378 7	18	68
宁明县	0.508 0	17	52	平昌县	0.375 5	19	70
琼中县	0.505 1	18	54	甘洛县	0.361 0	20	76
鲁山县	0.493 5	19	56	砚山县	0.361 0	20	76
秭归县	0.438 6	20	60	平武县	0.361 0	20	76
房县	0.428 4	21	62	禄劝县	0.360 0	21	77
确山县	0.410 3	22	63	西北地区			
通道县	0.404 7	23	64	旬邑县	1.253 9	1	1
太康县	0.365 3	24	74	略阳县	1.252 6	2	2
西南地区				西乡县	0.950 7	3	9
三穗县	1.065 5	1	6	洋县	0.925 7	4	10
锦屏县	0.921 4	2	11	白水县	0.921 4	5	11
永胜县	0.921 4	2	11	静宁县	0.777 0	6	17
盘州市	0.881 6	3	15	镇安县	0.747 8	7	19
叙永县	0.746 7	4	20	澄城县	0.737 6	8	21

续表

贫困县	标准化值	地区排名	全国排名	贫困县	标准化值	地区排名	全国排名
西北地区				西北地区			
庄浪县	0.736 2	9	22	洛南县	0.367 3	23	73
永寿县	0.727 0	10	25	太白县	0.363 9	24	75
平利县	0.722 8	11	26	山阳县	0.350 5	25	78
宜君县	0.708 0	12	29	华北地区			
镇巴县	0.683 0	13	34	青龙县	1.214 1	1	3
彭阳县	0.668 2	14	36	灵寿县	1.093 7	2	5
蒲城县	0.563 9	15	43	代县	0.707 0	3	30
勉县	0.538 6	16	47	怀安县	0.683 0	4	34
泾源县	0.538 6	16	47	巨鹿县	0.677 7	5	35
子洲县	0.506 9	17	53	临城县	0.578 3	6	40
吴堡县	0.443 2	18	59	四子王旗	0.565 9	7	42
镇坪县	0.390 2	19	65	浑源县	0.524 1	8	50
丹凤县	0.379 7	20	67	康保县	0.494 6	9	55
陇西县	0.375 8	21	69	张北县	0.379 7	10	67
通渭县	0.375 5	22	70	敖汉旗	0.367 6	11	72

注：本表仅公布精准扶贫434个样本中全国排名前100位的贫困县，如需其他334个贫困县政府精准扶贫测度的标准化值及排名，请与本书编著单位联系

精准扶贫为定性指标，涉及面广，重点考查贫困县政府精准扶贫过程的质量与效率，是体现政府扶贫效率的重要指标，被赋予0.45权重。分析表6.2，2018年我国贫困县政府精准扶贫前100位分布具有以下3个明显特征。

第一，我国六大地区贫困县政府精准扶贫存在明显差异。从贫困县政府精准扶贫全国排名前100位的区域分布数量及比例看，华东地区贫困县精准扶贫水平远超其他5个地区，而华北、东北地区贫困县精准扶贫水平则明显落后。精准扶贫排名前100位的贫困县中，华东地区有15个贫困县，约占华东地区32个贫困县样本的47%；中南地区有24个贫困县，约占中南地区103个贫困县样本的23%；西南地区有24个贫困县，约占西南地区122个贫困县样本的20%；西北地区有26个贫困县，约占西北地区98个贫困县样本的27%；华北地区有11个贫困县，约占华北地区62个贫困县样本的18%；东北地区精准扶贫表现不佳，17个贫困县样本均未进入全国前100位。

第二，我国绝大多数地区的贫困县精准扶贫业绩突出。例如，精准扶贫排名全国前50位的贫困县中，既有华东地区的泗县、临泉县等9个，又有中南地区的巴马县、竹山县等16个，有西南地区的三穗县、锦屏县等15个，有西北地区的旬邑县、略阳县等17

个，还有华北地区的青龙县、灵寿县等 8 个。

第三，西部地区的少数贫困县精准扶贫水平极高，远超其他贫困县。例如，西北地区旬邑县和略阳县的精准扶贫测度结果不仅在西北地区分别排名第 1、第 2，在全国也分别排名第 1、第 2，远高于其他贫困县。因此，认真吸取西部这些贫困县精准扶贫典型实践的经验，不仅有助于提升贫困县政府精准扶贫的质量，而且有助于提高贫困县政府扶贫效率。

因此，学习借鉴精准扶贫典型经验，更好实施精准扶贫，重视缩小各地精准扶贫差异，能够提高贫困县政府扶贫效率，确保贫困县如期实现全面脱贫目标。

6.3 2018 年“百高贫困县”扶贫服务分析

6.3.1 “百高贫困县”扶贫服务简介

扶贫服务是测度贫困县政府扶贫效率的又一重要因素，下设 3 个定量指标，即教育支出占地方一般公共预算支出比例、医疗卫生支出占地方一般公共预算支出比例、社保和就业支出占地方一般公共预算支出比例。该因素所含指标虽然数量不多，但却是反映政府扶贫效率的重要内容，被赋予 0.15 权重。

6.3.2 “百高贫困县”扶贫服务分析

2018 年贫困县政府扶贫服务前 100 位的标准化值及排名，如表 6.3 所示。

表 6.3 2018 年贫困县政府扶贫服务前 100 位的标准化值及排名

贫困县	标准化值	地区排名	全国排名	贫困县	标准化值	地区排名	全国排名
华东地区				华东地区			
霍邱县	5.447 6	1	5	寿县	0.063 5	11	68
金寨县	5.223 2	2	6	宁都县	0.060 8	12	72
舒城县	0.520 5	3	23	遂川县	0.057 6	13	73
石台县	0.280 1	4	34	砀山县	0.047 6	14	78
兴国县	0.187 0	5	41	阜南县	0.042 2	15	81
利辛县	0.183 0	6	42	鄱阳县	0.024 5	16	88
临泉县	0.149 7	7	46	余干县	0.024 1	17	89
太湖县	0.146 6	8	47	中南地区			
会昌县	0.127 5	9	53	社旗县	0.955 7	1	13
颍东区	0.126 7	10	55	宁陵县	0.591 8	2	19

续表

贫困县	标准化值	地区排名	全国排名	贫困县	标准化值	地区排名	全国排名
中南地区				西南地区			
睢县	0.291 8	3	32	宁蒗县	0.331 4	10	30
上蔡县	0.288 3	4	33	剑阁县	0.324 1	11	31
民权县	0.220 3	5	36	富源县	0.188 7	12	40
商城县	0.108 8	6	57	雷山县	0.176 4	13	43
汝阳县	0.093 8	7	59	三穗县	0.165 8	14	45
平舆县	0.083 6	8	61	叙永县	0.126 9	15	54
英山县	0.075 1	9	64	鲁甸县	0.106 5	16	58
沅陵县	0.064 3	10	66	广南县	0.084 2	17	60
南召县	0.063 9	11	67	宣威市	0.079 2	18	62
阳新县	0.063 1	12	70	威宁县	0.049 7	19	77
太康县	0.061 7	13	71	巧家县	0.038 6	20	83
柘城县	0.050 5	14	76	永善县	0.024 9	21	86
范县	0.032 7	15	84	麻栗坡县	0.005 8	22	95
邵阳县	0.030 3	16	85	独山县	0.002 4	23	96
淮阳县	0.024 6	17	87	丘北县	−0.002 1	24	99
融水县	0.022 3	18	90	道真县	−0.002 5	25	100
台前县	0.017 9	19	91	西北地区			
利川市	0.000 4	20	98	宁县	8.749 4	1	1
西南地区				莎车县	7.725 0	2	2
甘洛县	7.522 8	1	3	英吉沙县	5.511 3	3	4
曲水县	2.531 2	2	8	祁连县	4.769 0	4	7
天柱县	1.760 2	3	10	耀州区	1.293 9	5	11
镇宁县	1.031 6	4	12	商州区	0.829 3	6	15
师宗县	0.890 5	5	14	叶城县	0.630 4	7	18
堆龙德庆区	0.744 9	6	16	和政县	0.541 3	8	22
威信县	0.657 0	7	17	乌什县	0.440 4	9	26
赫章县	0.486 6	8	24	秦安县	0.424 6	10	27
锦屏县	0.478 7	9	25	洛南县	0.414 6	11	28

续表

贫困县	标准化值	地区排名	全国排名	贫困县	标准化值	地区排名	全国排名
西北地区				西北地区			
宜君县	0.269 5	12	35	宁强县	0.000 9	27	97
甘谷县	0.197 4	13	37	华北地区			
湟中县	0.195 6	14	38	阳高县	2.390 3	1	9
庄浪县	0.188 9	15	39	赞皇县	0.564 8	2	21
皮山县	0.175 1	16	44	浑源县	0.134 6	3	49
石泉县	0.139 7	17	48	化德县	0.130 4	4	51
西乡县	0.130 3	18	52	大名县	0.078 6	5	63
镇原县	0.119 5	19	56	兴和县	0.055 2	6	74
汉滨区	0.064 3	20	65	五台县	0.046 2	7	79
澄城县	0.063 3	21	69	巨鹿县	0.012 1	8	93
平利县	0.053 9	22	75	东北地区			
武山县	0.044 0	23	80	大安市	0.577 7	1	20
洛浦县	0.039 7	24	82	龙江县	0.404 5	2	29
灵台县	0.012 5	25	92	海伦市	0.132 1	3	50
富平县	0.007 7	26	94				

注：本表仅公布扶贫服务全国 434 个样本中排名前 100 位的贫困县，如需其他 334 个贫困县政府扶贫服务测度的标准化值及排名，请与本书编著单位联系

扶贫服务是反映贫困县政府扶贫效率的定量指标。分析表 6.3，不难看出我国贫困县扶贫服务前 100 位分布数量具有以下 2 个特点。

第一，我国六大地区贫困县政府扶贫服务水平较高，特别是西南、西北地区表现突出。在扶贫服务测度全国排名前 30 位的贫困县样本中，西南地区有甘洛县、曲水县等 10 个贫困县，西北地区有宁县、莎车县等 11 个贫困县，华东地区有霍邱县等 3 个贫困县，中南地区有社旗县和宁陵县 2 个贫困县，华北地区有阳高县和赞皇县 2 个贫困县，东北地区有大安市和龙江县 2 个贫困县。

第二，贫困县政府扶贫服务排名与扶贫效率排名的区域分布状况基本一致，即从贫困县政府扶贫服务全国前 100 位的区域分布数量及比例由高到低排列来看，基本都呈现“华东—西北—中南—西南—东北—华北”的趋势。扶贫服务排名前 100 位的贫困县中，华东地区有 17 个贫困县，约占华东地区 32 个贫困县样本的 53%；西北地区有 27 个贫困县，约占西北地区 98 个贫困县样本的 28%；中南地区有 20 个贫困县，约占中南地区 103 个贫困县样本的 19%；西南地区有 25 个贫困县，约占西南地区 122 个贫困县样本的 20%；东北地区有 3 个贫困县，约占东北地区 17 个贫困县样本的 18%；华北地区有 8 个

贫困县，约占华北地区 62 个贫困县样本的 13%。扶贫服务质量与水平直接影响我国贫困县政府扶贫效率，因此，积极改善扶贫服务将有助于提升贫困县政府扶贫效率。

6.4 2018 年“百高贫困县”扶贫成效分析

6.4.1 “百高贫困县”扶贫成效简介

扶贫成效也是评估贫困县政府扶贫效率的重要因素，被赋予 0.40 权重，包括 7 个定量指标及 1 个定性指标，即已脱贫人数占总人口的比例、城镇居民人均可支配收入、农村居民人均可支配收入、城乡居民可支配收入差距、城镇新增就业、新增农村转移劳动力、城镇登记失业率、预计脱贫时间。

6.4.2 “百高贫困县”扶贫成效分析

2018 年贫困县政府扶贫成效前 100 位的标准化值及排名，如表 6.4 所示。

表 6.4 2018 年贫困县政府扶贫成效前 100 位的标准化值及排名

贫困县	标准化值	地区排名	全国排名	贫困县	标准化值	地区排名	全国排名
华东地区				中南地区			
鄱阳县	0.415 2	1	38	忻城县	0.424 5	11	35
颍上县	0.371 8	2	44	罗田县	0.422 4	12	36
乐安县	0.194 7	3	87	潢川县	0.311 0	13	56
修水县	0.187 8	4	90	融安县	0.303 3	14	57
遂川县	0.175 7	5	98	西林县	0.283 0	15	62
中南地区				富川县	0.263 1	16	69
五指山市	0.727 7	1	8	环江县	0.251 5	17	71
乐业县	0.606 4	2	14	固始县	0.234 1	18	76
英山县	0.595 5	3	15	金秀县	0.230 7	19	77
郧阳区	0.557 0	4	18	马山县	0.212 7	20	82
白沙县	0.542 8	5	20	田东县	0.191 5	21	89
保亭县	0.484 2	6	25	西南地区			
临高县	0.475 4	7	27	堆龙德庆区	3.649 6	1	1
宁明县	0.453 9	8	31	甘洛县	2.326 8	2	2
利川市	0.452 1	9	33	当雄县	0.913 2	3	3
龙胜县	0.447 4	10	34	尼木县	0.802 8	4	6

续表

贫困县	标准化值	地区排名	全国排名	贫困县	标准化值	地区排名	全国排名
西南地区				西北地区			
奉节县	0.685 4	5	10	湟中县	0.855 5	2	5
色达县	0.684 4	6	11	民和县	0.756 9	3	7
昌宁县	0.548 8	7	19	阿克陶县	0.688 3	4	9
剑阁县	0.500 6	8	23	循化县	0.659 6	5	13
宣威市	0.453 3	9	32	镇原县	0.520 8	6	21
双柏县	0.419 1	10	37	富平县	0.507 2	7	22
独山县	0.408 0	11	39	祁连县	0.477 8	8	26
通江县	0.389 8	12	40	和政县	0.463 3	9	29
小金县	0.379 0	13	41	宜川县	0.460 7	10	30
曲水县	0.378 7	14	42	阿图什市	0.354 7	11	46
雷山县	0.373 0	15	43	刚察县	0.352 5	12	47
巧家县	0.359 3	16	45	蒲城县	0.347 5	13	48
石柱县	0.341 2	17	49	环县	0.333 5	14	51
黑水县	0.335 6	18	50	武山县	0.326 8	15	54
威信县	0.332 7	19	52	山阳县	0.312 8	16	55
南华县	0.328 9	20	53	清涧县	0.294 7	17	59
南涧县	0.288 7	21	61	洛浦县	0.291 4	18	60
开州区	0.281 5	22	64	尼勒克县	0.282 7	19	63
金川县	0.278 0	23	66	湟源县	0.280 6	20	65
城口县	0.270 8	24	68	陇县	0.276 1	21	67
普格县	0.248 5	25	72	洛南县	0.254 0	22	70
旺苍县	0.247 4	26	73	玛多县	0.247 4	23	74
彭水县	0.220 7	27	79	耀州区	0.222 0	24	78
九寨沟县	0.219 7	28	80	洋县	0.211 3	25	83
康定市	0.178 5	29	94	延川县	0.202 4	26	84
盘州市	0.177 5	30	96	吴堡县	0.198 0	27	85
西北地区				镇坪县	0.196 7	28	86
于田县	0.891 8	1	4	留坝县	0.191 9	29	88

续表

贫困县	标准化值	地区排名	全国排名	贫困县	标准化值	地区排名	全国排名
西北地区				华北地区			
白水县	0.182 6	30	91	大名县	0.499 2	4	24
汉阴县	0.178 8	31	93	青龙县	0.471 8	5	28
商州区	0.177 9	32	95	临城县	0.296 2	6	58
略阳县	0.174 0	33	99	科尔沁左翼中旗	0.244 3	7	75
澄城县	0.171 8	34	100	太仆寺旗	0.182 3	8	92
华北地区				阜平县	0.177 5	9	97
阿尔山市	0.676 5	1	12	东北地区			
承德县	0.589 0	2	16	和龙市	0.214 4	1	81
新河县	0.570 7	3	17				

注：本表仅列举扶贫成效全国434个样本中排名前100位的贫困县，如需其他334个贫困县政府扶贫成效测度的标准化值及排名，请与本书编著单位联系

扶贫成效直接体现了贫困县政府扶贫工作效果及扶贫效率，是测度贫困县政府扶贫效率的主要指标。表6.4反映了我国贫困县政府扶贫成效前100位分布的3个特征。

第一，西南、西北地区贫困县扶贫成效表现可圈可点，明显优于其他地区。扶贫成效测度全国排名前5强的贫困县中，西南地区的堆龙德庆区、甘洛县、当雄县分别位居第1、第2、第3。扶贫成效测度全国排名前100位的贫困县中，西北地区有34个贫困县，约占西北地区98个贫困县样本的35%，位居我国六大地区之首。因此，西南、西北地区扶贫成效显著，充分借鉴西北地区贫困县政府扶贫成效提升的相关经验，有助于提高我国贫困县扶贫成效的整体水平。

第二，东北地区只有和龙市进入了扶贫成效前100位榜单，但排名靠后。这表明东北地区贫困县扶贫成效不高，与其他地区差距较大。这可能直接影响贫困县政府扶贫效率，不利于当地实现全面脱贫目标。东北地区的这一现象值得深思。

第三，除东北地区外，我国大多数地区贫困县政府扶贫成效较高，其中西北、华东、中南、华北、西南地区扶贫成效整体水平相当。例如，扶贫成效测度排名前100位的贫困县中，西北地区有34个贫困县，约占西北地区98个贫困县样本的35%；华东地区有鄱阳县等5个贫困县，约占华东地区32个贫困县样本的16%；中南地区有五指山市等21个贫困县，约占中南地区103个贫困县样本的20%；华北地区有阿尔山市等9个贫困县，约占华北地区62个贫困县样本的15%；西南地区有堆龙德庆区等30个贫困县，约占西南地区122个贫困县样本的25%。

由此可见，我国各地贫困县政府统筹推进脱贫攻坚工作效果较好，绝大多数地区的贫困县政府扶贫成效较高。

第7章　2018年中国地方政府效率提升经验与措施

提升地方政府效率的经验与措施来自我国少数省级、地级市、县级政府、贫困县政府提升效率的典型实践，主要指上海市、广东省，深圳市、南昌市，太仓市、满洲里市，舒城县和洋县等有效提升政府效率的经验与举措。在此予以简述以便相互借鉴，从而更好地推动我国地方政府效率研究理论与实践变迁。本章相关资料来源来自截至2018年5月底的各地方政府官方网站发布的2018年相关地方政府工作报告、预决算报告、统计公报及官方媒体报道等。

7.1　省级政府效率提升经验与措施

7.1.1　上海市提升政府效率的经验与措施

研究表明，上海市政府效率表现优异，始终位列全国省级政府效率前茅。2018年，该市政府效率稳步提升、表现卓越，从2017年全国第3名晋级到2018年全国第1名。其晋级的直接原因在于该市政府效率测度因素继续保持稳中求升的良好态势。例如，2018年上海市政府规模排名从全国第5上升至全国第1；居民经济福利、政府公共服务等测度因素连续保持领先，分别稳居全国第2名、第6名；政务公开则从2017年的全国第27名大幅攀升至2018年的第5名（表7.1）。

表7.1　2017~2018年上海市政府效率及测度因素排名

指标	政府效率标准化值及排名		测度因素排名			
			政府公共服务	政府规模	居民经济福利	政务公开
权重	1		0.60	0.15	0.10	0.15
名称	标准化值	排名	排名	排名	排名	排名
全国排名（2017年）	0.382 5	3	3	5	2	27
全国排名（2018年）	0.920 1	1	6	1	2	5

资料来源：《2017中国地方政府效率研究报告》

上海市政府效率的上佳表现，离不开该市在提高居民经济福利、建设阳光政务、实现政务公开等方面采取的有效举措，主要表现在以下三方面。

第一，建设阳光政务、实现政务公开。上海市政府政务公开排名由 2017 年的第 27 名大幅攀升至 2018 年的第 5 名，取得了跨越式进步。全面推进政务公开，让权力在阳光下运行，是增强政府工作透明度的重要手段，是推进政府职能转变的关键抓手，是贯彻落实全面从严治党要求和发展社会主义民主政治的重要内容。上海市 2017 年 5 月发布《上海市委办公厅、上海市人民政府办公厅印发〈关于全面推进政务公开工作的实施意见〉的通知》，指出要从 6 个方向入手，全面推进上海阳光政务贯彻落实，这 6 个方向分别是抓好权力运行全流程公开、深化管理服务和重点工作公开、加强政府与民众互动、规范完善公开制度体系、融合优化公开平台和渠道、切实加强政务公开的组织领导[34]。

第二，持续实施居民收入增长目标，重视改善居民经济福利。表 7.1 指出，上海市居民经济福利连续两年保持全国第 2 的好成绩，来之不易，其主要得益于该市持续实施的两项居民收入提升措施。一是更大力度地保障和改善民生。完善就业创业服务体系，帮扶 10.8 万名就业困难群众实现就业。完善社会保障体系，128 万名镇保参保人员和 478.8 万名来沪从业人员加入职保，覆盖低保、低收入、支出型贫困家庭的梯度救助体系基本形成。二是深入推进城乡发展一体化。大力推动基本公共服务均等化，居民养老保险、医疗保险、低保等基本保障制度实现城乡统一，350 多万名群众受益。扎实推进新型城镇化和美丽乡村建设，完成涉及 30 万户的村庄改造、27 万户农村生活污水设施改造[35]。

第三，深入推进“放管服”改革，不断优化政府规模。上海市政府规模排名由 2017 年的全国第 5 名跃居至 2018 年的第 1 名，在继续保持领先优势下取得了进一步提升。这与上海市 2016 年来持续推进简政放权、强化政府监管、优化政府服务息息相关。上海市在 2017 年推出了以“三个一批”改革为抓手的“简政放权、放管结合、优化服务”的重大改革举措，要求政府机关和工作人员在改革中敢于刀刃向内。《2017 年上海市深化简政放权放管结合优化服务改革工作方案》指出，上海市围绕为促进就业创业降门槛、为各类市场主体减负担、为激发有效投资拓空间、为公平营商创条件、为群众办事生活增便利等目标，优化了政府规模，提高了政府服务效率[36]。

7.1.2 广东省提升政府效率的经验与措施

研究表明，广东省政府效率表现稳定，始终位于全国省级政府效率排行榜前列。2018 年，该省政府效率表现稳定、位于全国第 4，2017~2018 年该省政府效率排名始终位于全国前 5 名。其直接原因在于该省政府效率测度因素持续保持稳定的良好态势。2017 年及 2018 年其政府公共服务排名均位于全国前 3 名；居民经济福利、政府规模等测度因素连续保持稳定，均稳居全国前 10 名；政务公开则连续两年稳居全国前 5 位（表 7.2）。

表 7.2 2017~2018 年广东省政府效率及测度因素排名

指标	政府效率标准化值及排名		测度因素排名			
			政府公共服务	政府规模	居民经济福利	政务公开
权重	1		0.60	0.15	0.10	0.15
名称	标准化值	排名	排名	排名	排名	排名
全国排名（2017 年）	0.611 7	2	1	2	5	2
全国排名（2018 年）	0.339 1	4	2	10	5	5

资料来源：《2017 中国地方政府效率研究报告》

广东省政府效率的稳定表现，得益于该省近年来在优化公共服务、提高居民经济福利、建设阳光政务、实现政务公开等方面采取的有效举措及经验，主要表现在以下三方面。

第一，大力优化公共服务，打造最佳服务型政府。2016 年来，广东省更加注重公共服务，民生改善成效明显。首先，广东省不断提升科教文卫服务水平。2013 年来，广东省坚持把创新驱动发展作为核心战略和总抓手，启动并扎实推进国家科技产业创新中心和珠三角国家自主创新示范区建设，区域创新综合能力排名跃居全国第一。2017 年全省研发经费支出从 1 236 亿元增加至超过 2 300 亿元，居全国第一，占地区生产总值比重从 2.17%提高到 2.65%。新增 3 个国家级高新区。国家级高新技术企业从 6 652 家增加到 3 万家，跃居全国第一。高新技术产品产值达 6.7 万亿元，年均增长 11.4%。有效发明专利量、PCT（Patent Cooperation Treaty，专利合作协定）国际专利申请量及专利综合实力连续多年居全国首位，技术自给率和科技进步贡献率分别达 72.5%和 58%。质量强省建设成效显著，国家级质检中心和联盟标准总量均居全国第一，国家质量工作考核 2015~2017 年连续 3 年获最高等级 A 级。同时，广东省大力加强教育、医疗卫生、养老、文化等基本公共服务，成效显著。教育方面，高水平大学和重点学科建设成效初显，两所大学和 18 个学科入选国家“双一流”名单；医疗方面，2013 年来，养老、医疗保险基本实现全覆盖，五大险种参保人数和基金累计结余均居全国第一，底线民生保障水平跃居全国前列。2017 年该省全面开展医药卫生体制综合改革，公立医院全面取消药品加成，“三医联动”、分级诊疗、医疗联合体建设等工作取得新进展。人民健康水平和医疗卫生服务能力持续提升，全民健身蓬勃开展；文化服务方面，该省加快公共文化服务体系建设，积极推进基本公共文化服务标准化。其次，广东省特别重视优化经济发展服务。该省全力打造国家科技产业创新中心。出台《广深科技创新走廊规划》，着力打造全国创新发展重要一极。2017 年该省深入实施高新技术企业培育等八项举措，扎实推进重大创新平台建设，启动建设 4 家省实验室、1 家国家级产业创新中心、1 家国家级制造业创新中心，中国（东莞）散裂中子源等大科学装置建设取得重大进展；全面实施大气污染防治 18 项强化政策，全省基本淘汰黄标车，完成国家大气十条终期考核目标。全面落实河长制，狠抓水污染治理，实施重污染河流“挂图作战”和系统治污，完成 191 个黑臭水体整治，新增污水处理厂 31 座，日处理污水能力达到 129 万吨，配套管网达到 5 949 千米，国考断面水质优良比例达 80.3%，劣Ⅴ类断面比例控制在 8.5%以下。此外，进一步优化公共安全服务。该省社会治安、安全生产、食品药品安全形势持续稳定好转，全省刑事案件数量连续 4 年下降，生产安全事故总量比 2012 年下降 23.4%。

第二，坚持以人民为中心的发展思想，持之以恒保障和改善民生。表 7.2 指出，广东省居民经济福利连续两年保持全国第 5 的好成绩，其主要得益于该省持续实施的三项居民收入提升措施。一是继续抓好“三去一降一补”。该省制定出台支持实体经济发展的 10 项政策，全省基础设施投资增长 24.3%，创 2010 年以来最大增福。二是全面推进农业供给侧结构性改革和新农村建设。出台农业供给侧结构性改革方案，组建全国首个农业供给侧结构性改革基金，推动农业产业结构进一步优化。全面开展新农村建设，2017 年起广东省财政计划 10 年投入约 1 600 亿元，重点补齐农村人居环境和基础设施短板，力争推动全省农村面貌根本改观。精准脱贫攻坚扎实推进，完成农村贫困户危房改造 7.9

万户。三是实施就业优先战略，鼓励创业带动就业，推动居民收入与经济同步增长、劳动报酬与劳动生产率同步提高，改进收入分配格局，促进收入分配更加合理、公平。2017 年该省城镇新增就业人口 148.9 万人，2017 年 7 月 1 日起全面实行全省统收统支统管，半年来解决 11 个市基金收支缺口 68 亿元，为企业减负 49 亿元[37]。

第三，打造“数字政府”，提升政府效率新实践。首先，广东省坚持运用“互联网+政务”方式，推进政府治理现代化。在数字广东建设中，全国首个集成民生服务微信小程序“粤省事”及同名公众号的上线赢得千万市民的关注。“粤省事”依托云计算、大数据、人工智能等前沿技术，全面推进“指尖计划”，同时支持社保卡、驾驶证、行驶证、居住证等十大类证件，逐步实现群众掌上办、就近办、一窗办的政务服务新局面①。其次，运用块数据理论，大力推进政务信息化建设体制改革，完善“管运分离”的数字政府建设管理新体制。加快推进政务信息系统整合，破除“信息孤岛”，打造统一安全的政务云平台、数据资源整合和大数据平台、一体化网上政务服务平台，形成大平台共享、大数据慧治、大系统共治的顶层架构，实现互联网和政务服务深度融合。同时优化政务服务流程，让群众少跑腿[38]。最后，建设模块化政府，推动部门、人员、组织及服务的虚拟化。通过组织扁平化、业务协同化、服务智能化等方式，以及与实体政府的有效衔接和相互驱动，打造一种新型政府运行模式。

7.2 地级市政府效率提升经验与措施

7.2.1 深圳市提升政府效率的经验与措施

研究表明，深圳市政府效率表现卓越，连续两年居中国政府效率“百高市”榜首。同时，该市政府效率测度因素政府规模、居民经济福利、政务公开及政府公共服务也表现出色（表 7.3）。

表 7.3 2017~2018 年深圳市政府效率及测度因素排名

指标	政府效率标准化值及排名		测度因素排名			
			政府公共服务	政府规模	居民经济福利	政务公开
权重	1		0.60	0.15	0.10	0.15
名称	标准化值	排名	排名	排名	排名	排名
全国排名（2017 年）	1.450 1	1	8	2	1	1
中南地区排名（2017 年）	1.450 1	1	2	1	1	1
全国排名（2018 年）	2.357 5	1	2	1	1	1
中南地区排名（2018 年）	2.357 5	1	2	1	1	1

资料来源：《2017~2018 中国地方政府效率研究报告》

表 7.3 表明，深圳市政府效率表现卓越，连续两年位居中国政府效率“百高市”榜首。同时，该市政府效率测度因素政府规模、居民经济福利、政务公开及政府公共服务

① 何飞. 广东“数字政府”引热议 互联网科技助力数字政府[EB/OL]. http://biz.huanqiu.com/dt/2018-07/12466941.html, 2018-07-11.

也表现出色。其原因植根于该市改革开放初期形成的“时间就是金钱，效率就是生命”的意识，不断主动作为。这主要表现在以下四个方面。

第一，树立深化体制改革标杆，不断提升政府运行成效。深圳市政府紧紧围绕统筹推进“五位一体”和协调推进“四个全面”战略布局，突出供给侧结构性改革这一主线、突出转变政府职能、突出提升城市质量、突出需求导向，在一些重点领域和关键环节加快推出一批在全国具有重大影响力的改革项目，勇当“四个坚持、三个支撑、两个走在前列”尖兵。实施推动经济体制、生态文明体制、民主政治等领域的 27 项改革。出台基础设施供给侧结构性改革方案，制定深化国有企业改革方案及配套政策，完成 5 家国企混改，市属国企利润增长 150%。推进财政预算管理改革，以项目库为重点，编早编细编实年度预算，在全国省级财政绩效考核中位居前列。深化医药卫生体制改革，组建 12 家基层医疗集团，进一步强化了分级诊疗，罗湖医联体建设经验获全国推广；推进公立医院药品集团采购改革，1 159 种药品价格平均降幅 22.6%。深化政府“放管服”和强区放权改革，取消、下放 175 项市级行政职权。国有文艺院团、生态环保、城管综合执法、教育综合配套、地税征管体制、辅警制度等改革取得积极成效。通过深化改革，进一步优化营商环境，新增商事主体 40 万户、总量增长 15.2%，新增世界 500 强企业 2 家，民间投资增长 22.5%。实施市区环保机构垂直管理改革，制订深圳环保机构垂直管理改革方案，推进环保监察监测执法体制改革和市区环保体制、机构、人员调整。建立健全条块结合、各司其职、权责明确、保障有力、权威高效的市、区、街道三级环境保护管理体制。着力提升开放发展水平。加快前海开发开放和自贸片区建设，新推出制度创新成果 111 项，其中 42 项全国领先；新引进汇丰前海证券等 2 400 多家港企，新孵化港澳青年创新创业团队 81 个，启动深港设计创意产业园建设，前海新城建设展现新面貌。深化深港合作，与香港签署《香港特别行政区政府　深圳市人民政府关于港深推进落马洲河套地区共同发展的合作备忘录》，加快了莲塘、香园围等 4 个口岸建设改造。出台利用外资 20 条政策，实际使用外资 74 亿美元、外资利用率增长 9.9%。对外直接投资总存量超过 850 亿美元，居国内城市首位。拓展“一带一路”市场，开通深圳至明斯克的首条中欧班列，与沿线国家贸易额增长 19.8%。新增美国夏洛特市、法国伊夫林、立陶宛首都维尔纽斯市等 3 个国际友好交流城市。新开通深圳至莫斯科、米兰、墨尔本等 16 条国际航线，总量增长 61%。

第二，助力收入增长，大力改善居民经济福利。坚持稳和进有机统一、相互促进，以供给侧结构性改革为主线，率先建设社会主义现代化先行区，助力收入增长、经济发展提质。深圳市统计局数据显示，2017 年全市实现地区生产总值 22 438.39 亿元，较上年增长 8.8%；人均生产总值 183 127.00 元，增长 4.0%。一般公共预算收入达 8 624.00 亿元，首次突破 8 000.00 亿元大关。全年全市居民人均可支配收入达 52 938.00 元，较 2016 年增长 8.7%，扣除价格因素实际增长 7.2%。居民生活质量大大提高，居民人均消费支出达 38 320.12 元、增长 5.0%，扣除价格因素实际增长 3.6%。恩格尔系数为 30.0%。新增登记就业 10 万人，城镇登记失业率在 3.0%以下，最低工资标准由 2 030 元/月提高至 2 130 元/月，最低生活保障标准由 800 元/月提高至 900 元/月。

第三，深入推进“互联网+政务服务”“一门式一网市”改革，建设阳光政府，全面实现政务公开。深圳市在国内率先梳理全市公共部门数据，以信息化手段打造信用信息征管用一体化管理应用平台。按照“互联网+政务服务”要求，扎实抓好区级行政服务大厅和街道行政服务大厅建设工作，不断优化办事流程，全力打造阳光透明的服务型政府，帮助街道基层工作人员提升工作业务水平，逐步实现“前台统一受理、后台分类审批、窗口统一出件、全市一体运作”服务模式，推动“互联网+政务服务”创新改革。推进行政决策公开、执行公开、管理公开、服务公开和结果公开。规范平台建设，建设全市统一的行政执法监督网络平台，推进行政执法全过程记录。加大财政预决算、住房保障等重点领域信息公开力度。加强政府信息供给。通过政府公报、政府网站、政府微博、微信、报刊、广播、电视等不同渠道和方式公开政府信息，重视政民互动，坚持问需于民、问政于民。

第四，坚持以人民为中心，进一步提升公共服务水平。2017 年深圳市不断推动民生服务事业更好发展，九大类民生支出 3 198 亿元，增长 32.5%，增幅高于一般公共预算支出平均增幅 23.5%，占财政支出的比重约七成，其中教育、医疗支出分别增长 22.8%、21.3%。社会保障服务水平不断提高，年末全市参加城镇职工基本养老保险人数有 1 133.53 万人，参加失业保险人数达 1 089.49 万人。促进教育优质均衡发展，完善义务教育经费保障机制，新增幼儿园学位 2 万个、公办中小学学位 4.7 万个，新增普惠性幼儿园 126 所，新改扩建公办中小学 34 所。推动提升医疗卫生服务能力，吸引一流医学人才和团队，新引进高水平医学团队 100 个；新增三甲医院 5 家、三级医院 5 家，病床 3 000 张，全市实现医疗卫生支出 244 亿元，同比增长 21.3%。进一步加大住房供应和保障力度，着力破解城市中低收入、“夹心层”、专业人才等群体住房难问题，制订面向 2035 年的住房供应和保障计划，加快建立多主体供给、多渠道保障、租购并举的住房制度。加强生态环境建设，加快实施治水提质项目，全市建成区面积 925.20 平方千米，建成区绿化覆盖率 45.1%，打造和美宜居城市环境。高度重视公共安全工作，着力打造安全城市。

7.2.2　南昌市政府效率提升经验与对策

表 7.4 表明，2018 年南昌市政府效率提升明显、表现优秀，进入中国政府效率“百高市”榜单。其政府效率从 2017 年华东地区的第 41 名、全国第 75 名快速提升到 2018 年华东地区第 2 名、全国第 6 名，是我国地级市政府效率的典型。取得这一优异成绩，得益于南昌市政府在公共服务能力建设、深化政务服务体制改革、打造富裕南昌、推进阳光政务等四方面采取的有效措施。

表 7.4　2017~2018 年南昌市政府效率及测度因素排名

指标	政府效率标准化值及排名		测度因素排名			
			政府公共服务	政府规模	居民经济福利	政务公开
权重	1		0.60	0.15	0.10	0.15
名称	标准化值	排名	排名	排名	排名	排名
全国排名（2017 年）	0.114 0	75	107	49	72	44
华东地区排名（2017 年）	0.114 0	41	33	24	43	19
全国排名（2018 年）	0.643 3	6	4	39	57	21
华东地区排名（2018 年）	0.643 3	2	1	18	38	3

资料来源：《2017~2018 中国地方政府效率研究报告》

第一，加强公共服务能力建设。2018 年南昌市政府公共服务获得全国地级市第 4 名的良好成绩与该市致力于加强公共服务能力建设，努力打造美丽幸福现代化江西的“南昌样板”有关。2017 年来，该市不断加大财政投入力度，提高公共服务水平。据统计，2017 年，全市一般公共服务预算执行达 68.0 亿元，较 2016 年增长 26.2%；公共安全支出 41.4 亿元，较 2016 年增长 21.7%。同时，南昌市政府高度重视基本公共服务均等化，不断健全公共服务机制，促进形成政府主导、覆盖城乡、功能完善、分布合理、管理有效、可持续的公共服务体系，使基本公共服务全面、平等地惠及全市居民，切实保障和改善民生。此外，该市以交通设施建设为重点着力改善经济发展服务，打造包括市内隧道、快速路等组成的立体交通现代化基础设施网络，编制、实施《南昌大都市区规划（2015—2030）》《南昌市城市总体规划（2016—2035）》，建设“美丽幸福南昌”。

第二，不断深化政务服务体制改革。南昌市实施“互联网+政务服务”改革，优化政务服务网功能，加快推进纵向到底、横向到边的互联互通，推动政务服务事项跨地区远程办理、跨层级联动办理、跨部门协同办理；逐步整合政务服务事项梳理系统、网上审批系统、综合电子监察平台等跨部门政务服务业务系统，建设集政务服务事项管理、监督、考核为一体的政务服务管理平台。升级改造统一政务数据共享交换系统，构建全市政务服务数据共享平台。推动政务服务网向乡镇（街道）、村（社区）等基层延伸，加快推行网上政务服务向边远贫困地区延伸，实现“互联网+政务服务”在基层全覆盖。将“互联网+政务服务”工作纳入市直部门绩效考核和市县科学发展综合考评体系，汇集众智改进服务。深化教育体制机制改革，主动适应新高考改革，推进中考制度改革；深化收入分配制度改革，多渠道增加城乡居民劳动收入和财产性收入，引导青年人劳动致富、知识致富、创新致富。深化医药卫生体制改革特别是城市公立医院综合改革，积极稳妥地推进分级诊疗和家庭医生签约服务，有效缓解“看病难、看病贵”问题；探索建立长期护理保险制度，全面实施城乡居民大病保险制度，建设健康南昌。

第三，打造富裕南昌，改善居民经济福利。据统计，2017 年全市全年实现地区生产总值 5 003.19 亿元，按可比价格计算，比 2016 年增长 9.0%；城乡居民人均可支配收入分别实现 37 675 元、16 364 元，增长 8.8%、9.4%，城乡居民收入差距进一步缩小。实施就业优先战略，大力实施就业促进、创业引领、基层成长计划，推广“信息化+就业服务”新模式，拓宽下岗职工、农村转移劳动力与城镇就业困难人员的就业渠道，确保城镇就业率达 95%，零就业家庭就业安置率达 100%；2017 年实现城镇新增就业 8.62 万人，城镇登记失业率 3.38%；安置“4050”等困难群体 0.95 万人；新增转移农村劳动力 4.43 万人。确保城乡医疗救助比例显著提升，三无常补对象、特困供养人员救助比例达 100%。提高低保标准，实现城区低保城乡统筹，城镇和农村低保标准分别提高 10.0%和 11.3%。

第四，推行阳光政务。南昌市政府坚持以“公开为原则、不公开为例外”为原则，扩大主动公开信息量，提高信息公开质量；不断加强信息公开平台发布建设，充分发挥政府网站信息公开主渠道作用，优化整合 128 家县区部门政府网站及市直机关部分二级部门政府网站关停和信息数据迁移工作，启动“中国南昌”市政府门户网站集约化改造工作。推进政府服务热线信息公开，利用政务微博微信等平台主动发声，大力提升政府信息社会知晓率和影响力。推进政府信息公开工作制度规范化制度化，不断完善新闻发布机制、保密监督机制、人员培训机制等长效机制，推动“互联网+政务服务”公开与政务服务融合发展。

7.3 县级政府效率提升经验与措施

7.3.1 太仓市提升政府效率的经验与措施

研究表明，太仓市政府效率表现突出，始终位列中国县级政府效率 200 强榜单中。2018 年该市政府效率提升更快，成为我国县级政府效率的优秀典型（表 7.5）。

表 7.5　2017~2018 年太仓市政府效率及测度因素排名

指标	政府效率标准化值及排名		测度因素排名			
			政府公共服务	政府规模	居民经济福利	政务公开
权重	1		0.60	0.15	0.10	0.15
名称	标准化值	排名	排名	排名	排名	排名
全国排名（2017 年）	0.445 2	32	100	46	5	475
华东地区排名（2017 年）	0.445 2	25	51	27	5	193
全国排名（2018 年）	0.982 7	8	27	19	1	7
华东地区排名（2018 年）	0.982 7	3	9	8	1	7

资料来源：《2017~2018 中国地方政府效率研究报告》

2018 年江苏省苏州市所辖的太仓市政府效率表现非凡。其政府效率排名从 2017 年华东地区的第 25 名、全国第 32 名飙升至 2018 年华东地区的第 3 名、全国第 8 名。同时，该市 2018 年电子政务等政府效率测度因素排名也比 2017 年大幅提升。例如，该市政务公开从 2017 年全国第 475 名攀升至 2018 年全国第 7 名；政府公共服务从 2017 年全国第 100 名提升至 2018 年全国第 27 名；政府规模及居民经济福利分别从 2017 年全国第 46 名、第 5 名分别上升至 2018 年全国第 19 名、第 1 名。

2018 年太仓市政府效率大幅提升得益于该市政府的积极作为。太仓市政府坚持稳中求进，凝心聚力抓落实，开拓创新求突破，围绕“现代田园城、幸福金太仓”总目标，统筹推进改革发展稳定各项工作，2017 年蝉联“中国最具幸福感城市（县级）”榜首。由此可见，该市为当地经济社会发展及政府效率提升倾注了心血，突出表现在以下四方面。

第一，多渠道富民惠民，注重提升居民可支配收入。2017 年来，太仓市致力于普惠共享，社会发展平稳有序。2017 年全市城乡居民人均可支配收入分别为 58 458 元、30 026 元，分别比 2016 年增长 8.2%、8.4%。取得这一佳绩离不开太仓市实施的就业优先政策。太仓市坚持“问题导向”和“精准施策”原则，促进居民多渠道就业创业，实现富民增收的目标，具体措施包括三方面：①坚持就业优先战略。坚持把城镇新增就业、失业率作为宏观调控重要指标，把稳定和扩大就业作为区间调控的下限，增强经济发展对就业的拉动能力。以解决结构性就业矛盾为重点，促进产业转型升级与扩大就业规模、调整就业结构联动推进，实现经济增长与扩大就业的良性互动。综合评价财税、金融、产业、贸易、投资等宏观经济政策对就业岗位、就业环境、失业风险等的影响，加强经济政策与就业政策的配套衔接。②扶持重点群体就业。扩大就业困难人员认定范围、鼓励就业困难人员再就业、鼓励高校毕业生多渠道就业、实施更加积极的就业见习政策、提升就业服务水平、完善就业援助长效机制和促进退役军人就业创业等。③鼓励创业带动就业。营造良好创业环境，清理妨碍创业发展的制度和规定，破除不合理的市场准入限制，建立统一透明、有序规范的市场环境；扶持孵化载体建设，合理规划建设创业载体，因地制宜建设具有一定特色和品牌的创业孵化载体；拓宽创业融资渠道，落实创业担保贷款政策，完善创业担保贷款增加贷款经办银行网点，方便创业者办理贷款、享受贷款优惠政策。

太仓市促进就业的举措取得了良好的效果，2017 年该市完成就业创业培训 2 万余人，新增就业 1.2 万人，应届高校毕业生就业率 98.6%，城镇登记失业率 1.86%。这既提高了居民可支配收入，又改善了居民经济福利。

第二，全面推进政务公开，提高政府信息透明度。2017 年来，太仓市全面贯彻执行《中华人民共和国政府信息公开条例》和《国务院办公厅关于印发 2017 年政务公开工作要点的通知》等文件精神，将政务公开工作作为促进依法行政和建设服务型政府的重要举措常抓不懈，主动、及时、规范公开政府公报、三公经费、预算报告等信息，不断深化重点领域信息公开，切实保障公民获取政府信息的知情权、参与权和监督权，全面推进政务公开。其具体措施包括：①围绕深化改革推进政务公开。加快融入政务服务“一张网”工作，实现行政权力标准化，规范行政权力事项管理和动态调整，行政权力事项及办事指南均在门户网站公开；加快信用平台建设，提升信用数据的质量，为政府部门、企业和社会公众提供分类监管、信用预警、联合奖惩、信用查询等服务。②围绕促进经济发展推进政务公开。重点围绕税制改革、减税降费措施、创新创业、保障改善民生等税收优惠政策做好政务公开工作，充分依托政府网站、报纸、新媒体、电子显示屏、多媒体触摸屏、公告栏、宣传板等载体拓展信息公开覆盖面。③围绕民生改善推进政务公开。重点围绕创新创业、援企稳岗、化解过剩产能职工分流等方面加大政策公开力度，通过网站、手机 APP、人才网微信公众号等，及时公布就业创业补贴信息。强化食品药品安全等重要领域的监管信息公开工作，2017 年发布食品药品监管信息 108 条、食品药品红黑榜信息 22 条，食品、药品、餐饮等专项检查和整治行动案件处罚结果均在诚信太仓栏目中被公示。

第三，重视优化政府公共服务，助力政府效率提升。2017 年来，太仓市高度重视公共服务与民生改善工作，并取得了明显成效。首先，科教文卫服务成就非凡。2017 年该市全年共申请专利 9 778 件，万人发明专利拥有量 44 件；全市在校学生 9.39 万人，在校生人数占总人口的 19%，全市学龄儿童入学率、初中毕业生升学率、高中阶段教育毛入学率均为 100%；每千人口卫生机构床位和卫生技术员分别为 8 张、9 人。其次，社会保障服务成绩斐然。太仓市 2017 年基本养老保险参保人数 33.83 万人，医疗保险参保人数 48.21 万人，失业保险职工参保人数 28.65 万人，参保率均在 99%以上。保障性安居工程新开工 4 009 套，基本建成 3 700 套，公租房入住率为 92.4%。城乡低保标准提高至每人每月 875 元，累计发放生活救助金 3 540 万元，医疗救助金 2 300 多万元。再次，经济发展服务成绩喜人。2017 年太仓市实现地区生产总值 1 240 亿元，增长 7.2%，一般公共预算收入 140.7 亿元，增长 10.2%，共完成全社会固定资产投资 466.93 亿元，比 2016 年增长 0.4%，位列全国综合经济竞争力百强县（市）第六位。完成新兴产业投资 106.85 亿元，占全社会固定资产投资的比重为 22.9%；完成高新技术产业投资 69.94 亿元，占工业投资的比重为 28.1%。第三产业增加值 577.04 亿元，增长 8.2%，第三产业增加值比重为 46.5%。全年实现社会消费品零售总额 310.15 亿元，比 2016 年增长 8.0%。最后，市场监管服务也比较好，及时发布权力清单，有效减少重大事故发生。

第四，持续推进"放管服"改革，不断优化政府规模。太仓市扎实推进"放管服"工作，探索实行项目审批代办制，启动重点项目高效审批机制，实行服务事项"一网运行"，构建"不见面审批"办事模式，"不见面审批"事项占比达 96.7%。开办企业、不动产业务、施工许可基本实现"3550"目标。全省首创"线下一窗、线上集成"不动产业务新模式。公共资源交易中心高效运行。"12345"民生服务"一号热线"功能持续拓展，办理各类诉求事项 60.3 万件。同时，加快推进供给侧结构性改革。淘汰落后产能企业 75 家，关停并转化工业型企业 40 家。严格执行楼市限购政策，房地产市场秩序保持稳定。强化金融风险防控，不良贷款率稳中有降。落实税收优惠政策，取消或停征涉企行政事业性收费，调整失业保险费率，共为企业减负近 30.00 亿元，推进政府实事工程建设，着力补齐民生短板。此外，重点领域改革成效显著。新型城镇化综合试点深入推进。太仓市获评全国农村集体"三资"管理示范县，2011~2017 年连续七年获得江苏省农业农村政策创新奖，农村土地承包经营权确权登记颁证工作全面完成。这些"放管服"改革举措使太仓市 2017 年实现一般公共预算收入 140.86 亿元，比 2016 年增长 10.3%，其中非税收收入为 18.82 亿元，占比 13.36%。该市全年一般公共预算支出 126.51 亿元，比 2016 年增长 9.2%，这推进了该市政府规模适度优化，降低了政府成本，提高了政府效率。

7.3.2 满洲里市提升政府效率的经验与措施

2018 年测度结果表明，内蒙古自治区呼伦贝尔市直辖的满洲里市政府效率提升很快，位列中国县级政府效率 200 强榜单中（表 7.6）。

表 7.6 2017~2018 年满洲里市政府效率及测度因素排名

指标	政府效率标准化值及排名		测度因素排名			
			政府公共服务	政府规模	居民经济福利	政务公开
权重	1		0.60	0.15	0.10	0.15
名称	标准化值	排名	排名	排名	排名	排名
全国排名（2017 年）	−0.207 8	602	692	32	269	262
华北地区排名（2017 年）	−0.207 8	48	57	16	28	20
全国排名（2018 年）	0.329 9	68	103	152	48	280
华北地区排名（2018 年）	0.329 9	3	7	14	6	16

资料来源：《2017~2018 中国地方政府效率研究报告》

表 7.6 显示，2018 年满洲里市在全国县级政府效率测度中成绩优异。其效率排名从 2017 年华北地区的第 48 名、全国第 602 名大幅提升至 2018 年华北地区的第 3 名、全国第 68 名，荣升中国县级政府效率 200 强。分析表明，该市政府效率测度因素政府公共服务、居民经济福利等也有上佳表现，分别从 2017 年全国第 692 名、第 269 名提升至 2018 年的全国第 103 名、第 48 名。

2018 年该市政府效率的杰出表现得益于全市落实建设国家重点开发开放试验区要求，加快推动质量变革、效率变革，坚决守住发展、民生、生态三条底线，以更高标准建设开放、活力、美丽、幸福满洲里等系列举措，具体表现在以下三方面。

第一，重视民生改善服务，提升公共服务质量与效率。2017 年全市投入民生服务资金 22.3 亿元，解决了一批民生服务难点问题。对生活有困难的群众进行精准帮扶，继续保持贫困人口动态清零；全市完成一般公共预算收入 10.2 亿元。医药卫生体制改革步伐加快，5 所公立医院和 1 所企业医院取消药品加成，形成满洲里市医改服务新模式，组建 64 个家庭医生签约服务团队，常住居民累计签约 9.4 万人，签约服务率 37.7%；全面建立医疗救助制度，搭建起“城镇医保报销+补助医保报销（商业保险报销）+民政医疗救助”的多层救助格局。不断改进基本教育服务，义务教育发展基本均衡县创建成果不断巩固。全市城镇职工养老保险参保人数 7.3 万人，养老保险待遇按时足额发放率 100.0%，社会化发放率 100.0%；最低生活保障标准为 616 元/月，比 2016 年提高 46 元，增长比例为 8.1%。

第二，持续简政放权，深入推进“放管服”改革。2014 年来，满洲里市紧紧围绕试验区建设，以商事制度改革为切入点，持续推进“放管服”改革，行政权责更加清晰，政府监管更加科学，服务效能显著提高，真正发挥了试验区先行先试的载体作用。打造了便利、公平的市场环境，激发了市场活力和社会创造力，促进了满洲里市经济社会健康快速发展。全市将权力清单和责任清单两单合一，在政府门户网站上进行公布。同时，做好优化服务的“乘法”，推进行政审批改革；实施“互联网+政务服务”，最大限度地实现政府办事流程简化、时间缩短、信息共享；建立内蒙古自治区首家行政审批服务局，压缩审批时限 81%，限时办结率达 100%，做好优化服务的“乘法”，大幅提升审批效率和服务质量。此外，该市做好加强监管的“加法”，推行“双随机一公开”监管方式。各行政执法部门均建立完善“一单、两库、一细则”工作机制，实现“双随机一公开”监管全面覆盖。

第三，大力推进政务公开。注重公开实效，加强平台建设。加强政务公开教育培训，增强政务公开工作人员业务水平。将政务公开培训纳入公务员培训。主动公开政府信息情况，促进政府部门提高服务质量和服务效率；不断完善财政和财务管理，增强政府预决算及“三公经费”公开透明度；明确重大项目推进实施过程信息公开；加大社会扶贫信息公开力度，高度重视困难群众救助信息公开，全面开展城镇低保、特困人员救助供养、医疗救助、临时救助等信息公开工作。有序公开义务教育薄弱学校基本办学条件、义务教育均衡发展督导评估认定、加快监督教育发展等重点工作进展情况。

7.4 贫困县政府扶贫效率提升经验与措施

7.4.1 舒城县提升政府扶贫效率的经验与措施

舒城，古称舒州，是华东地区安徽省六安市下属的国家级贫困县。舒城县政府扶贫效率表现出众，排名从2017年华东地区第20名、全国第151名提升至2018年华东地区第3名、全国第11名。舒城县政府扶贫效率优秀成绩离不开其测度因素的上佳表现。其精准扶贫、扶贫服务、扶贫成效等分别从2017年全国第28名、第108名、第392名大幅提升至2018年全国第12名、第23名、第112名（表7.7）。

表7.7 2017~2018年舒城县政府扶贫效率及测度因素排名

指标	政府扶贫效率标准化值及排名		测度因素排名		
			精准扶贫	扶贫服务	扶贫成效
权重	1		0.45	0.15	0.40
名称	标准化值	排名	排名	排名	排名
全国排名（2017年）	0.106 5	151	28	108	392
华东地区排名（2017年）	0.106 5	20	9	18	35
全国排名（2018年）	0.545 3	11	12	23	112
华东地区排名（2018年）	0.545 3	3	3	3	6

资料来源：《2017~2018中国地方政府效率研究报告》

与此同时，该成绩也离不开舒城县政府在扶贫方面采取的有效措施及积极作为，与此同时，该成绩也体现在舒城县扶贫效率表现及成功经验上。

1. 舒城县扶贫效率表现优秀的主要表现

第一，精准扶贫与脱贫工作取得新突破。2018年是脱贫攻坚作风建设年，是舒城县决战脱贫摘帽、决胜同步小康的关键之年。舒城县全县上下以习近平新时代中国特色社会主义思想为指导，认真落实中央和省市脱贫攻坚决策部署，坚持精准扶贫基本方略，夯实基层基础，采取超常规措施，加大攻坚力度，狠抓工作落实，紧紧围绕“户脱贫、村出列、县摘帽”总体要求，以“春季行动、夏季攻势”等工作为主要抓手，高质量打好“找问题、补短板、抓整改、严责任”和“十大工程”等专项集中行动，全面推进各项扶贫政策措施落地见效，为“坚决打赢脱贫攻坚战、奋力再造舒城新高地”打下坚实的基础。2018年底全国扶贫开发信息系统标注脱贫10 466户27 202人。具体扶贫成效包括：①舒城县建档立卡效果突出。为了对贫困户和贫困村进行精准识别，分析致贫原因，摸清帮扶需求，明确帮扶主体，落实帮扶措施，舒城县进一步加强建档立卡工作，按照建档立卡的标准和程序来识别出符合贫困人口的贫困户，排查出不符合标准的“错评户”，及时对各乡镇（开发区）的扶贫开发信息系统数据进行清理校对，不断提高建档立卡的精准度。②加大产业精准扶贫推进力度，提高产业扶贫效率，舒城县根据本县的实际经济发展情况不断调整建档立卡贫困户产业发展项目扶持标准，给贫困户带来切实的帮助。③积极制定精准扶贫资金管理准则，及时公开本县的扶贫资金使用情况，使整个精准扶贫过程公开化、透明化、高效化。④精准扶贫帮扶措施十分出色。加强贫困地区道路建设，筹资 5.1 亿元，完成农村道路建设 1 260 千米；实施 35 个贫困村电网改造项目；努力提高贫困村的饮水安全，统筹整合 12 800 万元资金的农村饮水安全巩固提升项目、农田水利“最后一公里”项目、中小河流治理项目和山洪沟治理项目等水利扶贫项目；加强贫困地区网络通信工程建设，全县 394 个村固定宽带全部入村，基本实现移动信号全覆盖[2]；加大对教育事业的财政支持力度，已对建档立卡的贫困学生发放补助 1 585.84 万元，资助 41 名辍学学生重新返校学习。

第二，扶贫服务质量与效率明显提升。舒城县重视改善扶贫服务质量及效率，全面改善贫困地区义务教育薄弱学校基本办学条件工作（简称“全面改薄”），要求校舍、学习生活设施、活动设施和安全防护全面达标。2017 年全县规划实施“全面改薄”校园校舍建设项目有 763 个，已经全部开工建设，其中中央专项资金项目 202 个；覆盖学校 208 所、受益学生 3.5 万人的农村义务教育学生营养改善计划全面实施。加强贫困地区村卫生室规范化建设，深入推进乡村卫生服务一体化。开展养老机构质量提升行动，推进医疗卫生与养老服务相结合。大力实施贫困村饮水安全工程，受益人口 3.4 万人，其中贫困人口 1.1 万人。保障农村低保对象 31 006 人，发放五保补助金 4 144.61 万元。

第三，扶贫成效突出。自戴上贫困帽以来，舒城县的扶贫攻坚从未停止，每年不断加大打扶贫攻坚战的力度。该县围绕“精准扶贫、精准脱贫”基本方略和“真脱贫、脱真贫”根本要求，把脱贫攻坚作为“十三五”规划头等大事和第一民生工程，举全县之力，决战脱贫攻坚，决胜脱贫摘帽，扶贫成效特别突出。全面落实稳增长措施，切实推进产业结构调整，助推企业转型升级，扩大有效投入，促进基础设施建设，加快城乡一体化进程；推进改革开放，进一步释放市场活力。全县经济平稳向好，地区生产总值 190 亿元，增长 9%；财政收入 21 亿元，增长 26.8%；固定资产投入 180 亿元，增长 18%；规模以上工业增加值 55 亿元，增长 12%；农村居民人均可支配收入和城镇居民人均可支配收入分别为 10 880 元和 25 500 元，各增长 10%和 9%；新增城镇就业 7 331 人，转移农村富余劳动力 13 500 人，城镇登记失业率控制在 4%以内。社会消费品零售总额 85 亿元，增长 12%；全县贫困人口由 2014 年建档立卡的 10.9 万人下降到 2017 年底的 3.7 万人，减少 7.2 万人；贫困发生率由 12.44%下降到 4.19%，降低 8.25%。

2. 舒城县脱贫攻坚的成功经验及措施

2018 年实现脱贫摘帽，时间紧，任务重，对舒城县是一个极大的挑战。在全县脱贫攻坚摘帽誓师大会上，该县委书记金德元指出要“坚决打赢脱贫攻坚战、奋力再造舒城新高地，向全省第一方阵冲刺”“咬定目标，乘势而上”。舒城县实现脱贫摘帽，不仅关系到当地 18 万人民的福祉，还关系到六安市在 2020 年前全面建成小康社会这一全局性工作。因此，舒城县将脱贫攻坚作为头等大事和第一民生工程，扎实推进精准扶贫，精准脱贫，其有效经验及举措包括以下两方面。

第一，坚持“四个行动”工作，提升扶贫质量：①推进特色产业扶贫工程，实施“一村一品”产业推进行动，打造舒城县特色资源优势。例如，打造专用品牌粮食、蔬菜水果、茶叶、中药材等；优化升级特色产业，建立健全利益联动机制，增强经营主体带动能力，促使产业扶贫工作提质增效，保证更多的贫困户能够享受产业发展的红利；关注边缘人群，全面排查未建档立卡但家中有重病、残疾、低保及住房不安全、独居老人、无劳动力家庭等边缘困难人群，及时采取救助措施；聚焦边缘地区，加大对边缘地区的基础设施建设，加大对基本公共服务建设的支持力度，确保边远贫困地区也能够得到均衡发展。②实施防范返贫预警行动，建立“四级风险、四色管理”防控体系。对于不同级别的返贫户要分别用不同的颜色标识管理，然后针对不同等级的脱贫户，采取分类帮扶措施。③开展“五大教育”活动，在全县广泛开展政策教育、励志教育、感恩教育、科技知识教育和文明礼仪教育，深入开展“组组进、户户访”活动，加强就业技能和创业培训，组织开展“知感恩、扬孝道、遵法纪、赢自尊”宣讲。开展脱贫典型宣传活动。开展“脱贫之星”评选活动，召开全县“脱贫之星”表彰大会和报告会。④开展乡风文明倡导活动。广泛开展文明村镇、文明家庭、星级文明户评选活动，培育向上向善的社会良好风尚。学习高峰乡的举动，创评“帮扶之星”助力精准脱贫，推广建立“扶贫爱心超市”，开展乡风文明积分管理，引导农民群众倡文明、树新风、扬正气。

第二，加大脱贫攻坚社会动员力度，聚集全县力量打赢脱贫攻坚战。以习近平总书记扶贫开发战略思想为指导，凝聚脱贫攻坚正能量，通过内外结合、上下联动、重点突出的社会动员，及时公布全县精准扶贫、精准脱贫的进展情况、典型经验和工作成效，帮助广大干部群众坚定脱贫致富的信心和决心，激发干事创业的动力和活力，着力营造全社会共同关注、支持和参与脱贫攻坚的良好氛围。为全县实现脱贫摘帽提供强有力的群众基础、舆论支持和精神动力。大力宣传舒城县广大干部群众在脱贫攻坚中的典型事例，发挥榜样示范引领作用，宣传贫困村（户）自强不息艰苦奋斗、帮扶力量克难攻坚助力脱贫、好人模范榜样示例引领等先进事迹，引起社会共鸣，使社会形成共识，凝聚和激发扶贫济困的强大正能量，努力形成学习先进、看齐先进、崇尚先进、争当先进的干事氛围。为了更好地推广扶贫攻坚精神、经验做法和突出成效，充分利用媒体力量，在县电视台开设《坚决打赢脱贫攻坚战》新闻专栏、《脱贫攻坚访谈》专题节目，对县领导或扶贫主要负责人进行采访；深入报道各个乡镇中涌出的优秀出色的扶贫干部，讲述他们的有效经验；在舒城县各主流网站上，及时反馈近期的扶贫工作的新进展、成效，加强舆论监督，对不作为、进度慢的部门和单位及时进行处理，多举措提高脱贫攻坚战的工作效率。

7.4.2 洋县政府扶贫效率提升经验与措施

洋县，古为“洋州”，今称“朱鹮之乡”，是陕西省汉中市下属的国家级贫困县。洋县政府扶贫效率表现优秀，排名从2017年西北地区第17名、全国第60名提升至2018年西北地区第6名、全国第13名。洋县政府扶贫效率优异成绩离不开其测度因素的良好表现。其精准扶贫、扶贫服务等排名分别从2017年全国第129名、第192名大幅提升至2018年全国第10名、第139名（表7.8）。

表 7.8　2017~2018 年洋县政府扶贫效率及测度因素排名

指标	政府扶贫效率标准化值及排名		测度因素排名		
			精准扶贫	扶贫服务	扶贫成效
权重	1		0.45	0.15	0.40
名称	标准化值	排名	排名	排名	排名
全国排名（2017 年）	0.333 5	60	129	192	44
西北地区排名（2017 年）	0.333 5	17	17	41	20
全国排名（2018 年）	0.491 8	13	10	139	83
西北地区排名（2018 年）	0.491 8	6	4	43	25

资料来源：《2017~2018 中国地方政府效率研究报告》

同时，取得这一成绩离不开洋县政府在扶贫方面采取的积极措施及主动作为，与此同时，该成绩也体现在洋县政府扶贫方面的杰出表现及成功经验上。

1. 洋县扶贫效率优秀的主要表现

第一，深入实施精准扶贫。截至 2018 年 5 月，洋县总人口 44 万人，共有建档立卡贫困户 14 865 户、45 652 人，其中因病致贫户 2 166 户，患病人员 2 770 人；大病患者 694 人，慢性病患者 2 076 人，非因病致贫户中患大病和慢性病人员 5 893 人。一方面，该县动员各帮扶组织深入实施精准扶贫工作。推进帮扶组织深入走访调研、慰问困难群众活动，开展与镇村干部交流座谈，夯实精准扶贫基础，形成脱贫攻坚合力；大力实施扶贫领域专项交叉巡察工作，深入了解被巡察党组织脱贫攻坚政治责任落实情况、扶贫政策项目资金落实情况，落实扶贫主体责任。另一方面，该县精准施策做好教育扶智扶贫工作，着力保障各项帮扶措施效果。加快教育扶贫，提升教育质量。严格落实教育资助政策，对建档立卡贫困家庭学生实施顶格资助。县域内建档立卡家庭义务教育段适龄学生全部入学接受教育；进一步规范教育网格化管理模式，形成了纵向到底、横向到边的县、片、镇、村、校的五级教育脱贫管理网络，有效提高了教育脱贫精准度和工作效能。加快易地搬迁，实现贫困户的“安居梦”。抓好基础设施小配套建设，严格守住政策红线，确保搬迁群众的正常生产生活。要以安置社区为中心，以“三单一卡”为核心，兴办“社区工厂”，实现搬迁群众“楼上居住、楼下就业”，对不同类型的安置户，根据安置的区域整体功能划分，引导群众从事不同的行业，确保搬迁群众稳定脱贫，110 个贫困村完成基础设施投资 3.02 亿元。易地扶贫搬迁 1 572 户、危房改造入住 718 户。尽力统筹城乡发展，改善生活环境。通村路建设的补助标准由原来的 40 万元/千米提高到现在的 60 万元/千米；路基宽度 5.5 米，路面宽度 4.5 米。解决农村的饮用水问题，注重农村供水与环境卫生、健康教育相结合，改善居室卫生条件，发展沼气池，改建厨房，房前屋后植树种草。

第二，注重提升扶贫服务质量和效率。洋县紧紧围绕脱贫摘帽的目标，积极整合脱贫攻坚“四支队伍”力量，通过严选慎派、严管细考、严惩实督，全力锻造帮扶“尖兵”，确保扶贫干部真正扑下身子、挑起担子、干出样子。首先，在安排干部时，充分结合干部的特长和本村的实际发展需求，因村派人，认真调整 52 个贫困村的第一书记，要求他们真正做到“待得住、守纪律、发挥自身作用、如期完成任务”。其次，及时成立县脱贫攻坚驻村小组，组建“四支队伍”管理办公室，出台一系列加强对村支部的管理与监督的条例，对脱贫攻坚不负责和工作推进不力的责任人进行约谈提醒和追责问责，加强监督，形成工作合力，提高扶贫工作效率。同时，洋县大力提高基本扶贫服务质量与效率：①加强教育扶贫服务。2017年全县教育服务支出61 803万元，较2016年增长6.7%。这确保了对已建档立卡的贫困家庭学生实施教育特惠政策，在学前教育阶段享受“一免一补”政策，即免保教费、补助生活费；在义务教育阶段享受“两免一补”政策，即免学杂费和课本费、补助在校寄宿生生活费；在高中教育阶段，已建档立卡的高中生在2016年秋季学期后全员免学费、享受国家助学金、参加泛海助学行动等。②优化基本医疗卫生扶贫服务。全县2017年安排医疗卫生与计划生育支出42 094万元，较2016年增长16.9%，建立四重医疗保障体系，全面落实医疗救助政策，贫困人口住院医疗费用实际报销率达93.3%；全面贯彻《陕西省新农合健康扶贫工作实施方案》，对贫困人口实行健康扶贫政策，即贫困人口在县内乡镇中心卫生院住院不设起付线，合规费用全额纳入新农合报销；对符合分级诊疗规范、按照技术转诊相关要求执行的参保贫困人口住院，其报销比例在现有报销比例的基础上提高5个百分点。新建标准化村卫生室70个、农村互助幸福院10个、城市社区服务站3个，提高贫困群众获得感。③健全社保与就业服务。2017年全县社会保障和就业支出40 680万元，增长56.8%；全年劳务输出10.02万人，开发公益性岗位2 113个，新增就业5 955人、安置贫困劳动力1 125人。五大保险扩面1 025人，发放五保金630万元、低保金4 880万元、高龄补贴2 430万元、优抚补助金2 207万元。2017年末全县城乡居民社会养老保险参保175 300人次，参保率达到99.2%；参加农村合作医疗人数达366 013人，城镇居民基本医疗保险累计参保40 340人。全县建成社会养老服务机构9所，床位1 260张，2017年末在院人数450余人；新建10个互助幸福院和8个脱贫村农村互助幸福院。优抚补助4 117人，发放抚恤金2 300万元，解决266名优抚对象的医疗等问题，帮扶补助金108万元，落实11 590名困难残疾人“两项补贴”待遇。

第三，不断改进扶贫成效。洋县认真贯彻落实“十条铁规”，创新推出“三评议三公示两核查一回望”工作模式，扎实开展贫困对象识别和数据清洗，全县新一轮核定贫困户16 752户共52 305人。2016年、2017年两年，洋县已有9个村、8 445户共28 404人实现脱贫退出，2018年全县计划再实现脱贫退出53个村、23 400人。该县2017年实现城镇新增就业5 955人，其中失业人员再就业2 301人，就业困难人员再就业1 216人，发放创业担保贷款6 600万元，组织全县劳动力转移就业10.02万次，2017年末城镇登记失业率控制在3.01%。

2. 洋县脱贫攻坚的成功经验及措施

第一，创新“5115”工程，筑牢精准脱贫基石。洋县结合实际，创新出台“5115”产业脱贫工程。这是指通过创新产业扶贫模式，广辟产业扶贫途径，围绕有机主导产业布局，着力发展有机稻米、蔬菜、果品、养殖、林特五大类产业，采取五种扶持模式，扶优10户带动力强的涉农龙头企业，实现全县1.5万户有发展愿望和能力的贫困户产业扶持全覆盖。洋县 64.8%的贫困人口位于丘陵地区，近 4.3 万人需要产业及就业扶持，对于如此艰巨的扶贫任务，洋县根据全县主导产业布局，按照“项目+区域”的原则，及时确定把有机稻米等 5 大产业作为全县脱贫攻坚的产业突破口。洋县积极探索不同的途径带动贫困户增收脱贫，多举措推进精准扶贫、精准脱贫。积极实施“农户自主发展，政府奖励扶助”或引导农户将其 5 万元“产业贷”以资本的形式委托企业使用，实现“农户带资入企，财政贴息分红”。

第二，深入推进党建与脱贫融合。洋县县委推行“五书两册”“亮责问效”四项机制，担牢两个责任，通过抓队伍建设促作风硬化、抓载体创新促服务优化、抓制度保障促责任细化，培养 1 046 名村级后备干部，选派 280 名第一书记和 280 支驻村工作队驻村帮扶，组织 4 368 名党员干部和贫困户“结对认亲、五联五帮”。推进党建与脱贫攻坚有效融合，切实杜绝扶贫领域作风问题，以硬实作风和新民风保障扶贫工作扎实推进。

7.5　地方政府效率提升经验与措施总结

以上案例分析表明，我国地方政府在提升政府效率与扶贫效率方面积累了丰富经验。例如，全面实行政务公开，打造阳光政府；加强公共服务能力建设，改善公共服务供给；持续推进“放管服”，不断优化政府规模；注重改善民生，改善辖区居民经济福利；大力提升贫困县政府扶贫效率；等等。

7.5.1　全面实行政务公开，打造阳光政府

公开透明是法治政府的基本特征。全面推进政务公开，让权力在阳光下运行，对于发展社会主义民主政治，提升国家治理能力，增强政府公信力、执行力，保障人民群众知情权、参与权、表达权、监督权具有重要意义。本书相关数据表明，我国大多数地方政府政务公开不及时、不全面、不规范是制约我国各级地方政府效率提升的通病，这体现在四个方面。

第一，约 30%的省级政府网站、约 40%的地级市政府网站、约 50%的县级政府网站、约 80%的贫困县政府在 2018 年 5 月底还没有公开理应公开的基本政务信息（即 2018 年初或者 2017 年底或者于 2018 年初全国地方两会召开期间公开的《2017 年国民经济和社会发展统计公报》、《关于 2017 年预算执行情况及 2018 年预算草案的报告》、《2018 年政府工作报告》、《关于 2017 年国民经济和社会发展计划执行情况及 2018 年国民经济和社会发展计划草案的报告》。

第二，截至 2018 年 5 月底，约 98%的地方政府没有完全公开 2018 年三公经费开支、非税收入，多数仅零星、模糊公布三公经费相关信息；约 99%的县级政府、65%的地级市政府没有公开 2018 年生产安全事故死亡人数及直接经济损失等指标数据，这导致无法统计地方政府生产安全事故死亡人数等指标数据。

第三，地方政务信息公布太繁杂，网民难以找到对自身有实用价值的信息。例如，不少省级政府网站没有公开省级政府或者省级政府办公厅的地址、联系方式；多数地级

市政府公开的联系方式模糊，市长公开电话难以打进去或者无人接听；多数县级政府或者贫困县政府网站无法进入，或者没有公开政府网站。或者政务公开目录不全面，缺乏对公开事项的具体说明。因此，切实推进政务公开，完善政务公开目录，确保公开目录内容与时俱进，是新时代实行政务公开、提升政府效率的重要抓手。

第四，地级市、县级政府网站公开的信息十分陈旧或者不公开基本政务信息。截至2018年7月1日，全国仍有30%左右的地级市网站只公开了2016年以前的基本政务信息；约70%以上的县级政府网站没有公开2017年理应公布的基本政务信息。由此可见，提高地方政府效率需要全面推进政务公开，让权力在阳光下运行，建设阳光政府。广泛接受群众监督，切实提高政府办事效率，真正做到“权为民所用，情为民所系，利为民所谋”的服务型政府是我国地方政府需要破解的现实难题。

为此，应该做好以下三方面工作：①切实扩大政务公开力度，提高政务公开的质量与效率。全面落实党中央、国务院有关决策部署和政府信息公开条例，坚持以公开为常态、不公开为例外，推进行政决策公开、执行公开、管理公开、服务公开和结果公开。推进“互联网+政务服务”，各级政府要发挥现代网络技术在政务公开工作中的作用，使政府信息公开载体多样化。建设统一的地方政府执法监督网络平台，推进行政执法全过程记录。加大地方政府财政预决算、住房保障等重点领域信息公开力度；整合地方政府网站资源，最大限度实现各单位、各部门之间的信息共享，提高信息资源利用率。②完善政府与公众的对话机制。公众积极参与对提高政务公开效率起着非常重要的作用，但是，目前公众参与程度还比较低，因此需要完善政府与公众的对话机制。统一和规范听证制度，避免走过场，扩大听证制度范围，规范听证制度程序。③完善政务公开监督制度。政务公开需要有效监督与评估。只有强有力的内外部监督与评估，才能形成政务公开工作的长效机制。

7.5.2 加强公共服务能力建设，改善公共服务供给

加强公共服务能力建设，改善公共服务供给，建设服务型政府，是提高地方政府效率的重要选择。为此，应采取以下四项措施：

第一，加快政府职能转变，提升政府公共服务能力。深化地方行政体制改革，改变地方政府职能趋同化严重的现象，加强上下级政府之间的分工与协作，有利于提高公共服务供给效率。明确各级政府的职责，尽量避免在同一区域内按管理对象分工，由多层政府管理同一公共事务。实行公共服务决策和执行分开，是提高同级地方政府职能横向协调水平的有效模式。

第二，建立公共服务绩效评估体系，保障基本公共服务均等化。要纠正“重经济指标，轻公共服务”的倾向。在地方政府绩效考核体系中，补充基本公共服务绩效考评体系，如义务教育、基本医疗和公共卫生、失业保险、养老保险、最低生活保障、社会救助、就业服务等基本公共服务指标内容。以基本公共服务为导向的政绩考核体系不仅是一套指标体系，还包括目标制定、执行、评估等环节，涉及评估主体、评估方法、沟通反馈等过程。

第三，提高地方辖区公共安全服务。提供公共安全服务对地方政府公共服务能力建

设具有积极效应。完善辖区公共安全服务体系，加强监管，完善地方政府与社区之间的互动机制，有利于维护社会稳定，降低公共安全服务成本，促进政府效率提升。

第四，健全地方辖区社会保障服务。高质量的社会保障服务是地方政府公共服务能力建设的主要内容。统筹城乡社会保障制度，建立全覆盖的社会保障体系。兜住民生保障底线，兜牢社会稳定底线，切实保障人民群众基本生活需求；实现社会保障权利的普遍拥有和社会保障资源的均等配置，使得人人平等共享基本社会保障；充分发掘、合理配置社会保障资源，有效发挥政府、市场、社会等不同主体在社会保障服务供给上的潜力与优势。

7.5.3　持续推进“放管服”，不断优化政府规模

持续推进“放管服”，不断优化政府规模，保持适度政府规模始终是服务型政府追求的目标。适度的政府规模能够降低公共服务成本、提高政府效率，使政府资源配置效率最大化。合理控制政府规模应采取以下三项措施：

第一，优化政府职能，不断简政放权。明确政府公共服务职能，确保公共服务有效供给与均衡配置。制定公共服务供给规则，减少和规范行政干预，降低公共服务成本，控制政府消费，保持政府规模适度。

第二，引入激励和竞争机制。优化政府规模需要在政府内部建立激励与竞争机制。根据政府部门组织的职能，核定一个借以完成职能任务的总资金额度，由组织负责人自主支配，上级领导为该组织负责人签订目标绩效合同。依据该合同对该组织及负责人进行考核和奖惩，以便促使组织为精简并控制规模而努力。

第三，发展第三部门（即非政府组织），提高政府效率与质量。地方政府往往对社会需求和社会发展机会反应不敏捷，常常无法满足社会弱势群体的特殊要求。第三部门利用其社会组织特性体现社会群体特殊利益和特殊需求，能够满足社会多元化需求。发挥地方政府与第三部门作用，有利于地方政府保持规模适度，减少政府支出，提高政府效率。

7.5.4　注重改善民生，改善辖区居民经济福利

居民经济福利是影响地方政府效率的重要因素。因此，注重改善民生，改善辖区居民经济福利有利于提高地方政府效率。为此，应采取两项措施：

第一，进一步完善税收、分配制度建设，缩小收入差距。改革开放 40 年来，随着经济高速增长，我国不同地区、不同阶层居民收入差距不断扩大。统筹城乡、区域经济社会发展，缩小城乡之间、区域之间、行业间的收入差距，是提高居民经济福利的有效手段。为此，调整税收政策，实施收入再分配措施，有利于解决收入差距问题，改善居民经济福利。

第二，大力提高居民消费需求。提高消费需求有利于改进居民经济福利，促进地方经济社会发展。因此，要健全社会保障，加大医疗、教育等基本公共服务投入，消除居民后顾之忧，释放消费活力，有利于进一步改善居民经济福利。

7.5.5 大力提升贫困县扶贫效率

贫困县政府扶贫效率是提高地方政府效率的重要方面。采取以下三项措施，不仅有利于提高贫困县扶贫效率，而且有利于提升我国地方政府整体效率水平。

第一，持续实施精准扶贫，提高精准扶贫效率。加大精准脱贫力度，落实精准扶贫责任制，加快推进精确识别、精确帮扶、精确管理工作，提高贫困县精准扶贫效率。为提高贫困县政府扶贫效率，需要精确不同贫困地区发展需求，识别当地资源与发展潜力，因地制宜开展扶贫工作。对环境优美的贫困地区，实行生态旅游扶贫；对生产条件好的扶贫地区，发展特色产业扶贫。采取适农则农、适工则工、适商则商、适游则游等方式落实精准扶贫与脱贫优惠政策，充分调动社会各界的扶贫积极性，进一步提升扶贫效率。

第二，继续改进扶贫服务，提高扶贫服务质量。重视优化教育、医疗、社保和就业等基本扶贫服务，切实改善贫困地区基础设施，提升政府扶贫效率。继续改进基本服务供给质量不仅对就业帮扶、建立脱贫长效机制、抑制脱贫县“返贫”等意义重大，而且有助于提升贫困县政府扶贫效率。

第三，强调对贫困户的能力进行培养、思想开拓及可持续性教育，这有利于脱贫攻坚，提升贫困县政府扶贫效率。

参 考 文 献

[1]魏礼群. 中国行政体制改革的历程和经验[J]. 全球化，2017，(5)：5-14.

[2]臧雷振. 政府机构改革比较研究中的理论简化及省思[J]. 当代中国政治研究报告，2011，(00)：249-259.

[3]陈振明. 市场失灵与政府失败——公共选择理论对政府与市场关系的思考及其启示[J]. 厦门大学学报（哲学社会科学版），1996，(2)：1-7.

[4]詹国彬. 西方公共部门民营化改革的理念追寻及其反思[J]. 中共杭州市委党校学报，2004，(6)：83-86.

[5]刘玮. 政府再造理论对我国政府改革的启发[J]. 经济研究导刊，2015，(13)：303-304.

[6]顾丽梅. 新公共服务理论及其对我国公共服务改革之启示[J]. 南京社会科学，2005，(1)：38-45.

[7]Dehardt R B，Denhardt J V. Leadership for Change：Case Studies in American Local Government[M]. Arlington：Price Waterhouse Coopers Endowment for the Business of Government，1999.

[8]曾令发. 合作政府：后新公共管理时代英国政府改革模式探析[J]. 国家行政学院学报，2008，(2)：95-99.

[9]解亚红. “协同政府”：新公共管理改革的新阶段[J]. 中国行政管理，2004，(5)：58-61.

[10] Giddens A. The Third Way and Its Critics[M]. Cambridge：Polity Press. 2000.

[11]彭国甫，王身余. 邓小平对机构改革的探索与贡献[J]. 党的文献，2000，(3)：25-29.

[12]中共中央宣传部. 习近平新时代中国特色社会主义思想三十讲[M]. 北京：学习出版社，2018.

[13]陈恒梅. 邓小平政府机构改革理论及现实启示[J]. 重庆社会主义学院学报，2004，(4)：63-65.

[14]青锋，张水海. 我国政府职能转变的历史演进及法制特点[J]. 行政法学研究，2013，(4)：12-20，102.

[15]范希春. 改革开放以来国务院机构历次重大改革比较研究[J]. 北京行政学院学报，2003，(6)：11-16.

[16]石杰琳. 反思与超越：从新公共管理到新公共服务[J]. 郑州大学学报：哲学社会科学版，2011，(5)：9-12.

[17]陈宝，李湛. 中国政府效率改进的影响因素与中国政府改革——基于主成分分析的研究[J]. 当代经济科学，2011，33（6)：57-63，124.

[18]何颖. 中国政府机构改革30年回顾与反思[J]. 中国行政管理，2008，(12)：21-27.

[19]王忠禹. 关于国务院机构改革方案的说明——2003年3月6日在第十届全国人民代表大会第一次会议上[J]. 中华人民共和国全国人民代表大会常务委员会公报，2003，(2)：190-193.

[20]华建敏. 关于国务院机构改革方案的说明[N]. 人民日报，2008-03-12（002）.

[21]董方军，王军. 大部门体制改革：背景、意义、难点及若干设想[J]. 中国工业经济，2008，(2)：31-39.

[22]马凯. 关于国务院机构改革和职能转变方案的说明——2013年3月10日在第十二届全国人民代表大会第一次会议上[J]. 中国机构改革与管理，2013，(4)：10-15.

[23]倪明胜. 以党的全面领导为统领 深化党和国家机构改革[N]. 天津日报，2018-03-26（009）.

[24]高小平，沈荣华. 推进行政管理体制改革：回顾总结与前瞻思路[J]. 中国行政管理，2006，(1)：9-13.

[25]郁建兴，高翔. 浙江省“最多跑一次”改革的基本经验与未来[J]. 浙江社会科学，2018，(4)：76-85，158.

[26]兰建平，江胜蓝，王倩. 聚焦“最多跑一次”改革[J]. 社会治理，2017，(6)：41-48.

[27]陈国权，皇甫鑫. 在线协作、数据共享与整体性政府——基于浙江省“最多跑一次改革”的分析[J]. 国家行政学院学报，2018，(3)：62-67，154.

[28]董洁. 打破“信息孤岛”助力“最多跑一次”[N]. 浙江日报，2017-10-17（006）.

[29]陈广胜. 以“互联网+”撬动政府治理现代化——以浙江政务服务网为例[J]. 中国行政管理，2017，（11）：19-21.

[30]杜再江. “大数据+政务”深度融合的贵州实践[N]. 贵州民族报，2018-04-18（A01）.

[31]邢黎闻. 从“聚”到“通”再到“用”贵州的政务大数据之路[J]. 信息化建设，2016，（11）：10-12.

[32]汤正仁. 大数据发展的贵州样本[J]. 贵州省党校学报，2018，（1）：94-99.

[33]岳振. 坚定不移推进大数据战略行动[J]. 当代贵州，2018，（14）：1.

[34]中共上海市委办公厅，上海市人民政府办公厅. 中共上海市委办公厅 上海市人民政府办公厅印发关于《全面推进政务公开工作的实施意见》的通知[EB/OL]. http://www.shanghai.gov.cn/nw2/nw2314/nw2319/nw12344/u26aw52571.html，2017-06-02.

[35]应勇. 2018 上海市政府工作报告[R]. 上海市第十五届人民代表大会第一次会议，2018.

[36]上海市人民政府. 市政府关于印发《2017 年上海市深化简政放权放管结合优化服务改革工作方案》的通知[EB/OL]. http://www.shanghai.gov.cn/nw2/nw2314/nw2319/nw12344/u26aw53765.html，2017-09-30.

[37]马兴瑞. 2018 广东省政府工作报告[R]. 广东省第十三届人民代表大会第一次会议，2018-01-25.

[38]本刊首席时政观察员. 打造块数据城市 建设模块化政府 数字政府建设要加快[J]. 领导决策信息，2018，（13）：10-11.

附　　录

附录 1　2018 年中国地方政府效率测度指标体系及权重

附录 1.1　2018 年省级政府效率测度指标体系及权重（46 个）

因素及权重	子因素及权重	指标（平均权重）
政府公共服务（0.60）	科教文卫服务（0.30）	科技支出占地方一般公共预算支出比例
		专利申请量/（项/万人）
		专利授权量/（项/万人）
		在校生人数占总人口的比例
		教育支出占地方一般公共预算支出比例
		文化体育与传媒支出占地方一般公共预算支出比例
		每万人口卫生机构/个
		每千人口卫生机构床位/张
		每千人口卫生技术人员/人
	公共安全服务（0.15）	生产安全事故死亡人数占总人口的比例
		亿元 GDP 生产安全事故死亡人数/人
		全年空气质量优良天数/天
	社会保障服务（0.15）	社会保障和就业支出占地方一般公共预算支出比例
		住房保障支出占地方一般公共预算支出比例
		社会保险基金支出占地方一般公共预算支出比例
	经济发展服务（0.30）	全社会固定资产投资占 GDP 的比例
		旅客周转量/（亿人/千米）
		全年社会消费品零售总额增长率
		人均邮电业务量/元
		移动电话普及率/（部/百人）
		互联网普及率
		自然保护区面积与辖区面积之比
		森林覆盖率
		第三产业对 GDP 增长贡献率

续表

因素及权重	子因素及权重	指标（平均权重）
政府公共服务（0.60）	落实宏观调控（0.05）	居民消费价格上涨指数
		GDP 增长率
	市场监管服务（0.05）	权力清单（发布数量及时间）
		特别重大事故一票否决
政府规模（0.15）		地方一般公共预算支出/［元/（人·千米^2）］
		非税收入占地方一般公共预算收入比例
		新增公务员人数/［名/（人·千米^2）］
居民经济福利（0.10）		农村居民人均可支配收入/元
		城镇居民人均可支配收入/元
		人均 GDP/元
		城镇登记失业率
		月最低工资标准/元
政务公开（0.15）	政务基本信息（0.80）	省政府联系方式公开
		政府新媒体公开
		三公经费公开
		工作报告公开
		预算报告公开
		计划报告公开
		统计公报公开
		公务员考试职位表公开
		落实中央政策“只进一扇门”“最多跑一次”
	政务时效（0.20）	政府办事时效

附录 1.2　2018 年中国地级市政府效率测度指标体系及权重（41 个）

因素及权重	子因素及权重	指标（平均权重）
政府公共服务（0.60）	科教文卫服务（0.30）	专利申请量/（项/万人）
		科技支出占地方一般公共预算支出比例
		在校生人数占总人口的比例
		教育支出占地方一般公共预算支出比例
		每万人口卫生机构/个
		每千人口卫生机构床位/张
		每千人口卫生技术人员/人
		文化体育与传媒支出占地方一般公共预算支出比例

续表

因素及权重	子因素及权重	指标（平均权重）
政府公共服务（0.60）	公共安全服务（0.15）	生产安全事故死亡人数占总人口的比例
		亿元 GDP 生产安全事故死亡人数/人
		全年空气质量优良天数/天
	社会保障服务（0.15）	社会保障和就业支出占地方一般公共预算支出比例
		住房保障支出占地方一般公共预算支出比例
		社会保险基金支出占地方一般公共预算支出比例
	经济发展服务（0.30）	全社会固定资产投资占 GDP 的比例
		全年社会消费品零售总额增长率
		人均邮电业务量/元
		移动电话普及率/（部/百人）
		互联网普及率
		第三产业对 GDP 增长贡献率
	落实宏观调控（0.05）	居民消费价格上涨指数
		GDP 增长率
	市场监管服务（0.05）	权力清单（发布数量及时间）
		特别重大事故一票否决
政府规模（0.15）		地方一般公共预算支出/[元/（人·千米^2）]
		非税收入占地方一般公共预算收入比例
		新增公务员人数/[名/（人·千米^2）]
居民经济福利（0.10）		农村居民人均可支配收入/元
		城镇居民人均可支配收入/元
		人均 GDP/元
		城镇登记失业率
		月最低工资标准/元
政务公开（0.15）	政务基本信息（0.80）	领导信息公开
		政府新媒体公开
		三公经费公开
		工作报告公开
		预算报告公开
		计划报告公开
		统计公报公开
		公务员考试职位表公开
	政务时效（0.20）	政府办事时效

附录 1.3 2018 年中国县级政府效率测度指标体系及权重（38 个）

因素及权重	子因素及权重	指标（平均权重）
政府公共服务（0.60）	科教文卫服务（0.30）	科技支出占地方一般公共预算支出比例
		文化体育与传媒支出占地方一般公共预算支出比例
		教育支出占地方一般公共预算支出比例
		医疗卫生支出占地方一般公共预算支出比例
		在校生人数占总人口的比例
		全年专利申请量/（项/万人）
		每万人口卫生机构/个
		每千人口卫生机构床位/张
		每千人口卫生技术人员/人
	社会保障服务（0.15）	社会保障和就业支出占地方一般公共预算支出比例
		住房保障支出占地方一般公共预算支出比例
		社会保险基金支出占地方一般公共预算支出比例
	经济发展服务（0.45）	节能环保支出占地方一般公共预算支出比例
		全社会固定资产投资占 GDP 的比例
		人均邮电业务量/元
		移动电话普及率/（部/百人）
		互联网普及率
		全年社会消费品零售总额增长率
		第三产业对 GDP 增长贡献率
		GDP 增长率
	市场监管服务（0.10）	权力清单（发布数量及时间）
		特别重大事故一票否决
政府规模（0.15）		地方一般公共预算支出/［元/（人·千米^2）］
		非税收入占地方一般公共预算收入比例
		新增公务员人数/［名/（人·千米^2］
居民经济福利（0.10）		农村居民人均可支配收入/元
		城镇居民人均可支配收入/元
		人均 GDP/元
		城镇登记失业率
		月最低工资标准/元
政务公开（0.15）	政务基本信息（0.80）	领导信息公开
		三公经费公开
		工作报告公开
		预算报告公开
		计划报告公开
		统计公报公开
		公务员考试职位表公开
	政务时效（0.20）	政府办事时效

附录 1.4 2018 年中国贫困县政府扶贫效率测度指标体系及权重（17 个）

因素及权重	指标（平均权重）
精准扶贫（0.45）	建档立卡及效果
	领导重视及效果
	帮扶组织及效果
	帮扶措施及效果
	管理活动
	管理效果
扶贫服务（0.15）	教育支出占地方一般公共预算支出比例
	医疗卫生支出占地方一般公共预算支出比例
	社保和就业支出占地方一般公共预算支出比例
扶贫成效（0.40）	已脱贫人数占总人口的比例
	城镇居民人均可支配收入/元
	农村居民人均可支配收入/元
	城乡居民可支配收入差距/元
	城镇新增就业/人
	新增农村转移劳动力/人
	城镇登记失业率
	预计脱贫时间

附录2 2018年中国地方政府效率测度指标数据来源及处理说明

附录 2.1 2018 年中国省级政府效率测度指标数据来源及处理说明

1. 科技支出占地方一般公共预算支出比例指科学技术支出÷一般公共预算支出，数据来自省级政府 2017 年执行情况与 2018 年预算报告。其中河北省和浙江省的指标数据是 2016 年数据，来源于《中国统计年鉴 2017》；通过 2018 年预算推算 2017 年执行情况的省级政府有山西省、海南省；通过 2017 年预算执行情况的省本级与全省数据的平均比例推算的省级政府有安徽省、山东省、湖北省、西藏自治区、重庆市；通过 2018 年预算推算 2017 年执行情况后再按 2017 年预算执行情况的省本级与全省数据的平均比例推算的省级政府有内蒙古自治区、江苏省、河南省；通过对该省所在地区其他省级政府的平均值和最低的数据二次平均的省级政府有黑龙江省、甘肃省、天津市。

2. 专利申请量指专利申请量÷总人口数，数据来自 2017 年省级政府统计公报。其中，西藏自治区是 2015 年数据。

3. 专利授权量指专利授权量÷总人口数，数据来自 2017 年省级政府统计公报。其中，西藏自治区是 2015 年数据。

4. 在校生人数占总人口的比例指各级各类在校生人数÷总人口数，数据来自 2017 年省级政府统计公报。

5. 教育支出占地方一般公共预算支出比例指教育支出÷一般公共预算支出，数据来自省级政府2017年执行情况与2018年预算报告。其中，河北省和浙江省的指标数据是2016年数据，来源于《中国统计年鉴2017》；通过2018年预算推算2017年执行情况的省级政府有山西省、海南省；通过2017年预算执行情况的省本级与全省数据的平均比例推算的省级政府有安徽省、山东省、湖北省、西藏自治区、重庆市；通过2018年预算推算2017年执行情况后再按2017年预算执行情况的省本级与全省数据的平均比例推算的省级政府有江苏省、河南省；通过对该省所在地区其他省级政府的平均值和最低的数据二次平均推出数据的省级政府有黑龙江省、陕西省。

6. 文化体育与传媒支出占地方一般公共预算支出比例指文化体育与传媒支出÷一般公共预算支出，数据来自省级政府2017年执行情况与2018年预算报告。其中，河北省和浙江省的指标数据是2016年数据，来源于《中国统计年鉴2017》；通过2018年预算推算2017年执行情况的省级政府有山西省、海南省；通过2017年预算执行情况的省本级与全省数据的平均比例推算的省级政府有安徽省、山东省、湖北省、西藏自治区、重庆市；通过2018年预算推算2017年执行情况后再按2017年预算执行情况的省本级与全省数据的平均比例推算的省级政府有内蒙古自治区、江苏省、河南省；通过对该省所在地区其他省级政府的平均值和最低的数据二次平均推算出数据的省级政府有黑龙江省、广西壮族自治区、贵州省、甘肃省、天津市。

7. 每万人口卫生机构指卫生机构数量÷总人口数，数据来自2017年省级政府统计公报。其中，吉林省是2015年数据。

8. 每千人口卫生机构床位指床位数÷总人口数，数据来自2017年省级政府统计公报。其中，上海市是2016年数据。

9. 每千人口卫生技术人员指卫生技术人员数÷总人口数，数据来自2017年省级政府统计公报。其中，海南省和贵州省是2016年数据。

10. 生产安全事故死亡人数占总人口的比例指生产安全事故死亡人数÷总人口数，该指标是逆指标。本书测度时已将其转化为正指标，其数据来自2017年省级政府统计公报。其中，贵州省、新疆维吾尔自治区是2016年数据；河南省、湖北省、天津市是2015年数据。

11. 亿元GDP生产安全事故死亡人数是逆指标。本书测度时已将其转化为正指标，数据来自2017年省级政府统计公报。其中，贵州省、新疆维吾尔自治区是2016年数据；河南省、湖北省、天津市是2015年数据。

12. 全年空气质量优良天数的数据来自2016年省级政府统计公报。其中，湖北省来源于2017年环境空气质量报告；宁夏回族自治区来源于《宁夏2017年环境状况公报》；河南省、湖南省、贵州省、北京市是《中华人民共和国2016年国民经济和社会发展统计公报》数据；西藏自治区是《中华人民共和国2015年国民经济和社会发展统计公报》数据。

13. 社会保障和就业支出占地方一般公共预算支出比例指社会保障和就业支出÷一般公共预算支出，数据来自省级政府2017年公共预算支出执行情况与2018年预算报告。其中，吉林省和黑龙江省的指标数据是2016年数据；通过2018年预算推算2017年执行情况的省级政府有山西省；通过2017年预算执行情况的省本级与全省数据的一般公共预算支出比例推算的省级政府有辽宁省、江苏省、山东省、西藏自治区、甘肃省、重庆市；通过2018年预算推算2017年执行情况后再按2017年预算执行情况的省本级与全省数据的一般公共预算支出比例推算的省级政府是海南省。

14. 住房保障支出占地方一般公共预算支出比例指住房保障支出÷一般公共预算支出，数据来自省级政府2017年执行情况与2018年预算报告。其中，贵州省和西藏自治区的指标数据是2016年数据；云南省是2017年预算数据；通过对该省所在地区的平均值和最低的数据二次平均推出数据的省级政府有山东省、广东省、广西壮族自治区、海南省、宁夏回族自治区；通过相邻省级政府数据推算的省级政府有浙江省。

15. 社会保险基金支出占地方一般公共预算支出比例指社会保险基金支出÷一般公共预算支出，数据来自省级政府2017年执行情况与2018年预算报告。其中，通过2017年预算执行情况的省本级与全省数据的一般公共预算支出比例推算的省级政府有安徽省；通过对该省所在地区的平均值和最低的数据二次平均的省级政府有黑龙江省。

16. 全社会固定资产投资占GDP的比例指全社会固定资产投资金额÷GDP总数，数据来自2017年省级政府统计公报。其中，新疆维吾尔自治区来源于2016年数据。

17. 旅客周转量的数据来自2017年省级政府统计公报。其中，江苏省、湖南省、青海省、新疆维吾尔自治区、上海市、重庆市是2016年数据。

18. 全年社会消费品零售总额增长率的数据来自2016年省级政府统计公报。

19. 人均邮电业务量指邮电业务总量÷总人口数，数据来自2017年省级政府统计公报。其中，上海市是2016年数据。

20. 移动电话普及率的数据来自工业和信息化部网站2017年统计数据。

21. 互联网普及率的数据来自2017年省级政府统计公报。互联网用户由固定（宽带）互联网用户和移动互联网用户相加得出。其中，上海市是2016年数据。

22. 自然保护区面积与辖区面积之比指自然保护区面积÷辖区总面积，数据来自2017年省级政府统计公报。其中，山西省、辽宁省、江苏省、浙江省、安徽省、山东省、湖北省、四川省、贵州省、西藏自治区、陕西省、甘肃省、宁夏回族自治区、北京市、上海市、重庆市是2016年数据。

23. 森林覆盖率的数据来自中国林业数据库（2014年第八次全国森林资源清查）。其中，云南省是2016年统计公报数据。

24. 第三次产业对GDP增长贡献率的数据来自2017年省级政府统计公报。

25. 居民消费价格上涨指数是逆指标。本书测度时已将其转化为正指标，数据来自2017年省级政府统计公报。

26. GDP增长率的数据来自2017年省级政府统计公报。其中，新疆维吾尔自治区GDP数据来源于2016年统计公报。

27. 权力清单（发布数量及时间）指省级政府权力清单的发布数量及时间，数据来自2018年省级政府法制办公室网站、省级政府的政务服务网、省政府机构编制委员会办公室网站。

28. 特别重大事故一票否决的信息来自省级政府安全生产监督管理局2017年度总结

报告、2017~2018 年国内主要官方媒体新闻报道。该指标最后用于剔除省级政府效率全国排名前10名的省级政府。陕西省2017年出现一起特别重大事故。

29. 地方一般公共预算支出的相关计算数据来自省级政府2017年执行情况与2018年预算报告。

30. 非税收入占地方一般公共预算收入比例的数据来自省级政府2017年执行情况与2018年预算报告。该指标是逆指标，本书测度时已将其转化为正指标。其中，内蒙古自治区是相邻三个省级政府的数据二次平均推算得来。

31. 新增公务员人数的相关计算数据来自2018年省人力资源与社会保障厅。其中，来源于2018年省人力资源与社会保障厅的有四川省、贵州省、陕西省；辽宁省的数据是省人力资源与社会保障厅2017年相关数据。

32. 农村居民人均可支配收入的数据来自2017年省级政府统计公报。其中，广西壮族自治区和西藏自治区的数据来源于2018年政府工作报告；黑龙江省和甘肃省的数据来源于各省2017年全省宏观经济运行分析；宁夏回族自治区和云南省的数据来源于2016年统计数据。

33. 城镇居民人均可支配收入的数据来自2017年省级政府统计公报。其中，广西壮族自治区和西藏自治区的数据来源于2018年政府工作报告；黑龙江省和甘肃省的数据来源于2017年全省宏观经济运行分析；宁夏回族自治区和云南省的数据来源于2016年统计数据。

34. 人均GDP地区生产总值数据来自2017年省级政府统计公报。其中，广西壮族自治区和西藏自治区的数据来源于各省2018年政府工作报告；黑龙江省和甘肃省的数据来源于各省2017年全省宏观经济运行分析；宁夏回族自治区和云南省的数据来源于2016年统计数据。

35. 城镇登记失业率是逆指标，本书测度时已将其转化为正指标，数据来自2017年省级政府统计公报。其中，辽宁省、广西壮族自治区和西藏自治区的数据来源于2018年政府工作报告；黑龙江省的数据来源于2017年全省宏观经济运行分析；湖北省、甘肃省和宁夏回族自治区的数据来源于2018年全省统计分析；四川省的数据来源于省发改委2017年就业基本情况和2018年形势分析；湖南省的数据来源于2017年人力资源与社会保障厅数据；云南省的数据来源于2016年统计数据。

36. 月最低工资标准的数据来自2018年省级政府的人力资源与社会保障部门的官方网站及省级政府网站中的政务公开栏目。其中，福建省、江西省、山东省、河南省、四川省、甘肃省、青海省、宁夏回族自治区等的数据来源于2017年省人民政府网站相关数据；山西省、内蒙古自治区、吉林省、湖北省、黑龙江省、江苏省、湖南省、贵州省、陕西省、北京市、天津市等的数据来源于2017年省人力资源和社会保障厅数据；河北省和重庆市等的数据来源于2016年省人力资源和社会保障厅数据；海南省的数据来源于2016年省人民政府数据；安徽省的数据来源于2015年省人力资源和社会保障厅数据；广东省的数据来源于2015年省人民政府数据。

37. 省政府联系方式公开来源于省政府信息公开指南。统一采用的是2018年省级政府网站信息公开栏目公布的政府办公厅或相关部门电话、电子邮箱公开。公开较好记为

3 分，一般记为 2 分，较差记为 1 分。

38. 政府新媒体公开指省级政府网站是否有公众微信号、微博等新媒体联系方式。其来源于 2017 年省政府信息公开年报。公开较好记为 3 分，一般记为 2 分，较差记为 1 分。

39. 三公经费公开来源于各省级政府官网、省级政府财政厅/局网站、省级政府预算报告，参考 2017 年财政预算执行情况和 2018 年财政预算草案的报告。公开较好记为 3 分，一般记为 2 分，较差记为 1 分。

40. 工作报告公开：来源于各省级政府官网，参考 2018 年省级人民代表大会上审议的政府工作报告。公开较好记为 3 分，一般记为 2 分，较差记为 1 分。因为省级政府工作报告公开情况较好，均为 3 分，标准化值相互之间不可比较。

41. 预算报告公开来源于各省级政府官网，参考省级政府 2018 年预算报告。公开较好记为 3 分，一般记为 2 分，较差记为 1 分。因为省级政府预算报告公开情况较好，均为 3 分，标准化值相互之间不可比较。

42. 计划报告公开来源于各省级政府官网，参考省级政府 2018 年计划报告。公开较好记为 3 分，一般记为 2 分，较差记为 1 分。

43. 统计公报公开来源于各省级政府官网，参考省级政府 2017 年统计公报。公开较好记为 3 分，一般记为 2 分，较差记为 1 分。

44. 公务员考试职位表公开参考 2018 年 5 月 20 日前各省级政府人事考试网公布的相关公务员招考信息。参考 2018 年公务员招生简章，其中辽宁省的数据为 2017 年数据。公开较好记为 3 分，一般记为 2 分，较差记为 1 分。

45. 落实中央“只进一扇门”“最多跑一次”政策情况指的是省级政府落实该政策的现状及效果，来源于省级政府网站有关报道，根据新闻数量评分，报道数量 5 条及以上记为 3 分，3~4 条记为 2 分，0~2 条记为 1 分。

46. 政府办事时效数据来源于各省级政府官网。参考在省长信箱中反映的基本能解决信件上问题的时间，首先看来信时间与受理时间，根据其间隔长短评级；如果无来信时间就根据已处理信件的日期是否是近期进行评级，查询截止时间为 2018 年 5 月 20 日。其中，处理时间长度为 1~5 天属于较好，5~10 天属于一般，10 天以上属于差。然后在此基础上考察对中央政策贯彻和上级精神的时效性，是否贯彻落实十九届三中全会精神和 2018 年两会精神。公开较好记为 3 分，一般记为 2 分，较差记为 1 分。

本书有关省级政府效率测度指标信息收集、查询截止时间为 2018 年 5 月 20 日。

附录 2.2　2018 年中国地级市政府效率测度指标数据来源及处理说明

1. 专利申请量数据来自地级市政府 2017 年统计公报。其中，来自 2017 年统计年鉴的有安阳市；来自于 2016 年市级政府统计公报的地级市政府有沈阳市、大连市、铁岭市、葫芦岛市、佳木斯市、鸡西市、鹤岗市、双鸭山市、七台河市、黑河市、金华市、抚州市、平顶山市、黄石市、十堰市、宜昌市、揭阳市、北海市、崇左市、贺州市、玉林市、百色市、河池市、钦州市、防城港市、贵港市、成都市、普洱市、丽江市、金昌市、石嘴山市、固原市、乌鲁木齐市；通过对该地级市所在省级政府其他地级市数据的平均值和最低值的二次平均得出数据的地级市有阜新市、吉林市、四平市、白城市、大庆市、鹤岗市、双鸭山市、厦门市、景德镇市、青岛市、随州市、阳江市、南宁市、北海市、三亚市、六盘水市、铜仁市、天水市、陇南市、平凉市、庆阳市、西宁市、海东市、石嘴山市、吴忠市、固原市、拉萨市、昌都市、日喀则市、林芝市、山南市、昭通市、曲靖市、鄂州市、鹤壁市、绥化市、黑河市、连云港市。

2. 科技支出占地方一般公共预算支出比例是指科学技术支出÷地方一般公共预算支出，数据来自地级市政府 2017 年预算执行报告。来自 2016 年预算执行报告的地级市有秦皇岛市、保定市、包头市、通辽市、乌兰察布市、丹东市、大连市、铁岭市、通化市、白山市、牡丹江市、佳木斯市、大庆市、伊春市、鸡西市、双鸭山市、七台河市、绥化市、蚌埠市、铜陵市、安庆市、滁州市、亳州市、福州市、漳州市、三明市、济南市、烟台市、枣庄市、菏泽市、郑州市、开封市、洛阳市、安阳市、鹤壁市、新乡市、焦作市、濮阳市、漯河市、周口市、南阳市、随州市、长沙市、株洲市、永州市、深圳市、湛江市、肇庆市、百色市、海口市、三亚市、资阳市、宜宾市、六盘水市、安顺市、曲靖市、临沧市、拉萨市、林芝市、兰州市、嘉峪关市、金昌市、白银市、天水市、武威市、陇南市、庆阳市、海东市、哈密市；来源于 2015 预算执行情况的地级市有辽源市、许昌市、咸宁市；通过对该市所在省级政府其他地级市的平均值和最低的数据二次平均的地级市有忻州市、松原市、杭州市、合肥市、宿州市、莆田市、宜春市、萍乡市、新余市。通过该市相邻地区的平均值而推算的地级市有雅安市。

3. 在校生人数占总人口的比例指各级各类在校生人数÷总人口数，数据来自 2017 年地级市政府统计公报。其中，保定市、通辽市、丹东市、吉林市、通化市、白山市、牡丹江市、双鸭山市、绥化市、烟台市、郑州市、开封市、洛阳市、平顶山市、安阳市、鹤壁市、新乡市、焦作市、濮阳市、商丘市、周口市、驻马店市、南阳市、信阳市、衡阳市、湛江市、百色市、三亚市、宜宾市、临沧市、兰州市、白银市、武威市、哈密市等的数据来自 2016 年市政府统计公报。辽源市、许昌市、咸宁市等三个地级市来自 2015 年市政府统计公报；通过对该市所在省级政府其他地级市的平均值和最低的数据二次平均的地级市有秦皇岛市、保定市、吕梁市、绥化市、连云港市、宿迁市、绍兴市、金华市、黄山市、吉安市、抚州市、淄博市、东营市、荆门市、南宁市、内江市、拉萨市、昌都市、日喀则市、林芝市、吐鲁番市。

4. 教育支出占地方一般公共预算支出比例是指教育支出÷地方一般公共预算支出，数据来自相关市政府 2017 年预算执行报告。来自 2016 年预算执行报告的地级市有秦皇岛市、保定市、通辽市、辽源市、乌兰察布市、丹东市、大连市、通化市、白山市、牡丹江市、佳木斯市、大庆市、伊春市、双鸭山市、七台河市、绥化市、蚌埠市、烟台市、郑州市、开封市、洛阳市、安阳市、鹤壁市、新乡市、焦作市、濮阳市、南阳市、信阳市、衡阳市、随州市、长沙市、株洲市、永州市、深圳市、湛江市、肇庆市、百色市、海口市、三亚市、宜宾市、安顺市、曲靖市、临沧市、拉萨市、林芝市、兰州市、白银市、天水市、武威市、陇南市、庆阳市、哈密市。来自 2015 年预算执行数据的地级市有许昌市；通过对该市所在省级政府其他地级市的平均值和最低的数据二次平均的地级市有抚顺市、苏州市、南通市、杭州市、绍兴市、合肥市、萍乡市、黄石市、孝感市、咸宁市、吴忠市、绍兴市、长春市。

5. 每万人口卫生机构指卫生机构数量 ÷ 总人口数，数据来自 2017 年相关市政府统计公报。其中，沈阳市、大连市、阜新市、铁岭市、葫芦岛市、佳木斯市、鸡西市、鹤岗市、双鸭山市、七台河市、黑河市、金华市、抚州市、平顶山市、黄石市、十堰市、宜昌市、揭阳市、北海市、崇左市、贺州市、玉林市、百色市、河池市、钦州市、防城港市、贵港市、成都市、普洱市、丽江市、金昌市、石嘴山市、固原市、乌鲁木齐市等的数据来自 2016 年市政府统计公报；拉萨市的数据来自 2015 统计公报。通过对该市所在省级政府其他地级市的平均值和最低的数据二次平均的地级市有牡丹江市、绥化市、安阳市、益阳市、潮州市、南宁市、内江市、连云港市、聊城市、临沂市、商丘市、昌都市、日喀则市、林芝市。

6. 每千人口卫生机构床位指床位数 ÷ 总人口数，数据来自 2017 年市政府统计公报。其中，沈阳市、大连市、阜新市、铁岭市、葫芦岛市、佳木斯市、鸡西市、鹤岗市、双鸭山市、七台河市、黑河市、金华市、抚州市、平顶山市、黄石市、十堰市、宜昌市、揭阳市、北海市、崇左市、贺州市、玉林市、百色市、河池市、钦州市、防城港市、贵港市、成都市、普洱市、丽江市、金昌市、石嘴山市、固原市、乌鲁木齐市等的数据来自 2016 年市政府统计公报；拉萨市的数据来自 2015 统计公报。通过对该市所在省级政府其他地级市的平均值和最低的数据二次平均的有牡丹江市、绥化市、潍坊市、聊城市、临沂市、平顶山市、安阳市、商丘市、益阳市、中山市、潮州市、南宁市、毕节市、内江市、昌都市、日喀则市、林芝市。

7. 每千人口卫生技术人员指卫生技术人员数÷年末人口数，数据来自 2017 年市政府统计公报。其中，张家口市、沈阳市、大连市、阜新市、铁岭市、葫芦岛市、佳木斯市、鸡西市、鹤岗市、双鸭山市、七台河市、黑河市、金华市、抚州市、平顶山市、黄石市、十堰市、宜昌市、揭阳市、北海市、崇左市、贺州市、玉林市、百色市、河池市、钦州市、防城港市、贵港市、成都市、普洱市、丽江市、金昌市、石嘴山市、固原市、乌鲁木齐市等的数据来自 2016 市政府统计公报；拉萨市的数据来自 2015 年该市政府统计公报；通过对该市所在省级政府其他地级市的平均值和最低的数据二次平均的地级市有呼伦贝尔市、牡丹江市、绥化市、连云港市、聊城市、临沂市、南宁市、内江市、安阳市、商丘市、益阳市、潮州市、昌都市、日喀则市、林芝市。

8. 文化体育和传媒支出占地方一般公共预算支出比例是指文化体育与传媒支出÷地方一般公共预算支出，数据来自市政府 2017 年预算执行报告。来自 2016 年预算执行报告的地级市有秦皇岛市、保定市、包头市、通辽市、乌兰察布市、大连市、丹东市、铁岭市、长春市、辽源市、通化市、白山市、牡丹江市、伊春市、鸡西市、双鸭山市、七台河市、绥化市、蚌埠市、三明市、枣庄市、烟台市、菏泽市、郑州市、开封市、洛阳市、平顶山市、安阳市、鹤壁市、新乡市、焦作市、濮阳市、商丘市、周口市、驻马店市、南阳市、信阳市、随州市、长沙市、株洲市、衡阳市、永州市、湛江市、肇庆市、百色市、海口市、三亚市、宜宾市、安顺市、曲靖市、临沧市、拉萨市、林芝市、兰州市、金昌市、白银市、天水、武威市、庆阳市、哈密市。来自 2015 年预算执行的地级市有许昌市；通过对该市所在省级政府其他地级市的平均值和最低的数据二次平均的地级市有马鞍山市、长春市、阜新市、盘锦市、四平市、白山市、白城市、松原市、鹤岗市、苏州市、南通市、杭州市、绍兴市、合肥市、芜湖市、宜春市、萍乡市、新余市、信阳市、黄石市、黄冈市、孝感市、咸宁市、张家界市、常德市、普洱市、山南市、平凉市、吴忠市、固原市、中卫市、宿州市、泉州市。

9. 生产安全事故死亡人数占总人口的比例指生产安全事故死亡人数÷总人口数。该指标是逆指标，本书测度时已将其转化为正指标。数据主要来自 2017 年市政府统计公报。其中，咸宁市、柳州市、崇左市、河池市、绵阳市、曲靖市、丽江市、金昌市、酒泉市、庆阳市、乌鲁木齐、吐鲁番市、葫芦岛市、通辽市、鸡西市、金华市、丽水市、普洱市、宜昌市等的数据来自 2016 年市政府统计公报；通过对该市所在省级政府其他地级市的平均值和最低的数据二次平均后的地级市有石家庄市、秦皇岛市、邯郸市、承德市、廊坊市、太原市、衡水市、大同市、乌兰察布市、鄂尔多斯市、沈阳市、本溪市、常州市、淮安市、南京市、苏州市、连云港市、盐城市、扬州市、湖州市、芜湖市、黄山市、阜阳市、滁州市、吉安市、抚州市、开封市、洛阳市、平顶山市、安阳市、鹤壁市、焦作市、濮阳市、许昌市、漯河市、商丘市、周口市、武汉市、荆州市、江门市、黄冈市、随州市、南宁市、桂林市、玉林市、钦州市、贵港市、成都市、内江市、资阳市、南充市、达州市、汉中市、延安市、西宁市、大连市、鞍山市、抚顺市、本溪市、营口市、阜新市、铁岭市、朝阳市、长春市、吉林市、四平市、松原市、齐齐哈尔市、牡丹江市、佳木斯市、大庆市、伊春市、双鸭山市、七台河市、绥化市、黑河市、长治市、呼和浩特市、赤峰市、通辽市、巴彦淖尔市、镇江市、芜湖市、安庆市；通过对该市相邻地区的平均值推算的地级市有西宁市、湖州市。

10. 亿元 GDP 生产安全事故死亡人数相关地级市该指标数据来源及处理说明与上面相同。该指标是逆指标，本书测度时已将其转化为正指标。

11. 全年空气质量优良天数的数据来自 2017 年市政府统计公报。其中，沈阳市、焦作市、漯河市、咸宁市、河池市、贵港市、成都市、绵阳市、达州市、金昌市、乌鲁木齐、吐鲁番市、长治市、大连市、抚顺市、阜新市、葫芦岛市、通辽市、金华市、丽水市、鸡西市、宜昌市等的数据来自 2016 年市政府统计公报；呼和浩特市、包头市、乌兰察布市、本溪市、丹东市、龙岩市、安阳市、荆门市、随州市、长沙市、永州市、深圳市、肇庆市、定西市、东营市等的数据来自 2017 年政府工作报告；岳阳市、柳州市等的数据来自 2016 年政府工作报告；拉萨市的数据来自 2015 年市政府统计公报；通过对该市相邻地区的平均值推算的地级市有四平市。

12. 社会保障和就业支出占地方一般公共预算支出比例指社会保障和就业支出÷地方一般公共预算支出，数据来自 2017 年市政府预算执行报告。其中，大庆市、六安市等的数据来自 2017 全市预算支出；唐山市、保定市、大连市、营口市、哈尔滨市、赣州市、临沂市、开封市、百色市、泸州市、德阳市、广元市、遂宁市、宜宾市、雅安市、毕节市、曲靖市、晋城市、通辽市、邯郸市、防城港市、三亚市、商洛市、福州市、泉州市、焦作市、彬州市、长沙市等的数据来自 2016 年市级政府预算执行和 2017 年预算报告；洛阳市、平顶山市、三门峡市等来自 2015 年市级政府预算执行报告；通过对该市所在省级政府其他地级市的平均值和最低的数据二次平均的地级市有包头市、呼伦贝尔市、鄂尔多斯市、连云港市、蚌埠市、宿州市、宣城市、池州市、亳州市、龙岩市、三明市、萍乡市、淄博市、枣庄市、潍坊市、济宁市、泰安市、安阳市、鹤壁市、许昌市、漯河市、常德市、永州市、深圳市、江门市、惠州市、内江市、安顺市、丽江市、临沧市、陇南市、吴忠市。通过该市相邻地区的平均值推算的地级市有深圳市。

13. 住房保障支出占地方一般公共预算支出比例指社会保障和就业支出 ÷ 地方一般公共预算支出，数据来自 2017 年市政府预算执行报告。其中，石家庄市、邢台市、张家口市、承德市、呼伦贝尔市、徐州市、常州市、白城市等的数据来自 2017 市政府统计公报；唐山市、保定市、包头市、营口市、铁岭市、哈尔滨市、扬州市、赣州市、开封市、平顶山市、百色市、泸州市、宜宾市、雅安市、商洛市、银川市、曲靖市、日喀则市、金昌市、海东市、银川市、丹东市、锦州市、防城港市、福州市、泉州市、长沙市、肇庆市、吐鲁番市等的数据来自 2016 年市政府预算执行和 2017 年预算草案；通辽市、鄂尔多斯市、抚顺市、本溪市、丹东市、内江市、日喀则市、海东市、哈密市等的数据来自 2015 年预算执行报告；通过对该市所在省级政府其他地级市的平均值和最低的数据二次平均的地级市有梅州市、益阳市、常德市、韶关市、江门市、惠州市、河池市、钦州市、攀枝花市、资阳市、达州市、昆明市、玉溪市、普洱市、保山市、丽江市、临沧市、宝鸡市、兰州市、嘉峪关市、白银市、天水市、酒泉市、武威市、陇南市、庆阳市、石嘴山市、吴忠市、固原市、中卫市、哈密市、克拉玛依市、河池市、钦州市、郴州市、永州市、怀化市、清远市、玉林市、铁岭市、呼伦贝尔市。通过该市相邻地区的平均值推算的地级市有：枣庄市、伊春市。

14. 社会保险基金支出占地方一般公共预算支出比例指社会保险基金支出 ÷ 地方一般公共预算支出，数据来自 2017 年市政府预算执行报告。其中，保定市、常州市、赣州市、上饶市、开封市、洛阳市、平顶山市、安阳市、乌海市、丹东市、百色市、日喀则市、长沙市、肇庆市、岳阳市、衡阳市等数据来自 2016 年预算执行和 2017 年预算草案；通辽市、海东市、陇南市等数据来自 2015 年预算执行报告。通过对该市所在省级政府其他地级市的平均值和最低的数据二次平均的地级市有黄石市、荆州市、宜昌市、鄂州市、黄冈市、孝感市、咸宁市、随州市、湘潭市、邵阳市、张家界市、常德市、娄底市、怀化市、玉林市、临沧市、榆林市、嘉峪关市、金昌市、中卫市、吐鲁番市。

15. 全社会固定资产投资占 GDP 的比例指固定资产投资 ÷ GDP，数据来自 2017 年市政府统计公报。其中，昌都市、日喀则市、林芝市等三个地级市的数据通过二次平均得出。同时，地方一般公共预算执行补充解释如下：秦皇岛市、保定市、通辽市、丹东市、四平市、白山市、双鸭山市、绥化市、烟台市、开封市、洛阳市、平顶山市、安阳市、鹤壁市、新乡市、焦作市、濮阳市、商丘市、周口市、驻马店市、南阳市、信阳市、衡阳市、湛江市、百色市、三亚市、宜宾市、临沧市、拉萨市、林芝市、兰州市、白银市、武威市、庆阳市、哈密市、吐鲁番市、哈密市等的数据来自 2017 年市政府统计公报；许昌市、咸宁市等的数据来自 2016 年市政府统计公报。通过对该市相邻地区的平均值推算的地级市有潍坊市、金华市、东莞市。

16. 全年社会消费品零售总额增长率来源于各市 2017 年国民经济和社会发展统计公报。其中，保定市、沈阳市、铁岭市、葫芦岛市、佳木斯市、双鸭山市、七台河市、金华市、平顶山市、黄石市、宜昌市、北海市、崇左市、贺州市、百色市、河池市、钦州市、防城港市、贵港市、成都市、曲靖市、丽江市、金昌市、庆阳市、石嘴山市、吐鲁番市、哈密市等27个地级市的数据来源于2016年统计公报；拉萨市的数据来源于2015年统计公报；通过对该市相邻地区的平均值推算的地级市有内江市。

17. 人均邮电业务量指邮电业务总量÷总人口数，来源于各市2017年国民经济和社会发展统计公报。其中，沈阳市、阜新市、佳木斯市、鸡西市、鹤岗市、平顶山市、黄石市、北海市、崇左市、贺州市、百色市、河池市、防城港市、贵港市、成都市、南充市、普洱市、丽江市、石嘴山市、邢台市、儋州市、张家口市、包头市、铁岭市、吉林市、辽源市、淮北市、铜陵市、上饶市、抚州市、景德镇市、济宁市、安阳市、鄂州市、益阳市、阳江市、钦州市、三亚市、昭通市、铜川市、定西市、海东市、曲靖市、金昌市、庆阳市、拉萨市等46个地级市的数据来源于2016年国民经济和社会发展统计公报；吕梁市、乌兰察布市、巴彦淖尔市、常德市等的数据来源于2015年国民经济和社会发展统计公报；保定市、廊坊市、衡水市、乌海市、呼伦贝尔市、通辽市、牡丹江市、双鸭山市、七台河市、绥化市、黑河市、宁波市、绍兴市、湖州市、金华市、衢州市、台州市、丽水市、舟山市、淮北市、铜陵市、抚州市、景德镇市、鹰潭市、济南市、滨州市、德州市、临沂市、十堰市、荆州市、宜昌市、襄阳市、荆门市、德阳市、资阳市、遵义市、安顺市、昌都市、日喀则市、林芝市等的数据通过对该市所在地区的平均值和最低的值二次平均推算得来。

18. 移动电话普及率来源于各市2017年国民经济和社会发展统计公报。其中，沈阳市、大连市、阜新市、铁岭市、葫芦岛市、通化市、佳木斯市、鹤岗市、双鸭山市、金华市、平顶山市、宜昌市、揭阳市、崇左市、河池市、防城港市、贵港市、成都市、南充市、曲靖市、普洱市、丽江市、金昌市、庆阳市、石嘴山市、固原市、吐鲁番市、哈密市、鸡西市、邢台市、吕梁市、辽源市、保山市等的数据来源于2016年统计公报；拉萨市、安康市、安顺市、济宁市等来源于2015年统计公报；衡水市、通辽市、本溪市、吉林市、齐齐哈尔市、牡丹江市、七台河市、绥化市、黑河市、盐城市、宁波市、抚州市、景德镇市、临沂市、平顶山市、安阳市、周口市、驻马店市、黄石市、荆州市、黄冈市、孝感市、随州市、株洲市、郴州市、广州市、肇庆市、云浮市、南宁市、柳州市、北海市、来宾市、玉林市、百色市、钦州市、三亚市、遵义市、昭通市、昌都市、日喀则市、林芝市、陇南市、克拉玛依市等的数据通过对该市所在地区的平均值和最低的值二次平均推算得来。

19. 互联网普及率来源于2017年国民经济和社会发展统计公报。其中，保定市、沈阳市、铁岭市、葫芦岛市、佳木斯市、金华市、平顶山市、宜昌市、崇左市、贺州市、防城港市、贵港市、成都市、曲靖市、丽江市、金昌市、庆阳市、石嘴山市、吐鲁番市、哈密市、双鸭山市、七台河市、黄石市、北海市、百色市、河池市、钦州市、赤峰市、湖州市、鹰潭市、济南市、东营市、南充市、广安市等的数据来源于2016年统计公报；拉萨市、吕梁市、济宁市、十堰市、岳阳市、怀化市、梧州市、拉萨市、安康市、延安市等的数据来源于2015年统计公报；邢台市、衡水市、呼和浩特市、包头市、通辽市、本溪市、吉林市、四平市、辽源市、牡丹江市、双鸭山市、七台河市、绥化市、黑河市、盐城市、宁波市、抚州市、景德镇市、临沂市、平顶山市、安阳市、周口市、驻马店市、黄石市、荆州市、黄冈市、孝感市、随州市、株洲市、郴州市、广州市、肇庆市、云浮市、南宁市、柳州市、北海市、来宾市、玉林市、百色市、钦州市、三亚市、遵义市、昭通市、昌都市、日喀则市、林芝市、陇南市、克拉玛依市等的数据通过该市所在地区的平均值和最低的值二次平均推算得来。通过对该市相邻地区的平均值推算的地级市有东莞市。

20. 第三产业对 GDP 增长贡献率来源于 2017 年国民经济和社会发展统计公报。其中，保定市、沈阳市、铁岭市、葫芦岛市、佳木斯市、双鸭山市、七台河市、金华市、平顶山市、黄石市、宜昌市、北海市、崇左市、贺州市、百色市、河池市、钦州市、防城港市、贵港市、成都市、达州市、曲靖市、丽江市、金昌市、庆阳市、石嘴山市、吐鲁番市、哈密市等的数据来源于 2016 年统计公报；拉萨市的数据来源于 2015 年统计公报；秦皇岛市、鞍山市、本溪市、锦州市、营口市、辽阳市、苏州市、泰州市、湖州市、六安市、漳州市、吉安市、济南市、烟台市、郑州市、株洲市、郴州市、海口市、临沧市等的数据通过对该市所在地区的平均值和最低的值二次平均推算得来。通过对该市相邻地区的平均值推算后的地级市有昌都市、日喀则市、林芝市。

21. 居民消费价格上涨指数来源于 2017 年国民经济和社会发展统计公报。其中，保定市、沈阳市、铁岭市、葫芦岛市、佳木斯市、双鸭山市、七台河市、金华市、平顶山市、黄石市、宜昌市、崇左市、贺州市、百色市、河池市、钦州市、防城港市、贵港市、成都市、曲靖市、丽江市、金昌市、庆阳市、石嘴山市、吐鲁番市、哈密市等的数据来源于 2016 年统计公报；拉萨市的数据来源于 2015 年统计公报；呼伦贝尔市、鄂尔多斯市、常州市、渭南市、武威市、海东市、北海市、昌都市、日喀则市、林芝市等的数据通过对该市所在地区的平均值和最低的值二次平均推算得来。通过对该市相邻地区的平均值推算的地级市有鄂尔多斯市。

22. GDP 增长率来源于各市 2017 年国民经济和社会发展统计公报。其中，沈阳市、阜新市、铁岭市、葫芦岛市、佳木斯市、鸡西市、鹤岗市、双鸭山市、七台河市、黑河市、金华市、平顶山市、黄石市、宜昌市、揭阳市、北海市、黄石市、崇左市、贺州市、玉林市、百色市、河池市、钦州市、防城港市、贵港市、成都市、普洱市、丽江市、金昌市、石嘴山市、固原市、乌鲁木齐市、绥化市、保定市、庆阳市、吐鲁番市、焦作市、哈密市、柳州市、曲靖市、驻马店市、鹤壁市、新余市、宜春市等的数据来源于 2016 年统计公报；大连市的数据来源于 2017 年预算执行情况与 2018 年预算草案的报告；拉萨市的数据来源于 2015 年统计公报；昌都市、日喀则市的数据通过对该市所在地区的平均值和最低的值二次平均推算得来。

23. 权力清单（发布数量及时间）指地级市政府发布的权力清单数量及时间，数据来自 2018 年地级市政务服务网、市政府机构编制委员会办公室网站。该指标评分标准为 1~3 分，主要根据权力清单公布的总数多少、公布时间早晚评分。其中，地级市政府权力清单指标得 1 分的是该市政府公布权力清单的部门少、各部门的权力清单数量少、公布时间晚；得 2 分的是该市政府公布权力清单的部门较多，清单总数少、公布时间比较晚；得 3 分的是该市政府公布权力清单的总数或综合部门数量多且具体，公布时间早。

24. 特别重大事故一票否决信息来自 2017 年地级市安全生产监督管理局年度总结报

告或者2017年相关政府官方或者主流媒体报道。该指标是一个平衡指标，最后用来剔除政府效率测度结果全国排名前100位的地级市。

25. 地方一般公共预算支出来源于2017年预算执行情况与2018年预算草案的报告。其中，保定市、通辽市、丹东市、吉林市、通化市、白山市、双鸭山市、绥化市、烟台市、郑州市、开封市、洛阳市、平顶山市、安阳市、鹤壁市、新乡市、焦作市、周口市、驻马店市、南阳市、信阳市、衡阳市、湛江市、百色市、三亚市、内江市、宜宾市、临沧市、拉萨市、林芝市、嘉峪关市、兰州市、武威市、庆阳市、吐鲁番市、哈密市等的数据来源于2016年预算执行情况与2017年预算草案的报告；辽源市、许昌市、咸宁市的数据来源于2015年预算执行情况与2016年预算草案的报告；牡丹江市、乌兰察布市、大庆市、淮北市、萍乡市、濮阳市、漯河市、三门峡市、商丘市、黄冈市、永州市、怀化市、商洛市、白银市、平凉市等的数据来源于2017年统计公报；宜昌市来源于2016年统计公报。

26. 非税收入占地方一般公共预算收入比例来源于2017年预算执行情况与2018年预算草案的报告。其中，通辽市、丹东市、吉林市、通化市、白山市、双鸭山市、绥化市、烟台市、郑州市、开封市、洛阳市、平顶山市、安阳市、七台河市、鹤壁市、新乡市、焦作市、周口市、驻马店市、南阳市、嘉峪关市、信阳市、衡阳市、湛江市、百色市、三亚市、宜宾市、内江市、临沧市、拉萨市、林芝市、兰州市、白银市、武威市、庆阳市、吐鲁番市、哈密市、保定市等数据来源于2016年预算执行情况与2017年预算草案的报告；辽源市、许昌市的数据来源于2015年预算执行情况与2016年预算草案的报告；鄂尔多斯市、乌兰察布市、锦州市、长春市、牡丹江市、马鞍山市、淮北市、宿州市、滁州市、六安市、宣城市、萍乡市、菏泽市、濮阳市、漯河市、三门峡市、商丘市、武汉市、黄冈市、孝感市、咸宁市、永州市、怀化市、海口市、资阳市、平凉市等数据来源于2017年统计公报；通辽市、黑河市、驻马店市、黄石市、宜昌市的数据等来源于2016年统计公报。通过对该市相邻地区的平均值推算的地级市有日喀则市、南昌市、亳州市、乌海市、白城市、松原市、齐齐哈尔市、牡丹江市、佳木斯市、大庆市、鸡西市、鹤岗市、蚌埠市、铜陵市等14个地级市。

27. 新增公务员人数的相关计算数据来自2018年国家公务员考试职位表、公务员考试网。

28. 农村居民人均可支配收入来自于2017年统计公报。其中，日照市来源于2016年统计公报。

29. 城镇居民人均可支配收入来自于2017年统计公报。其中，日照市来源于2016年统计公报。

30. 人均GDP来自于2017年统计公报。其中，承德市、沧州市、包头市等的数据来自2016年统计公报；锦州市、七台河市、金华市、开封市、荆州市、株洲市、湘潭市、南宁市、北海市、南充市、雅安市、昭通市、日喀则市等的数据来自2017年政府官网；昌都市的数据来自2016年政府官网；林芝市、天水市、陇南市的数据来自2018年政府官网。

31. 城镇登记失业率来自2017年统计公报。其中，绥化市、六安市、赣州市、抚州市、洛阳市、安阳市、南阳市、随州市、邵阳市、兰州市、武威市的数据来源于 2016 年统计公报。

32. 月最低工资标准来源于2017年相关省级政府人力资源和社会保障厅最低工资标准的通知。

33. 领导信息公开数据来源于 2018 年各市政府网站。参考地级市政府信息公开栏目信息，政府主要领导信息指市长或副市长个人信息；市政府电话数据来源于地级市政府网站，参考市级政府信息公开栏目信息：政府办公厅电话。

34. 政府新媒体公开指 2018 年市级政府网站上是否有公众微信号、微博等新媒体方式。

35. 三公经费公开源于各地级市政府网站、市财政局网站、市级政府预算报告，统一采用的是 2018 年预算报告数据；其中，有完整的该经费数据则为公开，只有数据上升或下降率等内容则为半公开，如没有该数据则为未公开。

36. 工作报告公开数据来源于各地级市政府网站或者官方媒体，参考 2018 年各市人代会的政府工作报告。某地级市政府网站有完整的政府工作报告则为公开，有部分政府工作报告内容则为半公开，如没有政府工作报告则为未公开。

37. 预算报告公开数据来源于各地级市政府网站，参考 2018 年预算报告。其中，有完整的该预算报告则为公开，有部分该预算报告内容则为半公开，如没有该预算报告则为未公开。

38. 计划报告公开数据来源于各地级市政府网站，参考 2018 年计划报告。其中，有完整的该计划报告则为公开，有部分该计划报告内容则为半公开，如没有该计划报告则为未公开。

39. 统计公报公开数据来源于各地级市政府网站或者统计信息网，参考 2017 年统计公报。其中，有完整的该统计公报则为公开，有部分该统计公报内容则为半公开，如没有该统计公报则为未公开。

40. 公务员考试职位表公开信息来自 2018 年 5 月 20 日前各省级政府人事考试网或者地级市政府人事网。

41. 政府办事时效该信息来自各地级市政府网站。参考市长邮箱里的邮件信息，查询的截止时间为 2018 年 5 月 20 日。该指标处理标准为政府收到最新邮件时间与政府回复或反馈该邮件时间之间的时间差。如果收到邮件与反馈邮件处理意见的日期之间的时间差为 1~5 天属于较好、5~10 天属于一般、10 天以上属于差。其中，最近邮件收到日期与反馈日期均公布的地级市，采用其最近 3 封的处理时间取平均值；仅公布反馈日期的地级市，参考其最近 3 封的反馈时间间隔取平均值；既无收到日期又无反馈日期的地级市、无市长信箱栏目的地级市、不开放邮件阅读的地级市，因为它们未能及时公布对公众诉求处理速度的信息，则该项指标得分在全国地级市排名中并列为最后一名。且在此基础上考察对中央政策贯彻和上级精神的时效性，是否贯彻落实十九届三中全会精神和 2018 年两会精神。较好记为 3 分，一般记为 2 分，较差记为 1 分。

本书有关地级市政府效率测度指标信息收集、查询的截止时间为 2018 年 5 月 20 日。

附录2.3 2018年中国县级政府效率测度指标数据来源及处理说明

1. 科技支出占地方一般公共预算支出比例指科学技术支出÷地方一般公共预算支出，数据来自县级政府2017年执行情况与2018年县级政府预算报告。其中，道县、桂阳县、慈利县、洞口县、衡阳县、衡东县、长沙县、瑞丽市、澄江县、兴义市、鱼台县、利津县、太谷县、屯留县、资兴市等的数据来自县级政府2016年执行情况与2017年县级政府预算报告；双峰县、芷江侗族自治县、新晃侗族自治县、宁远县、澧县、湘阴县、汨罗市、新宁县、邵东县、祁东县、湘潭县、渌口区、大理市、盈江县、新平彝族傣族自治县、华宁县、嵩明县、龙里县、瓮安县、惠水县、凤冈县、赤水市、息烽县、东明县、郓城县、惠民县、阳信县、阳谷县、平邑县、兰陵县、五莲县、莒县、东平县、梁山县、金乡县、泗水县、海阳市、新泰市、莱西市、神木市、城固县、凤县、千阳县、扶风县、祁县、沁县、云州区、永济市、涟源市、平原县、安陆市、汉川市、云梦县、华亭县、乐至县、水富县、左云县、古交市、柳城县、平南县、田阳县、天峨县、余江区等的科技支出数据来自县级政府2015年执行情况与2016年县级政府预算报告；岳阳县、衡山县、峨山彝族自治县、福泉市、莱阳市、韩城市等6个县科技支出数据来自县级政府2014年执行情况与2015年县级政府预算报告；开远市、芒市等的科技支出数据来源于2016年国民经济和社会发展统计公报的县级样本。以下各县级政府科技支出数据通过对该县所在市级地区的所有县级政府数据的平均值和最低值二次平均推出的有扎鲁特旗、二连浩特市、瓜州县、山丹县、金堂县、广汉县、江油市、三台县、蓬溪县、射洪县、高县、芦山县、荥经县、宝兴县、汉源县、麻阳苗族自治县、中方县、祁阳县、嘉禾县、宜章县、汉寿县、津市市、华容县、临湘市、耒阳市、蒙自市、个旧市、石屏县、弥勒市、河口瑶族自治县、楚雄县、牟定县、石林彝族自治县、镇远县、都匀县、鄄城县、曹县、沂南县、费县、东阿县、蓬莱市、招远市、岐山县、介休市、榆社县、长治县、长子县、方山县、山阴县、蠡县、望都县、泊头市、黄骅市、德昌县、会理县、冕宁县、美姑县、且末县、库车县、新和县、乌苏市、布尔津县、富蕴县、庐山市、上高县、定南县、玉山县、铅山县、弋阳县、资溪县、陆丰市、郁南县、福清市、南靖县、平和县、寿宁县、宁化县、尤溪县、将乐县、蒲城县、松溪县、舞钢市、宝丰县、新乡县、商水县、桦甸市、双辽市、浏阳市、华容县、杞县、通许县、尉氏县、肇州县、明水县、漠河市、呼玛县、凌源市、瓦房店市、沧县、原平市、平定县、马龙区、景谷傣族彝族自治县等。

2. 文化体育与传媒支出占地方一般公共预算支出比例指文化体育与传媒支出÷地方一般公共预算支出，数据来自县级政府2017年预算执行情况和2018年预算草案的报告。其中，云梦县、鄂托克旗、镶黄旗、荣县、和静县、新和县、邵武市、获嘉县、鄢陵县、穆棱市、双辽市、法库县、调兵山市、北票市、任丘市、东阿县、华坪县、滦南县、曲沃县、诸城市、威海市、泰安市、莱阳市、海阳市、庆云县、夏津县、赤水市、绥阳县、余庆县等县级政府的文化体育与传媒支出数据来自2018年县级政府预算报告；新沂市、休宁县、精河县、信宜市、建宁县、将乐县、温县、东丰县等8个的数据来源于2017年政府预算报告；沛县、丰县、灌云县、灌南县、涟水县、金湖县、泗洪县、建湖县、五河县、洪湖市、公安县、宜都市、浠水县、广水市、金塔县、特克斯县、浮梁县等128个县级政府的数据来源于2016年政府决算报告；乌拉特后旗、正阳县、勃利县、桓仁满族自治县、韩城市、曲阜市、武冈市、慈利县、嘉禾县、洪江市等37个县级政府的数据来源于2016年财政预算执行情况和2017年财政预算草案的报告；通过对同属于一个地级市的县级政府数据进行平均再和同一地级市所属县级政府数据最小值进行平均算法推算出的有汉川市、通山县、托克托县、乌审旗、华亭县、中江县、营山县、洪雅县、邻水县、芦山县、乐至县、轮台县等71个。

3. 教育支出占地方一般公共预算支出比例指教育支出÷地方一般公共预算支出，数据来自县级政府2017年执行情况与2018年县级政府预算报告。其中，沛县、涟水县、泗阳县、青阳县、瑞安市、苍南县、嘉鱼县、随县、通城县、东方市、澄迈县、固阳县、准格尔、乌拉特中锡林浩特市、阿拉善右旗、治多县、皋兰县、民勤县、简阳彭州市、荣县、三台县、北川羌族自治县、营山县、叙州区、长宁县、高县、珙县、大竹县、石棉县、天全县、松潘县、德昌县、奇台县、吉木萨尔县、木垒哈萨克自治县、博乐市、库尔勒市、和硕县、博湖县、和县、鄯善县、托克逊县、乌鲁木齐县、霍城县、哈巴河县、阿拉尔市、横县、灵川县、平乐恭城瑶族自治区、苍梧藤县、东兴市、桂平市、平南县、博白县、武宣县、进贤县、芦溪县、余江区、瑞金市、龙南县、石城县、永丰县、峡江县、南丰县、南雄市、仁化县、新丰县、乳源瑶族自治县、台山市、开平市、封开县、德庆县、四会市、广宁县、怀集县、惠东县、兴宁市、五华县、平远县、陆河县、南澳县、和平县、阳春市、英德市、惠来县、揭西县、罗定市、福清市、闽侯县、连江县、平潭县、惠安县、永春县、东山市、平和县、华安县、柘荣县、福鼎市、上杭县、武平县、建宁县、明溪县、沙县、将乐县、邵武市、登封市、杞县、舞钢市、郏县、温县、淇县、原阳县、辉县市、长垣县、林州市、安阳县、长葛市、鄢陵县、舞阳县、新野县、永城市、西华县、遂平县、贺兰县、青铜峡市、中宁县、虎林市、绥芬河市、穆棱市、北安市、萝北县、安达市、庆安县、肇东市、五常市、通河县、木兰县、方正县、讷河市、宝清县、友谊县、东宁市、勃利县、逊克县、嫩江县、孙吴县、德惠市、临江市、珲春市、榆树市、东辽县、伊通满族自治县、梨县、柳河县、梅河口市、通化县、扶余县、新民市、海城市、凌海市、黑山县、瓦房店市、康平县、台安县、本溪满族自治县、桓仁满族自治县、调兵山市、建昌县、西丰县、昌黎县、卢龙县、正定县、赵县、晋州市、新乐市、元氏县、乐亭县、玉田县、遵化市、大名县、广平县、武安市、曲周县、涉县、广宗县、高碑店市、安国市、涞水县、雄县、文安县、大城县、涿鹿县、枣强县、古交市、原平市、太谷县、华阴市、周至县、三原县、大荔县、子长县、黄龙县、城固县、沁县、神木市、莱西市、寿光市、招远市、平阴县、栖霞市、泗水县、徽山县、莒县、无棣县、鄄城县、东明县、成武县、修文县、息烽县、镇远县、惠水县、玉屏侗族自治县、新平彝族傣族自治县、祥云县、醴陵市、攸县、湘潭县、耒阳市、武冈市、新宁县、汨罗市、澧县、安乡县、资兴市、祁阳县、新晃侗族自治县、双峰县、泗洪县、五河县、桐城市、歙县、明光市、全椒县、旌德县、涡阳县、淳安县、慈溪市、平湖市、嘉善县、海盐县、永康市、磐安县、龙泉市、遂昌县、松滋市、兴山县、老河口市、钟祥市、赤壁市、崇阳县、广水市、定安县、和林格尔县、开鲁县、伊金霍洛旗、满洲里市、牙克石市、新巴尔虎左旗、新巴尔虎右旗、鄂温克族自治旗、杭锦后旗、多伦县、班玛县、格尔木市、泾川县、都江堰市、崇州市、邛崃市、米易县、梓潼县、射洪县、资中县、峨边彝族自治县、蓬安县、丹棱县、兴文县、岳池县、武胜县、开江县、渠县、芦山县、荥经县、马尔康市、宁南县、冕宁县、美姑县、阜康市、轮台县、昭苏县、特克斯县、塔城市、福海县、宾阳县、荔浦县、蒙山县、凭祥市、扶绥县、大新县、安义县、浮梁县、共青城市、瑞昌市、武宁县、永修县、上栗县、贵溪市、大余县、奉新县、上高县、铜鼓县、婺源县、吉水县、泰和县、徐闻县、佛冈县、阳山县、饶平县、安溪县、德化县、漳浦县、仙游县、武夷山市、政和县、巩义市、新密市、中牟县、尉氏县、偃师市、新安县、叶县、武陟县、新乡县、延津县、汤阴县、清丰县、南乐县、濮阳县、襄城县、临颍县、义马市、西峡县、镇平县、内乡县、唐河县、夏邑县、罗山县、鹿邑县、汝南县、泾源县、富锦市、鸡东县、洮南市、凌源市、绥中县、铁岭县、喀左县、沙河市、蠡县、定襄县、文水县、交口县、方山县、云州区、襄垣县、平度市、鱼台县、梁山县、肥城市、凤冈县、澄江县、通海县、楚雄、渌口区、韶山市、湘乡市、衡东县、衡山县、衡阳县、衡南县、祁东县、邵东县、洞口县、绥宁县、岳阳县、湘阴县、华容县、桃源县、汉寿县、石门县、慈利县、嘉禾县、蓝山县、宁远县、东安县、江永县、中方县、冷水江市、涟源市、涟水县、仪征市、宝应县、镇江市、兴化市、海门市、启东市、海东市、溧阳市、宜兴市、常熟市、张家港市、太仓市、昆山市、芜湖市、繁昌县、濉溪县、含山县、望江县、广德县、蒙城县、安吉县、当涂县、和县、枞阳县、绩溪县、武义县、磐安县、义乌市、永康市、嵊泗县、天台县、玉环市、三门县、仙居县、遂昌县、公安县、安陆市、文昌市、琼海市、万宁市、东方市、定安县、陵水黎族自治县、开鲁县、乌审旗、镶黄旗、班玛县、皋兰县、泾川县、迭部县、临夏市、徽县、峨边彝族自治县、安岳县、伊吾县、伊宁市、阿勒泰市、阿拉尔市、天峨县、兴宁县、五华县、平远县、蕉岭县、陆丰市、永春县、德化县、龙海市、灵宝市、渑池县、中宁县、虎林市、洮南市、凤城市、兴城市、沙河市、涿鹿县、高平市、稷山县、利津县、水富县、随县、广水市、敦煌市、威远县、容县、杞县等县级政府的教育支出数据来自县级政府2016年执行情况与2017年县级政府预算报告；清水河县、阿拉善左旗、得荣县、容县、雷州市、龙门县、新兴县、周宁县、大田县、方城县、扶沟县、宁安市、林口县、永吉县、宽甸满族自治县、东港市、深州市、南宫市、宁晋县、郯城县、曹县、福泉市、吉首市等县级政府的教育支出数据来自县级政府2015年执行情况与2016年县级政府预算报告；巢湖市、肥西县、当涂县、望江县、黟县、界首市、天长市、乐清市、平阳县、常山县、江陵县、昌江黎族自治县、乌审旗锡林浩特市、二连浩特市、额济纳旗、昌吉市等县级政府的教育支出数据来源于2016年国民经济和社会发展统计公报。此外，以下各县级政府教育支出数据通过对该县所在地级市政府的所有县级政府数据的平均值和最低值二次平均得到的：新沂市、丰县、金湖县、泗洪县、东台市、响水县、丹阳市、长丰县、肥东县、固镇县、五河县、无为县、平湖市、海盐县、德清县、嵊州市、兰溪市、开化县、松阳县、缙云县、庆云县、洪湖市、监利县、松滋市、远安县、五峰土家族自治县、宜都市、沙洋县、云梦县、蕲春县、嘉鱼县、伊金霍洛旗、鄂托克旗、玉门市、成县、靖远县、广汉市、夹江县、丹棱县、珙县、岳池县、荥经县、汉源县、红原县、会理县、美姑县、且末县、温宿县、库车县、乌鲁木齐县、布尔津县、横县、兴安县、灵山县、陆川县、平果县、钟山县、瑞昌市、德安县、龙南县、大余县、瑞金市、大余县、婺源县、弋阳县、德兴市、太和县、宜黄县、仁化县、开平县、怀集县、陆河县、南澳县、紫金县、连江县、平潭县、东山县、古田县、屏南县、明溪县、将乐县、宁化县、伊川县、舞钢市、沁阳市、卫辉市、获嘉县、新乡县、濮阳县、义马市、息县、西华县、正阳县、灵武市、嘉荫县、肇州县、肇东市、五常市、宝清县、孙吴县、明水县、漠河市、塔河县、永吉县、图们市、榆树市、伊通满族自治县、长岭县、抚松县、凌海市、黑山县、瓦房店市、台安县、岫岩满族自治县、开原市、黄骅市、任丘市、遵化市、涉县、任县、涞水县、涿州市、潞城市、怀仁县、永济市、云州区、长治县、太谷县、榆社县、曲沃县、周至县、乾县、黄龙县、昌邑市、寿光市、商河县、莱阳市、莱州市、海阳县、汶上县、泗水县、莒县、夏津县、郯城县、莒南县、阳谷县、余庆县、湄潭县、赤水市、黔西县、镇远县、玉屏侗族自治县、崇明县、马龙区、新平彝族傣族自治县、景谷傣族彝族自治县、楚雄市、石屏县、弥勒市、株洲市、新宁县、双牌县、会同县、中方县、芷江侗族自治县、靖州苗族侗族自治县、吉首市、桐城市等。

4. 医疗卫生支出占地方一般公共预算支出比例指医疗卫生支出 ÷ 地方一般公共预算支出，数据来自县级政府 2017 年执行情况与 2018 年县级政府预算报告。其中，海盐县、长兴县、常山县、龙泉市、松阳县、云和县、遂昌县、洪湖市、监利县、公安县、枝江市、远安县、宜城市、浠水县、通城县、乐东黎族自治县、陵水黎族自治县、杭锦旗、新巴尔虎左旗、新巴尔虎右旗、鄂温克族自治旗、杭锦后旗、乌拉特中旗、阿拉善右旗、班玛县、玉树市、格尔木市、徽县、民乐县、都江堰市、米易县、三台县、射洪县、资中县、阆中市、丹棱县、筠连县、开江县、会东县、阜康市、吉木萨尔县、和硕县、拜城县、伊宁市、昭苏县、福海县、灌阳县、荔浦县、恭城瑶族自治县、桂平市、平南县、浮梁县、武宁县、都昌县、上栗县、宜丰县、铜鼓县、德兴市、永丰县、吉水县、泰和县、徐闻县、五华县、安溪县、德化县、云霄县、寿宁县、将乐县、杞县、尉氏县、孟津县、汝州市、武陟县、卫辉市、延津县、长垣县、清丰县、南乐县、方城县、镇平县、内乡县、唐河县、新野县、罗山县、息县、项城市、正阳县、富锦市、庆安县、敦化市、通化县、沙河市、泊头市、南宫市、高碑店市、方山县、清徐县、云州区、安泽县、鱼台县、梁山县、凤冈县、澄江县、渌口区、衡阳县、祁东县、湘阴县、华容县、津市市、澧县、桃源县、资兴市、蓝山县、道县、会同县、涟源市、新和县、南丰县、德昌县、库尔勒市、鄯善县、乌鲁木齐县、奎屯市、塔城市、柳城县、平乐县、共青城市、台山市、惠东县、海丰县、连江县、柘荣县、上杭县、叶县、修武县、淇县、原阳县、林州市、安阳县、濮阳县、永城市、夏邑县、西华县、贺兰县、青铜峡市、中宁县、密山市、铁力市、绥芬河市、北安市、安达市、五常市、友谊县、鸡东县、嫩江县、塔河县、德惠市、舒兰市、蛟河市、珲春市、榆树市、东辽县、伊通满族自治县、梨树县、柳河县、黑山县、大石桥市、台安县、桓仁县、东港市、西丰县、卢龙县、元氏县、乐亭县、玉田县、遵化市、大名县、广平县、曲周县、广宗县、宁晋县、文安县、永清县、涿鹿县、太谷县、华阴市、三原县、神木市、泗水县、郓城县、余庆县、镇远县、惠水县、瓮安县、醴陵市、湘潭县、汉寿县、宜章县、宁远县、芷江侗族自治县、皋兰县、松滋市、老河口市、仙居县、贵德县、北川羌族自治县、翁源县、安陆市、崇阳县、简阳市、随县、广水市、敦煌市、威远县、容县等县级政府的医疗卫生支出数据来自县级政府2016年执行情况与2017年县级政府预算报告；南漳县、瑞金市、信丰县、连南瑶族自治县、宽甸满族自治县、原平市、招远市、徽山县、新平彝族傣族自治县、耒阳县、武冈市、阿拉尔市闽侯县、任县、吉首市、阿拉善左旗、新化县、江阴市、长丰县、肥东县、肥西县、芜湖县、繁昌县、凤台县、当涂县、含山县、和县、怀宁县、休宁县、界首市、太和县、霍山县、东至县、青阳县、余姚市、宁海县、象山县、瑞安县、海宁市、平湖市、嘉善县、嵊州市、应城县、汉川市、托克托县、开鲁县、扎鲁特旗、准格尔旗、鄂托克旗、乌审旗、金塔县、乌兰浩特市、民勤县、华亭县、靖远县、荣县、什邡市、江油市、梓潼县、青川县、峨边彝族自治县、青神县、长宁县、高县、兴文县、武胜县、荥经县、马尔康市、得荣县、博乐市、五家渠市、安岳县、特克斯县、陆川县、天峨县、进贤县、安义县、高安市、上高县、德兴县、弋阳县、铅山县、饶平县、揭西县、新兴县、灵宝县、虎林市、临江市、海城市、兴城市、岫岩满族自治县、铁岭县、三河市、深州市、平定县、长治县、襄垣县、屯留县、沁县、平度市、利津县、临朐县、长岛县、五莲县、腾冲市、水富县、瑞丽市、祥云县等县级政府的医疗卫生支出数据来自县级政府2015年执行情况与2016年县级政府预算报告；望江县的数据来源于2016年国民经济和社会发展统计公报。以下各县级政府医疗卫生支出数据通过对该县所在地级市所属的县级政府数据的平均值和最低值二次平均后推出的：新沂市、泗洪县、建湖县、镇江市、海东市、丹阳市、常熟市、太仓市、庐江县、固镇县、南陵县、祁门县、天长市、凤阳县、定远县、全椒县、绩溪县、宁国县、涡阳县、蒙城县、乐清市、永嘉县、平阳县、苍南县、文成县、桐乡市、诸暨市、浦江县、缙云县、青田县、庆元县、兴山县、宜都市、当阳市、五峰土家族自治区、谷城县、保康县、团风县、赤壁市、通山县、大冶市、琼海市、东方市、定安县、屯昌县、澄迈县、昌江黎族自治县、清水河县、伊金霍洛旗、扎兰屯市、乌拉特中旗、苏尼特右旗、共和县、仁化县、新丰县、明水县、锡林浩特市、二连浩特市、高台县、临泽县、新津县、中江县、井研县、夹江县、蓬安县、仁寿县、洪雅县、叙州区、邻水县、石棉县、芦山县、天全县、红原县、昌吉市、博湖县、轮台县、且末县、库车县、霍城县、塔城市、乌苏市、布尔津县、富蕴县、沙洋县、乐至县、鹿寨县、博白县、兴业县、九江县、庐山市、余江区、崇义县、龙南县、定南县、石城县、上高县、婺源县、资溪县、南城县、鹤山市、雷州市、德庆县、广宁县、兴宁市、大埔县、和平县、阳春县、连山壮族瑶族自治县、惠南县、罗定县、福清县、南安市、漳浦县、平和县、武平县、建宁县、尤溪县、泰宁县、浦城县、松溪县、巩义市、荥阳市、新密市、通许县、伊川县、郏县、宝丰县、汤阴县、禹州县、鄢陵县、义马市、邓州市、西峡县、商水县、西平县、遂平县、肇州县、穆棱市、萝北县、依兰县、通河县、木兰县、宝清县、集贤县、孙吴县、勃利县、东丰县、双辽市、抚松县、凌海市、灯塔市、庄河市、瓦房店市、康平县、长海县、调兵山市、开原市、建昌县、黄骅市、任丘市、昌黎县、正定县、赵县、新乐市、迁安市、滦南县、广平县、成安县、望都县、蠡县、大城县、霸州市、枣强县、古交市、沧县、潞城市、山阴县、文水县、交口县、长子县、沁水县、祁县、介休市、侯马市、稷山县、韩城市、凤县、武功县、城固县、靖边县、莱西市、青州市、高密市、荣成市、济阳县、蓬莱市、栖霞市、曲阜市、汶上县、莒县、宁津县、郯城县、费县、兰陵县、东阿县、无棣县、修文县、息烽县、怀仁市、湄潭县、兴义县、贵定县、都匀市、石林彝族自治县、宜良县、易门县、通海县、景谷傣族彝族自治县、芒市、盈江县、祥云县、元谋县、弥勒市、河口瑶族自治县、炎陵县、韶山市、新宁县、宁乡县、岳阳县、安乡县、临澧县、桂阳县、沅江市、祁阳县、东安县、江永县、洪江市、辰溪县、新晃侗族自治县、中方县、冷水江市、双峰县、固阳县等。

5. 在校生人数占总人口的比例指各级各类在校生人数 ÷ 总人口数，数据来自 2017 年县级政府统计公报。其中，栖霞市、蒙阴县共 2 个县级政府的在校生人数来自 2018 年政府官网；曹县的在校生人数来自 2017 年政府官网；勃利县、金乡县、肥城市、方山县等 4 个县的在校生人数来自 2016 年政府官网；东海县、灌南县等 548 个县的在校生人数来自 2016 年县级政府统计公报；罗定市、石狮市、南安县、荣成市、济阳县 5 个县级政府的在校生人数来自 2017 年县级政府统计年鉴；庐江县、象山县等 57 个县级政府数据来源于 2015 年县级统计公报。另外，通过相邻县平均值并乘以 0.8 推算的县级政府有灌云县、泗洪县、怀远县等 72 个县级政府；通过相邻地区县平均值并乘以 0.8 推算的县级政府有尖扎县、共和县、贵德县等 76 个县级政府。

6. 全年专利申请量的数据来自 2017 年县级政府统计公报和政府工作报告。其中，灌南县、盐城市、阜宁县、宿迁市、泗阳县、滁州市、凤阳县、定远县、涡阳县、蒙城县、常山县、伊金霍洛旗、鄂托克旗、民勤县、罗源县、寿宁县、登封市、新安县、舞钢市、获嘉县、长垣县、禹州市、长葛市、方城县、西峡县、唐河县、夏邑县、芒市、永平县等县级政府专利申请量数据来自 2018 年政府工作报告；丰县、建湖县、宝应县、句容市、溧阳市、宜兴市、常熟市、肥西县、怀远县、繁昌县、无为县、濉溪县、和县、望江县、休宁县、歙县、界首市、全椒县、来安县、霍山县、泾县、旌德县、东至县、青阳县、平阳县、嵊州市、义乌市、永康市、青田县、公安县、兴山县、老河口市、谷城县、保康县、京山市、通山县、万宁市、瓜州县、华亭县、徽县、蒲江县、都江堰市、大邑县、江油市、大英县、资中县、峨边彝族自治县、西充县、蓬安县、营山县、仁寿县、丹棱县、叙州区、珙县、岳池县、大竹县、石棉县、宝兴县、昌吉市、轮台县、和硕县、博湖县、温宿县、福海县、灌阳县、荔浦县、岑溪市、桂平市、合山市、象州县、武宣县、庐山市、上栗县、全南县、瑞金市、石城县等 208 个县级政府的专利申请量数据来自 2016 年县级政府统计公报和政府工作报告；德清县、通城县、澄迈县、高县、库尔勒市、永福县、贵溪市、上高县、万载县、开平市、中牟县、武陟县、尚志市、兴城市、绥中县、寿光市、汶上县、醴陵市、新宁县、吉首市等县级政府的专利申请量数据来自 2015 年统计公报和政府工作报告；苍南县、监利县、崇州市、共青城市、武安市等的专利申请量数据来自 2014 年县级政府统计公报。

7. 每万人口卫生机构指卫生机构数量 ÷ 总人口数，数据来自 2017 年县级政府统计公报。其中，沛县、东海县、灌南县、涟水县、盱眙县、东台市、建湖县、阜宁县、东海县、丹阳市、句容市、常熟市、张家港市、长丰县、昆山市、肥东县、巢湖市、肥西县、固镇县、五河县、芜湖县、繁昌县、南陵县、凤台县、当涂县、濉溪县、含山县、和县、休宁县、怀宁县、枞阳县、望江县、黟县、界首市、太和县、天长市、明光市、凤阳县、定远县、全椒县、来安县、泾县、旌德县、绩溪县、东至县、青阳县、涡阳县、永嘉县、平阳县、苍南县、德庆县、嵊州市、义乌市、永康市、岱山县、嵊泗县、天台县、松阳县、青田县、竹山县、兴山县、远安县等县级政府的数据来源于2016年县级政府统计公报。

8. 每千人口卫生机构床位指床位÷总人口数，数据来自2017年县级政府统计公报。其中，东台市、贵德县、鄂托克旗、睢宁县、沛县、东海县、灌南县、盱眙县、建湖县、阜宁县、如皋市、句容县、宜兴市、常熟市、张家港市、金塔县、敦煌市、瓜州县、泾川县、华亭县、徽县、山丹县、临泽县、蒲江县、简阳市、金堂县、大邑县、彭州市、邛崃市、富顺县、荣县、米易县、盐边县、合江县、江油市、三台县、梓潼县、大英县、筠连县、兴文县、岳池县、大竹县、宝兴县、红原县、西昌市、会理县、冕宁县、美姑县、昌吉市、阜康市、玛纳斯县、奇台县、吉木萨尔县、木垒哈萨克自治县、博乐市、精河县、温泉县、轮台县、且末县、和静县、博湖县、温宿县、沙雅县、新和县、拜城县、喀什市、伊吾县、伊宁市、奎屯市、昭苏县、特克斯县、塔城、乌苏市、阿勒泰市、富蕴县、福海县、哈巴河县、横县、灵川县、灌阳县、荔浦县、恭城瑶族自治县、藤县、合浦县、东兴市、上思县、桂平市、平南县、博白县、容县、新郑市、中牟县、天峨县、南丹县、合山市、象州县等365个县级政府的数据来自2016年县级政府统计公报；镇江市、民勤县、都江堰市、崇州市、中江县、什邡市、荥经县、汉源县、邻水县、武胜县、乐至县、稻城县、库尔勒市、荥阳市、钟山县、凭祥市、贵溪市、大余县、靖安县、玉山县、资溪县、雷州市、德庆县、平远县、阳山县、福鼎市、福清市、连江县、永春县、长垣县、禹州市、鄢陵县、义马市、高县、涟源市、麻阳苗族自治县、洪江市、蓝山县、沅江市、永兴县、嘉禾县、汉寿县、临湘市、新宁县、涟源市、麻阳苗族自治县、洪江市、蓝山县、沅江市、永兴县、嘉禾县、汉寿县、临湘市、新宁县、洞口县、醴陵市、黄陵县、乾县、三原县、沁县、沧县、蠡县、梨树县、孙吴县、尚志市等县级政府的数据来自2015年县级政府统计公报。

9. 每千人口卫生技术人员指卫生技术人员数÷总人口数，数据来自2017年县级政府统计公报。但是，睢宁县、丰县、东海县、灌南县、金湖县、沭阳县、东台市、建湖县、阜宁县、海安县、丹阳市、扬中市、句容市、宜兴市、常熟市、肥东县、肥西县、固镇县、繁昌县、当涂县、濉溪县、和县、枞阳县、望江县、休宁县、明光市、定远县、全椒县、来安县、泾县、旌德县、东至县、青阳县、涡阳县、永嘉县、平阳县、德清县、嵊州市、义乌市、岱山县、青田县、竹山县、公安县、兴山县、老河口市、谷城县、保康县、钟祥市、京山市、赤壁市、通山县、万宁市、东方市、屯昌县、陵水黎族自治县、巴林右旗、准格尔旗、乌审旗、鄂温克族自治旗、锡林浩特市、多伦县、乌兰浩特市、额济纳旗、班玛县、临夏市、都江堰市、金堂县、大邑县、荣县、盐边县、合江县、什邡市、大英县、夹江县、峨边彝族自治县、西充县、蓬安县、营山县、仁寿县、丹棱县、叙州区、珙县、岳池县、宝兴县、红原县、西昌市、昌吉市、阜康市、玛纳斯县、奇台县、吉木萨尔县、木垒哈萨克自治县、博乐市、精河县、温泉县、轮台县、和硕县、博湖县、温宿县、沙雅县、新和县、伊吾县、昭苏县、乌苏市、阿勒泰市、富蕴县、灵川县、灌阳县、荔浦县、岑溪市、上思县、桂平市、平南县、合山市等332个县级政府每千人口卫生技术人员数据来自2016年县级政府统计公报；蓬溪县、汉源县、乐至县、库尔勒市、霍城县、钟山县、南丹县、凭祥市、金溪县、福鼎市、连城县、荥阳市、武陟县、镇平县、洮南市、古交市、高平市、邹平县、澄迈县、扎鲁特旗、伊金霍洛旗等44个县级政府每千人口卫生技术人员数据来自2015年县级政府统计公报；双峰县、涟源市、南县、临武县、嘉禾县、河口瑶族自治县、祁阳县等7个县级政府每千人口卫生技术人员数据来自于2016年医疗卫生服务体系规划。

10. 社会保障和就业支出占地方一般公共预算支出比例指社会保障与就业支出÷一般公共预算支出。该指标数据来源于2017年财政预算执行情况。通过二次平均法推出数据的有金湖县、东台市、海东县、芜湖县、繁昌县等5个。

11. 住房保障支出占地方一般公共预算支出比例指住房保障支出÷地方一般公共预算支出，该指标数据来源于2017年财政预算执行情况。通过二次平均法推算的县有沛县、东海县、涟水县、金湖县、响水县、阜宁县等260个。

12. 社会保险基金支出占地方一般公共预算支出比例指社会保险基金支出÷地方一般公共预算支出，数据来自县级政府2017年执行情况与2018年预算报告。其中，沭阳县、乐昌市、四会市、南靖县、武平县、巩义市、宝清县、梅河口市、通化县、灯塔市、广宗县、通海县、临湘市、资兴市等14个县级政府的数据来自县级政府2016年执行情况与2017年预算报告；另外，睢宁县、灌云县、涟水县、金湖县、泗阳县、东台市、响水县、阜宁县、射阳县、滨海县、泰兴市、镇江市、海东县、扬中市、溧阳市、江阴市、太仓市、固镇县、桐城市、太和县、泾县、宁海县、瑞安市、平阳县、文成县、海宁市、嘉善县、德清县、新昌县、义乌市、开化县、岱山县、天台县、洪湖市、监利县、公安县、兴山县、宜都市、当阳市、枝江市、远安县、五峰土家族自治县、宜城市、谷城县、钟祥市、京山市、应城市、浠水县、通山县、文昌市、琼海市、东方市、定安县、屯昌县、澄迈县、陵水黎族自治县、清水河县、扎鲁特旗、固阳县、准格尔旗、伊金霍洛旗、新巴尔虎左旗、鄂温克族自治旗、杭锦后旗、苏尼特右旗、镶黄旗、贵德县、治多县、民勤县、泾川县、华亭县、玛曲县、成县、靖远县、永昌县、民乐县、山丹县、临泽县、新津县、都江堰市、简阳市、金堂县、大邑县、彭州市、荣县、江油市、三台县、梓潼县、北川羌族自治县、大英县、蓬溪县、峨眉山市、邻水县、武胜县、开江县、宝兴县、乐至县、稻城县、得荣县、玛纳斯县、奇台县、吉木萨尔县、木垒哈萨克自治县等县级政府社会保险基金支出占地方一般公共预算支出比例通过该县所在地区的平均值和最低数据的二次平均推出。

13. 节能环保支出占地方一般公共预算支出比例指节能环保支出÷地方一般公共预算支出，该指标数据来源于2017年及2018年环保局预决算报告。尉氏县、峡江县、双峰县、新密市等4个县的数据来源于2016年环保局决算报告。通过二次平均法推算的县级政府有金湖县、东台市、泗洪县、响水县等370个。

14. 全社会固定资产投资占GDP的比例指固定资产投资数÷GDP总数，数据来自2017年省级政府统计公报。其中，睢宁县、丰县、东海县、灌云县、涟水县、金湖县、彭州市、叙州区、邻水县、松潘县、德昌县、温宿县、田阳县、九江县、宜丰县、玉山县、广宁县、惠来县、郁南县、沙河市等县级政府数据来自2016年县级统计公报；桐城市、遂昌县、云梦县、额尔古纳市、尖扎县、共和县、玛曲县、长宁县、芦山县、阿瓦提县、鄯善县、托克逊县、霍城县、塔城市、布尔津县、哈巴河县、阿拉尔市、弋阳县、铅山县、德化县、大田县、泰宁县、卫辉市、新乡县、中宁县、漠河市、通化县、抚松县、康平县、调兵山市、泊头市、河间市、赵县、晋州市、新乐市、玉田县、大名县、广平县、曲周县、成安县、广宗县、任县、涿州市、定州市、望都县、蠡县、大城县、永清县、涿鹿县等县级政府全社会固定资产投资占GDP的比例通过该县所在地区县级政府的平均值和最低值二次平均推出。

15. 人均邮电业务量指邮电业务总量÷总人口数，数据来自2017年县级政府统计公报。其中，安岳县、奇台县、沂水县、鄄城县、桐梓县、大理市、中宁县等7个县级政府数据来自2016年县级统计公报；睢宁县、沛县、灌云县、灌南县、涟水县、金湖县、沭阳县、泗阳县、泗洪县、阜宁县、射阳县、牙克石市、扎兰屯市、额尔古纳市、阿荣旗、新巴尔虎左旗、乌兰浩特市、阿拉善左旗、阿拉善右旗、新津县、都江堰市、简阳市、金堂县、大邑县、彭州市、崇州市、梓潼县、北川羌族自治县、青川县、大英县、资中县、威远县、井研县、夹江县、峨眉山市、长宁县、高县、珙县、筠连县、兴文县、岳池县、邻水县、武胜县、华蓥市、大竹县、开江县、渠县、石棉县、芦山县、天全县、荥经县、宝兴县、汉源县、乐至县、松潘县、马尔康市、红原县、稻城县、得荣县、西昌市、德昌县、会理县、会东县、宁南县、冕宁县、美姑县、昌吉市、大田县、建宁县、明溪县、清流县、宁化县、尤溪县、沙县、将乐县、泰宁县、永安市、建瓯市、顺昌县、浦城县、光泽县、松溪县、政和县、荥阳市、新密市、新郑市、登封市、中牟县、杞县、通许县、尉氏县、偃师市、孟津县、新安县、伊川县、汝州市、舞钢市、宝丰县、叶县等县级政府人均邮电业务量是通过对该县所在地区县级政府数据的平均值和最低值二次平均后推出的。

16. 移动电话普及率的数据来源于2017年国民经济和社会发展统计公报。其中，宜兴市、沙雅县、枞阳县、且末县、和静县、博湖县、拜城县、喀什市、伊吾县、奎屯市、霍城县、塔城市、阿勒泰市、哈巴河县、荔浦县、合浦县、东兴市、上思县、进贤县、浮梁县、上栗县、分宜县、全南县、石城县、樟树市、奉新县、万载县、德兴市、万年县、婺源县、弋阳县、铅山县、新干县、泰和县、安福县、黎川县、始兴县、鹤山市、遂溪县、龙川县、新兴县、福安市、连城县、漳平市、武夷山市、孟州市、安阳县、内乡县、宜丰县、正阳县、汝南县、永宁县、中宁县、虎林市、讷河市、舒兰市、珲春市、建昌县、宽甸满族自治县、铁岭县、任丘市、潞城市、左云县等县级政府数据来源于2016年国民经济和社会发展统计公报；镶黄旗、高安市、靖安县、上高县、玉山县、南城县、资溪县、高州市、平远县、蕉岭县、肇东市、孙吴县、长海县、深州市、枣强县、招远市、利津县、临朐县、莱州市、海阳市、曲阜市、临邑县、曹县、成武县、永春县、阿拉善右旗、民勤县、泾川县、华亭县、徽县、景泰县、什邡市、蓬溪县、高县、珙县、筠连县、兴文县、汉源县、特克斯县、永福县、贵溪市、大余县、开平市、廉江市、长垣县、尚志市、辽阳县、桓仁满族自治县、元氏县、汶上县等县级政府数据来自2015年国民经济和社会发展统计公报；乐平市、平原县、平邑县、嘉善县、监利县、南漳县、广水市、高台县、丰城市、永丰县、伊川县、涿鹿县、广饶县、东阿县等14个县级政府数据来源于2014年国民经济和社会发展统计公报。

17. 互联网普及率的数据来自2017年国民经济和社会发展统计公报。其中，沛县、丰县、东海县、灌南县、盱眙县、沭阳县、宝应县、泰兴市、镇江市、兴化市、句容市、江阴市、张家港市、昆山市、长丰县、肥东县、巢湖市、肥西县、怀远县、芜湖县、南陵县、凤台县、当涂县、含山县、怀宁县、枞阳县、望江县、休宁县、界首市、天长市、凤阳县、全椒县、来安县、广德县、泾县、绩溪县、青阳县等的数据县来自2016年国民经济和社会发展统计公报。丹阳市、皋兰县、瓜州县、民勤县、蓬溪县、峨边彝族自治县、高县、桐乡市、松滋市、当阳市、赤壁市、扎鲁特旗、新巴虎左旗、阿拉善右旗、玉树市、大英县、武胜县、汉源县、乐至县、松潘县、稻城县、得荣县、库尔勒市、库车县、永福县、松潘县、贵溪市、安福县、资溪县、开平市、封开县、兴宁市、福清市、永春县、长垣县、禹州市、镇平县、商水县、鹿邑县、尚志市、集贤县、孙吴县、呼玛县、临江市、桓仁满族自治县、任县、雄县、枣强县、凤县等的数据来源于2015年国民经济和社会发展统计公报。

18. 全年社会消费品零售总额增长率的数据来自2017年统计公报；龙泉市、柳城县、连平县、和平县、平潭县、获嘉县、林州市、舞阳县、息县、项城市、扶沟县、凌海市、庄河市、瓦房店市、法库县、正定县、乐亭县、交口县、长治县、安丘市、庆云县、东阿县、东明县、个旧市等的数据来自2018年政府工作报告；沙洋县、田阳县、永丰县、德庆县、大埔县、饶平县、大田县、新郑市、杞县、伊川县、宝丰县、叶县、温县、原阳县、延津县、内黄县、长葛市、临颍县、灵宝市、渑池县、方城县、唐河县、夏邑县、西华县、萝北县、依兰县、木兰县、宝清县、勃利县、东丰县、东辽县、扶余县、新民市、盖州市、辽阳县、昌黎县、卢龙县、滦南县、武安市、文安县、大城县、山阴县、应县、平定县、文水县、昌邑市、肥城市、蒙阴县、临沭县、费县、惠民县、仁怀市等的数据来自2017年政府工作报告；伊通满族自治县、梅河口市、长岭县、乾安县、盖州市、卢龙县、霸州市、治多县、芦山县、新密市、登封市、新乡县、洮南市、双辽市、通化县、北镇市、玉田县、大名县、介休市、蓬莱市等的数据来自2016年政府工作报告；林口县的数据来自 2015 年政府工作报告；此外，龙游县、浚县、遂平县等的数据来自2017年计划报告。

19. 第三产业对GDP增长贡献率指第三产业占GDP的比例，其数据大部分来自2017年统计公报；龙泉市、柳城县、苍梧县、连平县、和平县、项城市、扶沟县、凌海市、正定县、安丘市、庆云县、东阿县、开阳县等的数据来自2018年政府工作报告；田阳县、余江区、吴川市、德庆县、云霄县、新郑市、杞县、伊川县、宝丰县、叶县、温县、淇县、原阳县、延津县、内黄县、长葛市、唐河县、夏邑县、西华县、西平县、穆棱市、依兰县、木兰县、宝清县、东丰县、东辽县、扶余县、昌黎县、武安市、大城县、应县、昌邑市、昌乐县、海阳市、嘉祥县、肥城市、兰陵县、蒙阴县、临沭县、费县、惠民县、无棣县、曹县、息烽县、瓮安县等的数据来自2017年政府工作报告；伊通满族自治县、梅河口市、长岭县、乾安县、霸州市、高台县、洮南市、通化县、玉田县、大名县、介休市、榆社县、蓬莱市、兴义市、建水县等的数据来自2016年政府工作报告；此外，浚县、遂平县等的数据来自2017年计划报告。

20. GDP增长率数据来自2017年政府工作报告和2017年政府国民经济和社会发展统计公报。其中，睢宁县、丰县、东海县、灌云县、灌南县、金湖县、沭阳县、阜宁县、枞阳县、休宁县、永康市、遂昌县、公安县、钟祥市、浠水县、赤壁市、锡林浩特市、多伦县、阿拉善左旗、金塔县、敦煌市、华亭县、景泰县等的数据来源于2016年县级政府国民经济和社会发展统计公报；江陵县、广汉市、资中县、繁昌县、邻水县、钟山县、拜城县、永丰县、安福县、宝丰县、孟州市、武陟县、淇县、鄢陵县、舞阳县、义马市、灵宝市、渑池县、镇平县、西华县、鹿邑县、密山市、宝清县等的数据来源于2016年县级政府工作报告；梨树县的数据来源于2015年县级政府国民经济和社会发展统计公报；汝南县、林口县、梨树县、黑山县、建平县、沙河市、三河市、玉田县、大名县、曲周县、南宫市、泽州县、莱阳市、兰陵县、蒙阴县、牟定县等的数据来源于2015年县级政府工作报告；通过对同市的县级数据进行平均再和同市县级数据最小值进行平均算法推算出的有共和县、阿瓦提县、鄯善县、哈巴河县、揭西县、建宁县、卫辉市、中宁县、庆安县、集安市、凤城市、赵县、晋州市、广平县、涿州市、阳曲县、新泰市、马龙区、石屏县等。

21. 权力清单（发布数量及时间）指县级政府发布的权力清单数量及时间，数据来自2018年和2017年市级政务服务网、市政府机构编制委员会办公室网站。该指标评分标准为1~3分，主要根据权力清单公布的总数多少、公布时间早晚评分。其中，地级县政府权力清单指标得1分的是该市公布权力清单的部门少、各部门的权力清单数量少、公布时间晚；得2分的是该市公布权力清单的部门较多，清单总数少、公布时间比较晚；得3分的是该市公布权力清单的总数或综合部门数量多且具体，公布时间早。其中，南丰县、濮阳县、鄢陵县、渑池县、嘉荫县、北安市、方正县、永吉县、临江市、洮南市、图们市、敦化市、集安市、扶余县、开原市、古交市、沁县、介休市、彬州市等的权力清单没有公开，其相关网页无法进入。

22. 特别重大事故一票否决的信息来自2017年县级安全生产监督管理局年度总结报告或者2018年相关政府网站或者官方媒体新闻报道。该指标最后用来剔除政府效率测度结果全国排名前200位的县级政府。本书所测度的县级样本在定稿前没有发生特别重大事故，因此我国县级特别重大事故一票否决指标的标准值都为0。

23. 地方一般公共预算支出的数据来自2018年县级政府预算报告。其中，满洲里市、新巴尔虎右旗、太和县、宁海县、蒙城县、当阳市、班玛县、楚雄市、格尔木市、皋兰县、浦江县、会东县、阜康市、温泉县、拜城县、福海县、五家渠市、恭城瑶族自治县、合浦县等70个县级政府的地方一般公共预算支出来自2017年县级政府预算报告；庐江县、天长市、监利县、泾川县、成县、兴山县、五峰土家族自治县、老河口市、应城市、崇阳县、开鲁县、乌拉特中旗、多伦县、尖扎县、民乐县、高台县等107个县级政府的地方一般公共预算支出来自2016年县级政府决算报告；原平市、招远市、微山县等的地方一般公共预算支出来源于2016年县级政府预算报告；和林格尔县、罗山县、凌海市、喀左县、无棣县等的地方一般公共预算支出来源于2017年一般公共预算收支完成情况。以下各县级政府地方一般公共预算支出数据是通过对该县所在地级市的所有县级政府数据的平均值和最低值二次平均推出的，即海东市、张家港市、武义县、天台县、仙居县、庆元县、洪湖市、松滋县、公安县、南漳县、谷城县、安陆市、武穴市、浠水县、通山县、东方市、定安县、屯昌县、陵水黎族自治县、清水河县、准格尔旗、乌审旗、扎兰屯市等152个。

24. 非税收入占地方一般公共预算收入比例的数据来自2017年预算执行情况和2018年预算草案报告。非税收入是逆指标，本书已将其转化为正指标。非税收入数据来源说明如下：肥西县、五河县、南陵县、凤台县、休宁县、界首市、凤阳县、广德县、泾县、旌德县、蒙城县、浦江县、庆元县、监利县、松滋市、兴山县、当阳市、五峰土家族自治县、老河口市、南漳县、谷城县、保康县等的数据来源于2016年国民经济和社会发展计划执行情况；额尔古纳市、成县、什邡市、三台县、蓬溪县、安岳县、马尔康市、托克逊县、桂平市、乐平市、九江县、平和县、明溪县、松溪县、汝州市、桓仁满族自治县、绥中县、府谷县、景谷傣族彝族自治县、瑞丽市、新宁县、临澧县等的数据来源于2016年预算执行情况和2017年预算草案的报告；平潭县、寿宁县、周宁县、大田县、将乐县、永安市、襄城县、西平县、富锦市、伊通满族自治县、抚松县、盖州市、宽甸满族自治县、黄骅市、公安县、陵水黎族自治县等的数据来源于2015年财政决算；根据2017年前半年或10个月已公布的非税收入数据来进行推算出渑池县、山阴县、济阳县一年的非税收入；通过对同地级市的县级政府数据进行平均再和同一地级市的县级政府数据最小值进行平均算法推算出的有尖扎县、山丹县、临泽县、富顺县、中江县、江油市、仁寿县、轮台县、乌苏市、布尔津县、庐山市、宜丰县、弋阳县、福清市、连江县、漳浦县、南靖县、柘荣县、福安市、武平县等51个。地方公共预算收入数据主要来源于2018政府工作报告的县级样本和2017年预算执行情况和2018年预算草案报告。其中饶平县、遵化市2个县级政府数据来源于2016年国民经济和社会发展计划执行情况与2017年计划草案的报告；巩义市、安阳县、祁县、临湘市、江永县、公安县、赤壁市、陵水黎族自治县、准格尔旗、阿荣旗、锡林浩特市、新津县、博湖县、弋阳县等的数据来源于2016年国民经济和社会发展统计公报；闽侯县、安溪县、荥阳市、叶县、修武县、武陟县、延津县、清丰县、南乐县、濮阳县、义马市、镇平县、宝清县、集贤县、柳河县、赵县、高碑店市、云州区等的数据来源于2016年预算执行情况和2017年预算草案报告；云霄县、霞浦县、新乡县、武胜县、库车县、富蕴县、田阳县、南丹县、铅山县等的数据来源于2016政府工作报告；通过对同一地级市的县级数据进行平均再和同一地级市的县级数据最小值进行平均算法推算出共和县、阿瓦提县、鄯善县、哈巴河县、揭西县、建宁县、卫辉市、中宁县、庆安县、集安市、凤城市、赵县、晋州市、广平县、涿州市、阳曲县、新泰市、马龙区、石屏县等19个县级政府的数据。

25. 新增公务员人数的相关计算数据来自2018年国家公务员考试职位表、公务员考试网。其中，来自2017年的有荥阳市、新密市、新郑市、登封市、中牟县、杞县、通许县、尉氏县、偃师市、孟津县、新安县、伊川县、汝州市、凌海市、北镇市、黑山县、凤城市等17个，通过对同一地级市的县级政府数据进行平均再和同一地级市县级政府数据最小值进行平均算法推算出的有建湖县、响水县、镇江市、庐江县、巢湖市、无为县、南陵县、桐城市、广德县、诸暨市、兰溪市、缙云县、青田县、庆元县、监利县、宜城市、老河口市、枣阳市、沙洋县、浠水县、崇阳县、清水河县、伊金霍洛旗、鄂托克旗、鄂温克族自治旗、杭锦后旗、阿拉善右旗、敦煌市、玉门市、山丹县、简阳市、金堂县、大邑县、北川羌族自治县、中方县、宁远县、江永县、临澧县、汉寿县、衡东县、衡阳县、建水县、石屏县、弥勒市、元谋县、楚雄市、易门县、澄江县、通海县、息烽县、清镇市、博兴县、惠民县、郓城县、鄄城县、单县、兰陵县、沂水县、临沭县、安丘市、昌邑市、昌乐县、济阳县、肥城市、庆云县、平原县、齐河县、霍州市、侯马市、介休市、泽州县、长子县、峨眉山市、仁寿县、洪雅县、石棉县、芦山县、天全县、冕宁县、美姑县、奇台县、木垒哈萨克自治县、且末县、博湖县、温宿县、塔城市、乌苏市、布尔津县、富蕴县、涿州市、大名县、广平县、武安市、定州市、高碑店市、安国市、新乐市、元氏县、平乐县、灌阳县、荔浦县、恭城瑶族自治县、蒙山县、苍梧县、容县、扶绥县、共青城市、全南县、婺源县、阳山县、彭泽县、九江县、永丰县、峡江县、吉水县、陆川县、崇仁县、翁源县、封开县、德庆县、新丰县、南城县、和平县、东源县、英德市、惠来县、罗定市、罗源县、晋江市、南安市、云霄县、漳浦县、华安县、古田县、周宁县、福安市、福鼎市、长汀县、大田县、建宁县、上杭县、诏安县、清流县、松溪县、巩义市、偃师市、新安县、修武县、博爱县、安阳县、鄢陵县、襄城县、义马市、项城市、商水县、泌阳县、珲春市、榆树市、孙吴县、尚志市、五常市、依兰县等。

26. 农村居民人均可支配收入的数据来自 2015~2017 年县级政府统计公报和 2016~2018 年县级政府工作报告。其中，博湖县、温宿县、库车县、玛纳斯县等的数据来自 2016 年县级统计公报。南丹县、台山市、平远县等的数据来自 2015 年县级统计公报。枝江市、扎鲁特旗、库尔勒市、乌鲁木齐县、依兰县、梨树县、长岭县、长沙县、南县等的数据来自 2016 年政府工作报告。东海县、盱眙县、高邮市、扬中市、长丰县、平阳县、东阳市、缙云县、竹山县、江陵县等的数据来自 2017 年县级政府工作报告。

27. 城镇居民人均可支配收入的数据来自 2015~2017 年县级统计公报和 2017~2018 年县级政府工作报告。其中，泗洪县、阜宁县、兴化市、祁门县、黟县等的数据来自 2017 年县级政府工作报告。南丹县、台山市、平远县等的数据来自 2015 年县级政府统计公报。博湖县、温宿县、库车县、玛纳斯县等的数据来自 2016 年政府统计公报。

28. 人均 GDP 指地区生产总值÷总人口，其数据来自 2018 年县级政府工作报告。其中，睢宁县、丰县、东海县、灌云县、涟水县、金湖县、彭州市、叙州区、邻水县、松潘县、德昌县、温宿县、布尔津县、田阳县、九江县、宜丰县、玉山县、广宁县、惠来县、郁南县、宝丰县、修武县、萝北县、肇东市、依兰县、依安县、永吉县、伊通满族自治县、昌邑市、费县等的县级政府数据来自 2017 年政府工作报告；阜宁县、江阴市、桐城市、枞阳县、广德县、平湖市、诸暨市、新昌县、永康市、浦江县、嵊泗县、温岭市、天台县、三门县、兴山县、枝江市、钟祥市、应城市、武穴市、浠水县、团风县、赤壁市、通山县、昌江黎族自治县、陵水黎族自治县、托克托县、固阳县、额尔古纳市、新巴尔虎左旗、多伦县、尖扎县、共和县、贵德县、玉树市、金塔县、玛曲县、中江县、梓潼县、资中县、安岳县、武胜县、天全县、宝兴县、乐至县、会理县、冕宁县、阿瓦提县、明水县、漠河市、塔河县等县级政府人均 GDP 是通过对该县所在地级市所属县级政府的平均值和最低的数据二次平均推出的。

29. 城镇登记失业率的数据来自 2015~2017 年县级政府统计公报和 2016~2018 年县级政府工作报告。其中，巢湖县、怀宁县、滨海县、句容市、常熟市、昆山市、平湖市等的数据县来自 2017 年县级政府工作报告。当涂县、和县、阜宁县、义乌市、汉川市、东方市等的数据来自 2016 年县级政府统计公报。赤壁市、松潘县、昭苏县等的数据来自 2016 年县级政府工作报告。阿拉善右旗、汉源县、霍城县等的数据来自 2015 年县级政府统计公报。该指标是逆指标，本书已将其转化为正指标。

30. 月最低工资标准的数据来自 2017 年、2018 年政府官网关于调整最低工资标准的通知。其中，嵊州市、诸暨市、新昌县、兰溪市、义乌市、东阳市、永康市、武义县、浦江县、磐安县、天台县、仙居县、三门县、龙泉市、松阳县、缙云县、青田县等的数据来自 2017 年政府官网关于调整最低工资标准的通知。

31. 领导信息公开数据来源于 2018 年各县级政府网站。参考县级政府信息公开栏目信息，政府主要领导指县长或副县长个人信息；县级政府电话数据来源于县级政府网站，参考县级政府信息公开栏目信息：县级政府办公室电话。该指标评分标准是：领导个人信息等于或多于 5 项的为 3 分，领导个人信息等于或少于 4 项的为 2 分，领导个人信息没有公开的为 1 分。

32. 三公经费公开该指标信息来自各县级政府网站，主要看其是否公开了 2017 年三公经费。其中，公开比较全面的政府部门三公经费的县级政府为 3 分；只公开一些政府部门三公经费的县级政府为 2 分；没有公开三公经费的县级政府为 1 分。

33. 工作报告公开数据来源于 2018 年县级政府网站，参考 2018 年各县级政府人代会的政府工作报告。其中，公开 2018 年政府工作报告的为 3 分，只公开 2017 年政府工作报告的为 2 分，只公开 2016 年及以前政府工作报告的为 1 分。

34. 预算报告公开数据来自各县级政府网站，参考 2018 年预算报告。其中，有 2018 年预算报告的为 3 分，只有 2017 年预算报告的为 2 分，只有 2016 年及以前预算报告的为 1 分。

35. 计划报告公开数据来源于各县级政府网站，参考 2018 计划报告。其中，公开 2018 年计划报告的为 3 分，只公开 2017 年计划报告的为 2 分，只有 2016 年及以前计划报告的为 1 分。

36. 统计公报公开数据来源于各地级市政府网站，参考 2017 年统计公报。其中，有 2017 年统计公报的为 3 分，只有 2016 年统计公报的为 2 分，只有 2015 年及以前统计公报的为 1 分。

37. 公务员考试职位表公开数据来源于 2018 年省级政府或市级政府（县级政府）人事考试网。其中，公务员考试职务公开表公布时间在 2018 年 2 月以前的为 3 分，公布时间在 2018 年 2 月至 4 月的为 2 分，公布时间在 2018 年 4 月以后或未公布的为 1 分。

38. 政府办事时效数据来自 2018 年各县级政府网站，参考县级政府主要领导（或县级政府）邮箱里的信件收到及处理反馈时间信息。其中，信件处理反馈时间为 1~5 天记 3 分，处理反馈时间为 5~10 天记 2 分，处理反馈时间为 10 天以上记 1 分。

39. 地区总面积数据来源于县级政府官网。

40. 户籍人口的数据来自 2015~2017 年县级政府统计公报。其中，东海县、灌南县、金湖县、建湖县、阜宁县、丹阳市、宜兴市、常熟市、肥西县、当涂县、和县、旌德县、平阳县、诸暨市等的数据来自2016年县级政府统计公报。其中，泗阳县、扎鲁特旗、凭祥市、乐平市、贵溪市、靖安县、玉山县、新干县、安福县等的数据来自2015年统计公报。

本书有关县级政府效率测度指标信息收集、查询的截止时间为2018年5月20日。

附录2.4 2018年中国贫困县政府扶贫效率测度指标数据来源及处理说明

测度贫困县扶贫效率不仅需要考量相关政府扶贫过程的质量与效率，如精准扶贫、扶贫服务，而且需要评价相关政府扶贫成效。由于扶贫效率涉及内容广且难以量化，因此，2018年国家级贫困县政府扶贫效率测度指标体系兼顾扶贫过程与扶贫成效，结合定性与定量指标测度结果。

2018贫困县政府扶贫效率测度指标数据主要来自于四个方面，第一，《2017年贫困县级政府国民经济和社会发展统计公报》；第二，《关于贫困县2017年全县和县级预算执行情况及2018年全县和县级预算草案的报告》、《2018年贫困县/市等县级人民政府工作报告》、《关于贫困县2017年国民经济和社会发展计划执行情况及2018年国民经济和社会发展计划草案的报告》；第三，贫困县政府网站政务公开相关栏目内容或者政府官方媒体相关报道等；第四，与贫困县政府相关的各级地方政府扶贫办，特别是市/县政府扶贫办网站信息。

2018年我国437个贫困县政府扶贫效率测度指标体系，包括精准扶贫、扶贫成效、扶贫服务3个因素及相关子因素，共17个指标。其中，精准扶贫所含6项指标及预计脱贫时间是定性指标，其余是定量指标。定性指标信息收集的时间范围是2016年3月1日至2018年5月20日；定量指标数据收集时间范围为2017年3月1日至2018年5月20日。

这些指标数据来源及处理具体说明如下。

1. 建档立卡及效果是指建立贫困户的相关档案，把贫困户的困难程度记录在案，并核实检验。该项指标信息来源于贫困县级政府网站有关精准扶贫、建档立卡的专题专栏、政务公开、报道等。该指标评分标准分为5分、3~4分、1~2分3个等级。本指标数据收集及计算涉及3个方面：①指贫困户建档立卡工作是否完善，如群众评议、入户调查、公示公告、抽查检验、信息录入等环节；②建档立卡完成后是否有继续的推进工作，如对建档立卡已完成的工作继续进行抽查检验；③是否有媒体报道与减少建档立卡贫困户数量相关的活动措施。如果某贫困县该指标满足以上三方面的要求，则计算为5分；如果满足以上两方面要求，就视其情形计算为3分或4分，仅符合一个层次的或者没有相关报道的为1分或2分。

2. 领导重视及效果是指贫困县及县级以上领导、县级以上的政府部门领导等出席有关贫困县扶贫活动的数量，包括相关领导参加有关扶贫部署会议，精准扶贫调研，视察，现场办公等活动的数量及效果评价。该项指标来自贫困县政府网站有关“扶贫”或“精准扶贫”的政务要闻、政务动态、领导活动、本地要闻、精准脱贫专栏等。其评分标准主要考察主要领导调研和视察扶贫活动数量的多少，在进行数据收集时先收集扶贫活动数量，再根据扶贫活动数量进行评分。扶贫活动数量为 0 的为 1 分，扶贫活动数量在 1~5 个的为 2 分，6~10 个的为 3 分，11~20 个的为 4 分，21 个及以上的为 5 分。

3. 帮扶组织及效果是指政府网站或者官方媒体新闻报道中是否有该贫困县或者相关政府部门精准扶贫工作组织及机构；该组织及机构运行情况、驻村扶贫工作队及其工作情况。本指标评价包括两个方面：①是否有政府网站或者官方媒体报道贫困县所在的上级政府及其主要部门，如相关省级政府或市级政府办公厅、财政厅、农业厅等部门开展相关扶贫活动；②是否有政府网站或者官方媒体报道这些相关活动的成效，由于每个贫困县政府的报道口径及内容可能有所不同，在收集信息时主要查看相关具体文件和报道的数量是否较多，如果满足第一方面给 3 分，如果同时满足第一、第二方面，则视其完善程度给 4 分或 5 分。

4. 帮扶措施及效果是指政府采取的精准扶贫帮扶措施，如产业项目精准帮扶、教育扶贫（学生教育、技能培训）、金融扶贫、异地搬迁、道路修缮、危房改造等基础设施改进等各项精准扶贫措施及其相关报道，不同贫困县级政府公开的该级指标信息不同，如果每满足一项且该措施实施取得一定效果，则该指标就得 1 分，增加 1 项加 1 分，共计 5 分。

5. 管理活动指标评估包括两方面要求：①考量是否有精准扶贫管理培训活动和资金管理准则，二者只有其一则为 2 分，二者都有则为 3 分，二者都无则为 1 分；②贫困县政府及其相关部门是否具体公开、公示扶贫资金使用情况，满足第一个要求后，如果扶贫资金使用存在部分公示的就为 4 分，资金使用情况全部公示的就为 5 分。该指标信息来自贫困县政府网站有关扶贫的政务公开、专题专栏等。

6. 管理效果是指贫困县等相关地方政府执行上级扶贫政策时效、落实上级扶贫政策意见或者政策数量，是贫困县政府具体落实并且报道上级政府扶贫政策的时效性。该指标信息收集、查询时间期限是指 2017 年 3 月至 2018 年 5 月贫困县及其所属的省级政府专门出台有关扶贫政策或文件的数量，主要考察所颁发的有关扶贫的政策或政府文件的数量，收集该指标信息时先统计相关文件或政策的数量，然后再根据数量打分，数量小于等于 10 个为 2 分、11~15 个为 3 分、16~20 个为 4 分、21 个及以上为 5 分。该指标信息来自贫困县政府网站或所在的市扶贫办网站（贫困县扶贫效率测度指标体系中的前 6 个指标数据来自 2017 年 3 月至 2018 年 5 月贫困县政府网站，或相关省、市级扶贫办公室网站，或互联网上的官方媒体报道）。

7. 教育支出占地方一般公共预算支出比例指贫困教育支出 ÷ 一般公共预算支出，教育支出数据来自 2017 年预算执行情况和 2018 年贫困县政府预算报告。其中，赞皇县、青龙县、淅川县、郧阳区、新化县、威信县、镇沅县、丘北县、子洲县、镇原县、囊谦县、英吉沙县、莎车县、尼勒克县、尼木县、曲水县、颍上县、范县、孝昌县、桑植县、平利县、永登县、同心县、九寨沟县、平武县等的指标数据是 2016 年的数据，来源于贫困县政府 2016 年预算执行情况与 2017 年预算报告；神池县、新蔡县、当雄县、太康县的指标数据是 2015 年预算的数据，来源于贫困县政府 2015 年预算执行情况与 2016 年预算报告；通过对该地所在地区的平均值和最低的数据二次平均得出的贫困县有镇赉县、昭阳区、和政县、郸城县、德保县、漳县、岷县、湟源县、浑源县、汾西县、阿尔山市、突泉县、金川县、阿坝县、理县、雅江县、色达县、师宗县、玉龙纳西族自治县、凤庆县、永德县、林甸县、堆龙德庆区。一般公共预算支出数据来自贫困县政府2017年预算执行情况与2018年预算报告。其中，神池县、镇赉县、栾川县、淅川县、郧阳区、新化县、黄平县、昭阳区、镇沅县、洱源县、香格里拉市、太白县、康乐县、阿图什市、墨玉县、洛浦县、尼勒克县、当雄县、尼木县、范县、桑植县等的指标数据是2016年的数据，来源于贫困县政府2016年预算执行情况与2017年预算报告；通过该省所在地区的平均值和最低的数据二次平均后的贫困县有雅江县、色达县、平武县、古蔺县、玉龙纳西族自治县、凤庆县、大安市、绥滨县、林甸县、堆龙德庆区、汾西县、阿尔山市、突泉县、金川县、阿坝县、漳县、岷县、正宁县、湟源县、同心县、丘北县、英吉沙县、郸城县。

8. 医疗卫生支出占地方一般公共预算支出比例指医疗卫生支出÷一般公共预算支出，数据来自2017年预算执行情况和2018年贫困县政府预算报告。其中，赞皇县、青龙县、淅川县、郧阳区、新化县、威信县、镇沅县、丘北县、子洲县、镇原县、囊谦县、英吉沙县、莎车县、尼勒克县、尼木县、曲水县、颍上县、范县、孝昌县、桑植县、平利县、永登县、同心县、九寨沟县、平武县等的指标数据是2016年的数据，来源于贫困县政府2016年执行情况与2017年预算报告；神池县、新蔡县、当雄县、太康县的指标数据是2015年的数据，来源于贫困县政府2015年执行情况与2016年预算报告；通过该省所在地区的平均值和最低的数据二次平均后的贫困县政府有镇赉县、昭阳区、和政县、郸城县、德保县、漳县、岷县、湟源县、浑源县、汾西县、阿尔山市、突泉县、金川县、阿坝县、理县、雅江县、色达县、师宗县、玉龙纳西族自治县、凤庆县、永德县、林甸县、堆龙德庆区。

9. 社保和就业支出占地方一般公共预算支出比例指社会保障与就业支出÷一般公共预算支出，数据来自2017年预算执行情况和2018年贫困县政府预算报告。其中，魏县、康保县、蔚县、围场县、娄烦县、神池县、察哈尔右翼中旗、正镶白旗、镇赉县、龙井市、裕安区、金寨县、寻乌县、淅川县、郧阳区、竹山县、新化县、凤凰县、屏山县、黑水县、黄平县、施甸县、龙陵县、昭阳区、永善县、景东县、镇沅县、洱源县、香格里拉市、太白县、汉滨区、康乐县、阿图什市、和田县、墨玉县、洛浦县、尼勒克县、当雄县、尼木县、范县、桑植县等的指标数据是 2016 年数据，来源于贫困县政府2016年执行情况与2017年预算报告；虞城县、新蔡县等的指标数据是2015年数据，来源于贫困县政府2015年执行情况与2016年预算报告；通过该省所在地区的平均值和最低的数据二次平均后的贫困县政府有莫力达瓦达斡尔族自治旗、英山县、通江县、思南县、丘北县、英吉沙县、郸城县、大悟县、漳县、岷县、正宁县、湟源县、祁连县、同心县、汾西县、阿尔山市、突泉县、金川县、阿坝县、雅江县、色达县、平武县、古蔺县、师宗县、玉龙纳西族自治县、凤庆县、永德县、大安市、绥滨县、林甸县、堆龙德庆区。

10. 已脱贫人数占总人口的比例指已脱贫人数÷总人口数，数据来源于2018年政府工作报告。其中，灵寿县、围场县、盐山县、盐源县、小金县、云阳县、城口县、龙州县、平江县、确山县、鄱阳县、同江市等的数据来源于2016年政府工作报告，广灵县、壶关县、泗县、丰宁县、赤城县、平泉市、围场县、科尔沁左翼中旗、桦川县、太湖县、阜南县、广昌县、淅川县、桐柏县、郧阳区、竹溪县、秭归县、罗田县、麻城县、建始县、鹤峰县、都安县、巴马县、金秀县、城步县等的数据通过该县所在市的贫困县已脱贫人数平均值和最低的数据二次平均后得出。

11. 城镇居民人均可支配收入数据来自贫困县政府 2017 年统计公报和 2018 年贫困县政府工作报告。其中，灵寿县、娄烦县、嵩县、宜阳县、淅川县、郧阳区、建始县、都安县、石柱县、朝天区、香格里拉市、柯坪县、疏勒县、英吉沙县、莎车县、墨玉县、皮山县、洛浦县、当雄县、尼木县、范县、五台县、大安市、堆龙德庆区等缺少数据，本书根据其所在地级市、省级政府其他贫困县相关数据推出。

12. 农村居民人均可支配收入数据来自贫困县政府 2017 年统计公报和 2018 年贫困县政府工作报告。其中，桦川县、嵩县、宜阳县、淅川县、郧阳区、建始县、都安县、石柱县、朝天区、砚山县、香格里拉市、柯坪县、疏勒县、英吉沙县、莎车县、墨玉县、皮山县、洛浦县、当雄县、尼木县、范县、五台县、阿尔山市、大安市、堆龙德庆区等缺少数据，本书根据其所在地级市、省级政府其他贫困县相关数据推出。

13. 城乡居民可支配收入差距指该贫困县城镇居民可支配收入减去农村居民可支配收入的数据，原始数据来源于 2018 年贫困县政府工作报告或者贫困县政府 2017 年统计公报。

14. 城镇新增就业，数据来自贫困县政府 2017 年统计公报和 2018 年贫困县政府工作报告。其中，临城县、阜平县、康保县、围场县、天镇县、广灵县、神池县、石楼县、淅川县、三江县、昭阳区、米脂县、阿克陶县、英吉沙县、莎车县、洛浦县、策勒县、于田县、当雄县、尼木县、曲水县、平利县、永登县、庄浪县、同心县、九龙县、堆龙德庆区等缺少数据，本书根据其所在地级市、省级政府其他贫困县相关数据推出。

15. 新增农村转移劳动力，数据来自贫困县政府 2017 年统计公报和 2018 年贫困县政府工作报告。其中，灵寿县、魏县、临城县、平乡县、阜平县、涞源县、蔚县、围场县、饶阳县、于田县、突泉县、色达县等缺少数据，本书根据其所在地级市、省级政府其他贫困县相关数据推出。

16. 城镇登记失业率，该指标为逆指标，本书测度时已将其转化为正指标，数据来源于 2017 年和 2018 年国民经济和社会发展计划执行情况。其中，沐川县、甘谷县、永顺县等的数据来自 2016 年国民经济和社会发展计划执行情况，秦安县、永新县、隆化县的数据来自于 2015 年政府工作报告。

17. 预计脱贫时间根据贫困县政府官网相关报道打分，先记录好时间，具体打分标准看脱贫时间。脱贫时间为 2018 年上半年，2018 年下半年，2019 年上半年，2019 年下半年，2020 年或未知，分别打 5 分、4 分、3 分、2 分、1 分。

18. 县级总人口的数据来源于 2018 年政府官网。其中，嵩县、封丘县、南召县、涞源县、代县、宁武县、神池县、永和县、敖汉旗、桦川县、太湖县、临泉县、金寨县、利辛县、宁都县、万安县、封丘县、南召县、宁陵县、上蔡县、确山县、竹山县等的数据来自 2017 年政府官网，淅川县、舒城县、洛宁县、岚县、库伦旗、同江市、阜南县、寿县、横峰县、汝阳县、洛宁县、淅川县、固始县等的数据来自 2016 年政府官网，兴县、颍东区、赣县区、巴林右旗、上犹县、遂川县、广昌县、宜阳县、桐柏县、新蔡县等来自 2015 年政府官网，巴林左旗、安远县、广昌县、上饶县、平舆县、红安县等来源于 2014 年政府官网，武川县、科尔沁左翼中旗、鄂伦春自治旗、卓资县、兰西县、会昌县、余干县、秭归县等来自 2013 年政府官网，饶阳县、娄烦县、天镇县、化德县、宿松县等来自 2012 年政府官网，阳高县、鄱阳县、新山县、砀山县、霍邱县等缺少数据，本书通过对该县所在市的贫困县总人口平均值和最低的数据二次平均得出。

本书有关贫困县政府效率测度指标信息收集、查询的截止时间为 2018 年 5 月 20 日。

附录3 2018年中国地方政府效率测度样本

附录 3.1 2018 年中国省级政府效率测度样本名单（31 个）

华东地区（7 个）：上海市、江苏省、浙江省、安徽省、福建省、江西省、山东省；
中南地区（6 个）：河南省、湖北省、湖南省、广东省、广西壮族自治区、海南省；
西南地区（5 个）：重庆市、四川省、贵州省、云南省、西藏自治区；
西北地区（5 个）：陕西省、甘肃省、青海省、宁夏回族自治区、新疆维吾尔自治区；
华北地区（5 个）：北京市、天津市、河北省、山西省、内蒙古自治区；
东北地区（3 个）：辽宁省、吉林省、黑龙江省。

附录 3.2 2018 年中国地级市政府效率测度样本名单（292 个）

1. 华东地区 77 个地级市

（1）江苏省 13 个地级市：南京市、无锡市、徐州市、常州市、苏州市、南通市、连云港市、淮安市、盐城市、扬州市、镇江市、泰州市、宿迁市。

（2）浙江省 11 个地级市：杭州市、宁波市、温州市、绍兴市、湖州市、嘉兴市、金华市、衢州市、台州市、丽水市、舟山市。

（3）安徽省 16 个地级市：合肥市、芜湖市、蚌埠市、淮南市、马鞍山市、淮北市、铜陵市、安庆市、黄山市、阜阳市、宿州市、滁州市、六安市、宣城市、池州市、亳州市。

（4）福建省 9 个地级市：福州市、莆田市、泉州市、厦门市、漳州市、龙岩市、三明市、南平市、宁德市。

（5）江西省 11 个地级市：南昌市、赣州市、宜春市、吉安市、上饶市、抚州市、九江市、景德镇市、萍乡市、新余市、鹰潭市。

（6）山东省 17 个地级市：济南市、青岛市、淄博市、枣庄市、东营市、烟台市、潍坊市、济宁市、泰安市、威海市、日照市、滨州市、德州市、聊城市、临沂市、菏泽市、莱芜市。

2. 中南地区 80 个地级市

（1）河南省 17 个地级市：郑州市、开封市、洛阳市、平顶山市、安阳市、鹤壁市、新乡市、焦作市、濮阳市、许昌市、漯河市、三门峡市、商丘市、周口市、驻马店市、南阳市、信阳市。

（2）湖北省 12 个地级市：武汉市、黄石市、十堰市、荆州市、宜昌市、襄阳市、鄂州市、荆门市、黄冈市、孝感市、咸宁市、随州市。

（3）湖南省 13 个地级市：长沙市、株洲市、湘潭市、衡阳市、邵阳市、岳阳市、张家界市、益阳市、常德市、娄底市、郴州市、永州市、怀化市。

（4）广东省 21 个地级市：广州市、深圳市、珠海市、汕头市、佛山市、韶关市、湛江市、肇庆市、江门市、茂名市、惠州市、梅州市、汕尾市、河源市、阳江市、清远市、东莞市、中山市、潮州市、揭阳市、云浮市。

（5）广西壮族自治区 14 个地级市：南宁市、柳州市、桂林市、梧州市、北海市、崇左市、来宾市、贺州市、玉林市、百色市、河池市、钦州市、防城港市、贵港市。

（6）海南省 3 个地级市：海口市、三亚市、儋州市。

3. 西南地区 37 个地级市

（1）四川省 18 个地级市：成都市、绵阳市、自贡市、攀枝花市、泸州市、德阳市、广元市、遂宁市、内江市、乐山市、资阳市、宜宾市、南充市、达州市、雅安市、广安市、巴中市、眉山市。

（2）贵州省 6 个地级市：贵阳市、六盘水市、遵义市、铜仁市、毕节市、安顺市。

（3）云南省 8 个地级市：昆明市、昭通市、曲靖市、玉溪市、普洱市、保山市、丽江市、临沧市。

（4）西藏自治区 5 个地级市：拉萨市、昌都市、日喀则市、林芝市、山南市。

4. 西北地区 33 个地级市

（1）陕西省 10 个地级市：西安市、铜川市、宝鸡市、咸阳市、渭南市、汉中市、安康市、商洛市、延安市、榆林市。

（2）甘肃省 12 个地级市：兰州市、嘉峪关市、金昌市、白银市、天水市、酒泉市、张掖市、武威市、定西市、陇南市、平凉市、庆阳市。

（3）青海省 2 个地级市：西宁市、海东市。

（4）宁夏回族自治区 5 个地级市：银川市、石嘴山市、吴忠市、固原市、中卫市。

（5）新疆维吾尔自治区 4 个：乌鲁木齐市、克拉玛依市、吐鲁番市、哈密市。

5. 华北地区 31 个地级市

（1）河北省 11 个地级市：石家庄市、唐山市、秦皇岛市、邯郸市、邢台市、保定市、张家口市、承德市、沧州市、廊坊市、衡水市。

（2）山西省 11 个地级市：太原市、大同市、阳泉市、长治市、晋城市、朔州市、忻州市、吕梁市、晋中市、临汾市、运城市。

（3）内蒙古自治区 9 个地级市：呼和浩特市、包头市、乌海市、赤峰市、呼伦贝尔市、通辽市、乌兰察布市、鄂尔多斯市、巴彦淖尔市。

6. 东北地区 34 个地级市

（1）辽宁省 14 个地级市：沈阳市、大连市、鞍山市、抚顺市、本溪市、丹东市、锦州市、营口市、阜新市、辽阳市、盘锦市、铁岭市、朝阳市、葫芦岛市。

（2）吉林省 8 个地级市：长春市、吉林市、四平市、辽源市、通化市、白山市、白城市、松原市。

（3）黑龙江省 12 个地级市：哈尔滨市、齐齐哈尔市、牡丹江市、佳木斯市、大庆市、伊春市、鸡西市、鹤岗市、双鸭山市、七台河市、绥化市、黑河市。

附录 3.3　2018 年中国县级政府效率测度样本名单（1 037 个）

1. 华东地区 317 个县级政府

1）江苏省 40 个县级政府

徐州市：新沂市、睢宁县、沛县、丰县；
连云港市：东海县、灌云县、灌南县；
淮安市：涟水县、金湖县、盱眙县；
宿迁市：沭阳县、泗阳县、泗洪县；
盐城市：东台市、建湖县、响水县、阜宁县、射阳县、滨海县；
扬州市：高邮市、仪征市、宝应县；
泰州市：泰兴市、镇江市、兴化市；
南通市：如皋市、海门市、启东市、海东县、如东县；
镇江市：丹阳市、扬中市、句容市；
常州市：溧阳市；
无锡市：江阴市、宜兴市；
苏州市：常熟市、张家港市、太仓市、昆山市。

2）安徽省 44 个县级政府

合肥市：长丰县、肥东县、庐江县、巢湖市、肥西县；
蚌埠市：固镇县、怀远县、五河县；
芜湖市：芜湖县、繁昌县、无为县、南陵县；
淮南市：凤台县；
淮北市：濉溪县；
马鞍山市：含山县、和县、当涂县；
安庆市：桐城市、怀宁县、望江县；
铜陵市：枞阳县；
黄山市：休宁县、歙县、祁门县、黟县；
阜阳市：界首市、太和县；
滁州市：天长市、明光市、凤阳县、定远县、全椒县、来安县；
六安市：霍山县；
宣城市：宁国市、广德县、郎溪县、泾县、旌德县、绩溪县；
池州市：东至县、青阳县；
亳州市：涡阳县、蒙城县。

3）浙江省 51 个县级政府

杭州市：建德市、桐庐县、淳安县；

宁波市：余姚市、慈溪市、宁海县、象山县；

温州市：瑞安市、乐清市、永嘉县、平阳县、苍南县、文成县、泰顺县；

嘉兴市：海宁市、平湖市、桐乡市、嘉善县、海盐县；

湖州市：长兴县、德清县、安吉县；

绍兴市：嵊州市、诸暨市、新昌县；

金华市：兰溪市、义乌市、东阳市、永康市、武义县、浦江县、磐安县；

衢州市：江山市、龙游县、常山县、开化县；

舟山市：岱山县、嵊泗县；

台州市：临海市、温岭市、玉环市、天台县、仙居县、三门县；

丽水市：龙泉市、松阳县、缙云县、青田县、云和县、遂昌县、庆元县。

4）江西省 55 个县级政府

南昌市：南昌县、进贤县、安义县；

景德镇市：乐平市、浮梁县；

九江市：共青城市、彭泽县、瑞昌市、武宁县、永修县、德安县、庐山市、都昌县、湖口县；

萍乡市：上栗县、芦溪县；

新余市：分宜县；

鹰潭市：贵溪市、余江区；

赣州市：全南县、瑞金市、信丰县、大余县、崇义县、龙南县、定南县、石城县；

宜春市：樟树市、丰城市、高安市、靖安县、奉新县、上高县、宜丰县、铜鼓县、万载县；

上饶市：德兴市、玉山县、万年县、婺源县、弋阳县、铅山县；

吉安市：新干县、永丰县、峡江县、吉水县、泰和县、安福县；

抚州市：金溪县、资溪县、崇仁县、南城县、南丰县、黎川县、宜黄县。

5）福建省 55 个县级政府

福州市：福清市、闽侯县、连江县、罗源县、闽清县、永泰县、平潭县；

泉州市：石狮市、晋江市、南安市、惠安县、安溪县、永春县、德化县；

漳州市：云霄县、漳浦县、诏安县、长泰县、东山县、南靖县、平和县、华安县、龙海市；

宁德市：霞浦县、古田县、屏南县、寿宁县、周宁县、柘荣县、福安市、福鼎市；

莆田市：仙游县；

龙岩市：长汀县、上杭县、武平县、连城县、漳平市；

三明市：大田县、建宁县、明溪县、清流县、宁化县、尤溪县、沙县、将乐县、泰宁县、永安市；

南平市：邵武市、松溪县、武夷山市、建瓯市、顺昌县、浦城县、光泽县、政和县。

6）山东省72个县级政府

青岛市：胶州市、平度市、莱西市；

东营市：广饶县；

枣庄市：滕州市；

潍坊市：安丘市、昌邑市、昌乐县、青州市、诸城市、寿光市、高密市、临朐县；

烟台市：招远市；

威海市：乳山市、荣成市；

济宁市：邹城市；

泰安市：新泰市；

德州市：乐陵市、禹城市；

济南市：济阳县、平阴县、商河县；

东营市：利津县；

烟台市：莱阳市、莱州市、蓬莱市、海阳市、长岛县；

济宁市：汶上县、泗水县、曲阜市、嘉祥县、微山县、鱼台县、金乡县、梁山县；

泰安市：肥城市、宁阳县、东平县；

日照市：莒县、五莲县；

德州市：临邑县、平原县、齐河县、宁津县、武城县、庆云县、夏津县；

临沂市：兰陵县、沂水县、蒙阴县、临沭县、沂南县、郯城县、费县、平邑县、莒南县；

聊城市：阳谷县、东阿县；

滨州市：邹平县、博兴县、阳信县、惠民县、无棣县；

菏泽市：曹县、郓城县、鄄城县、单县、巨野县、东明县、成武县。

2. 中南地区279个县级政府

1）河南省70个县级政府

郑州市：巩义市、荥阳市、新密市、新郑市、登封市、中牟县；

开封市：杞县、通许县、尉氏县；

洛阳市：偃师市、孟津县、新安县、伊川县；

平顶山市：汝州市、舞钢市、宝丰县、叶县、郏县；

焦作市：沁阳市、孟州市、修武县、博爱县、武陟县、温县；

鹤壁市：浚县、淇县；

新乡市：卫辉市、获嘉县、原阳县、辉县市、新乡县、延津县、长垣县；

安阳市：林州市、安阳县、汤阴县、内黄县；

濮阳市：清丰县、南乐县、濮阳县；

许昌市：禹州市、长葛市、鄢陵县、襄城县；

漯河市：舞阳县、临颍县；

三门峡市：义马市、灵宝市、渑池县；

南阳市：邓州市、方城县、西峡县、镇平县、内乡县、唐河县、新野县；

商丘市：永城市、夏邑县；
信阳市：罗山县、息县；
周口市：项城市、扶沟县、西华县、商水县、鹿邑县；
驻马店市：泌阳县、西平县、正阳县、汝南县、遂平县。
2）湖北省 39 个县级政府
十堰市：竹山县；
荆州市：洪湖市、监利县、石首市、松滋市、公安县、江陵县；
宜昌市：兴山县、宜都市、当阳市、枝江市、远安县、五峰土家族自治县；
襄阳市：宜城市、老河口市、枣阳市、南漳县、谷城县、保康县；
荆门市：钟祥市、沙洋县、京山市；
孝感市：应城市、安陆市、汉川市、云梦县；
黄冈市：武穴市、蕲春县、浠水县、黄梅县、团风县；
咸宁市：赤壁市、崇阳县、嘉鱼县、通山县、通城县；
黄石市：大冶市；
随州市：随县、广水市；
3）湖南省 64 个县级政府
长沙市：浏阳市、长沙县、宁乡县；
株洲市：醴陵市、渌口区、炎陵县、攸县；
湘潭市：韶山市、湘乡市、湘潭县；
衡阳市：衡东县、衡山县、衡阳县、耒阳市、衡南县、祁东县；
邵阳市：武冈市、邵东县、洞口县、新邵县、绥宁县、新宁县；
岳阳市：临湘市、汨罗市、岳阳县、湘阴县、华容县；
常德市：津市市、临澧县、澧县、桃源县、汉寿县、安乡县、石门县；
张家界市：慈利县；
郴州市：资兴市、宜章县、安仁县、嘉禾县、临武县、永兴县、桂阳县；
益阳市：沅江市、桃江县、南县；
永州市：祁阳县、蓝山县、宁远县、东安县、江永县、道县、双牌县；
怀化市：洪江市、会同县、辰溪县、新晃侗族自治县、中方县、芷江侗族自治县、靖州苗族侗族自治县、麻阳苗族自治县；
娄底市：冷水江市、涟源市、双峰县；
湘西土家族苗族自治州：吉首市。
4）广东省 57 个县级政府
韶关市：乐昌市、南雄市、始兴县、仁化县、翁源县、新丰县、乳源瑶族自治县；
江门市：台山市、开平市、鹤山市、恩平市；
湛江市：廉江市、雷州市、吴川市、遂溪县、徐闻县；
茂名市：高州市、化州市、信宜市；
肇庆市：封开县、德庆县、四会市、广宁县、怀集县；
惠州市：博罗县、会东县、龙门县；

梅州市：兴宁市、大埔县、丰顺县、五华县、平远县、蕉岭县；
汕尾市：陆丰市、海丰县、陆河县；
汕头市：南澳县；
河源市：紫金县、龙川县、连平县、和平县、东源县；
阳江市：阳春市、阳西县；
清远市：英德市、连州市、佛冈县、阳山县、连山壮族瑶族自治县、连南瑶族自治县；
潮州市：饶平县；
揭阳市：惠来县、普宁市、揭西县；
云浮市：罗定市、新兴县、郁南县。

5）广西壮族自治区39个县级政府

南宁市：宾阳县、横县；
柳州市：柳城县、鹿寨县；
桂林市：阳朔县、灵川县、全州县、平乐县、兴安县、灌阳县、荔浦县、永福县、恭城瑶族自治县；
梧州市：蒙山县、岑溪市、苍梧县、藤县；
北海市：合浦县；
防城港市：东兴市、上思县；
钦州市：灵山县、浦北县；
贵港市：桂平市、平南县；
玉林市：博白县、容县、陆川县、兴业县；
百色市：平果县、田阳县；
贺州市：钟山县；
河池市：天峨县、南丹县；
来宾市：合山市、象州县、武宣县；
崇左市：凭祥市、扶绥县、大新县。

6）海南省10个县级政府

省直辖县级政府：文昌市、琼海市、万宁市、东方市、定安县、屯昌县、澄迈县、昌江黎族自治县、乐东黎族自治县、陵水黎族自治县。

3. 西南地区129个县级政府

1）四川省72个县级政府

成都市：蒲江县、新津县、都江堰市、简阳市、金堂县、大邑县、彭州市、崇州市、邛崃市；
自贡市：富顺县、荣县；
攀枝花市：米易县、盐边县；
泸州市：合江县；
德阳市：广汉市、中江县、什邡市；
绵阳市：江油市、三台县、梓潼县、北川羌族自治县；

广元市：青川县；
遂宁市：大英县、蓬溪县、射洪县；
内江市：资中县、威远县；
乐山市：井研县、夹江县、峨眉山市、峨边彝族自治县；
资阳市：安岳县；
南充市：西充县、蓬安县、阆中市、营山县；
眉山市：仁寿县、洪雅县、丹棱县、青神县；
宜宾市：叙州区、长宁县、高县、珙县、筠连县、兴文县；
广安市：岳池县、邻水县、武胜县、华蓥市；
达州市：大竹县、开江县、渠县；
雅安市：石棉县、芦山县、天全县、荥经县、宝兴县、汉源县；
资阳市：乐至县；
阿坝藏族羌族自治州：松潘县、马尔康市、红原县；
甘孜藏族自治州：稻城县、得荣县；
凉山彝族自治州：西昌市、德昌县、会理县、会东县、宁南县、冕宁县、美姑县。
2）贵州省 24 个县级政府
贵阳市：清镇市、开阳县、修文县、息烽县；
遵义市：赤水市、仁怀市、绥阳县、桐梓县、凤冈县、余庆县、湄潭县；
毕节市：黔西县、金沙县；
安顺市：普定县；
黔西南布依族苗族自治州：兴义市、凯里市、镇远县、都匀市、福泉市、贵定县、惠水县、瓮安县、龙里县；
铜仁市：玉屏侗族自治县。
3）云南省 33 个县级政府
昆明市：安宁市、富民县、宜良县、嵩明县、石林彝族自治县；
曲靖市：马龙区；
玉溪市：易门县、澄江县、通海县、华宁县、峨山彝族自治县、新平彝族傣族自治县；
保山市：腾冲市；
昭通市：水富县；
丽江市：华坪县；
普洱市：景谷傣族彝族自治县；
德宏傣族景颇族自治州：芒市、瑞丽市、盈江县；
大理白族自治州：大理市、祥云县、永平县；
楚雄彝族自治州：楚雄市、牟定县、元谋县、禄丰县；
红河哈尼族彝族自治州：蒙自市、个旧市、开远市、建水县、石屏县、弥勒市、河口瑶族自治县。

4. 西北地区101个县级政府

1）陕西省26个县级政府

渭南市：韩城市、华阴市；

西安市：蓝田县、周至县；

宝鸡市：岐山县、凤翔县、扶风县、千阳县、眉县、凤县；

咸阳市：泾阳县、三原县、彬州市、乾县、武功县；

渭南市：潼关县、大荔县；

延安市：洛川县、子长县、黄陵县、志丹县、黄龙县；

汉中市：城固县；

榆林市：府谷县、神木市、靖边县。

2）甘肃省20个县级政府

兰州市：皋兰县；

酒泉市：金塔县、敦煌市、玉门市、瓜州县；

武威市：民勤县；

平凉市：泾川县、华亭县；

甘南藏族自治州：玛曲县、迭部县；

临夏回族自治州：临夏市；

陇南市：成县、徽县；

白银市：景泰县、靖远县；

金昌市：永昌县；

张掖市：民乐县、高台县、山丹县、临泽县。

3）青海省7个县级政府

黄南藏族自治州：尖扎县；

海南藏族自治州：共和县、贵德县；

果洛藏族自治州：班玛县；

玉树藏族自治州：玉树市、治多县；

海西蒙古族藏族自治州：格尔木市。

4）宁夏回族自治区7个县级政府

银川市：贺兰县、永宁县、灵武市；

固原市：泾源县；

石嘴山市：平罗县；

吴忠市：青铜峡市；

中卫市：中宁县。

5）新疆维吾尔自治区41个县级政府

昌吉回族自治州：昌吉市、阜康市、玛纳斯县、奇台县、吉木萨尔县、木垒哈萨克自治县；

博尔塔拉蒙古自治州：博乐市、精河县、温泉县；

巴音郭楞蒙古自治州：库尔勒市、轮台县、若羌县、且末县、和静县、和硕县、博湖县；

阿克苏地区：温宿县、库车县、新和县、拜城县、阿瓦提县、沙雅县；

喀什地区：喀什市；

哈密市：伊吾县；

吐鲁番市：鄯善县、托克逊县；

乌鲁木齐市：乌鲁木齐县；

伊犁哈萨克自治州：伊宁市、奎屯市、霍城县、昭苏县、特克斯县、塔城市、乌苏市、阿勒泰市、布尔津县、富蕴县、福海县、哈巴河县；

直辖县级市：阿拉尔市、五家渠市。

5. 华北地区 116 个县级政府

1）河北省 44 个县级政府

沧州市：泊头市、河间市、黄骅市、任丘市、沧县；

衡水市：深州市、枣强县；

秦皇岛市：昌黎县、卢龙县；

石家庄市：正定县、赵县、晋州市、新乐市、元氏县；

唐山市：乐亭县、玉田县、遵化市、迁安市、滦南县；

邯郸市：大名县、广平县、武安市、曲周县、涉县、成安县；

邢台市：广宗县、南宫市、宁晋县、任县、沙河市；

保定市：涿州市、定州市、高碑店市、安国市、涞水县、望都县、蠡县、雄县；

廊坊市：霸州市、文安县、大城县、永清县、三河市；

张家口市：涿鹿县。

2）山西省 40 个县级政府

太原市：古交市、阳曲县、清徐县；

长治市：潞城市、长治县、长子县、襄垣县、屯留县、沁县；

朔州市：山阴县、应县、右玉县、怀仁县；

忻州市：定襄县、原平市；

晋城市：高平市、泽州县、陵川县、阳城县、沁水县；

阳泉市：平定县、盂县；

吕梁市：文水县、交口县、孝义市、汾阳市、方山县；

运城市：河津市、永济市、稷山县；

大同市：左云县、云州区；

晋中市：祁县、太谷县、介休市、榆社县；

临汾市：安泽县、霍州市、侯马市、曲沃县。

3）内蒙古自治区 32 个县级政府

呼和浩特市：托克托县、和林格尔县、清水河县；

赤峰市：巴林右旗；

通辽市：开鲁县、扎鲁特旗；

包头市：固阳县；

鄂尔多斯市：准格尔旗、乌审旗、伊金霍洛旗、鄂托克旗、杭锦旗；

呼伦贝尔市：满洲里市、牙克石市、扎兰屯市、额尔古纳市、阿荣旗、新巴尔虎左旗、新巴尔虎右旗、鄂温克族自治旗；

巴彦淖尔市：杭锦后旗、乌拉特中旗、乌拉特后旗；

锡林郭勒盟：锡林浩特市、二连浩特市、多伦县、苏尼特右旗、镶黄旗；

兴安盟：乌兰浩特市；

阿拉善盟：阿拉善左旗、阿拉善右旗、额济纳旗。

6. 东北地区95个县级政府

1）辽宁省33个县级政府

沈阳市：新民市、法库县、康平县；

鞍山市：海城市、台安县、岫岩满族自治县；

锦州市：凌海市、北镇市、黑山县；

丹东市：凤城市、宽甸满族自治县、东港市；

葫芦岛市：兴城市、建昌县、绥中县；

营口市：盖州市、大石桥市；

辽阳市：辽阳县、灯塔市；

大连市：庄河市、瓦房店市、长海县；

朝阳市：凌源市、北票市、建平县、喀左县；

抚顺市：抚顺县；

本溪市：本溪满族自治县、桓仁满族自治县；

铁岭市：调兵山市、开原市、西丰县、铁岭县。

2）吉林省26个县级政府

长春市：德惠市、农安县、榆树市；

吉林市：桦甸市、永吉县、舒兰市、蛟河市、磐石市；

白山市：临江市、抚松县；

白城市：洮南市；

延边朝鲜族自治州：图们市、敦化市、珲春市；

辽源市：东丰县、东辽县；

四平市：伊通满族自治县、双辽市、梨树县；

通化市：柳河县、集安市、梅河口市、通化县；

松原市：长岭县、乾安县、扶余县。

3）黑龙江省36个县级政府

鸡西市：密山市、虎林市、鸡东县；

伊春市：铁力市、嘉荫县；

大庆市：肇州县；

牡丹江市：绥芬河市、宁安市、穆棱市、林口县、东宁市；
佳木斯市：富锦市；
鹤岗市：萝北县；
绥化市：安达市、庆安县、肇东市、明水县；
哈尔滨市：尚志市、五常市、依兰县、通河县、木兰县、方正县；
齐齐哈尔市：讷河市、依安县；
双鸭山市：宝清县、集贤县、友谊县；
七台河市：勃利县；
黑河市：逊克县、嫩江县、孙吴县、北安市；
大兴安岭地区：漠河市、塔河县、呼玛县。

附录 3.4　2018 年中国贫困县政府扶贫效率测度样本（434 个）

1. 华东地区 32 个贫困县

（1）安徽省 17 个贫困县：潜山县、太湖县、宿松县、颍东区、临泉县、阜南县、砀山县、萧县、泗县、裕安区、寿县、霍邱县、舒城县、金寨县、利辛县、石台县、颍上县。

（2）江西省 15 个贫困县：莲花县、修水县、赣县区、上犹县、安远县、宁都县、于都县、兴国县、会昌县、寻乌县、遂川县、万安县、乐安县、余干县、鄱阳县。

2. 中南地区 103 个贫困县

（1）河南省 30 个贫困县：栾川县、嵩县、汝阳县、宜阳县、洛宁县、封丘县、台前县、卢氏县、南召县、淅川县、社旗县、桐柏县、宁陵县、虞城县、光山县、商城县、固始县、淮滨县、上蔡县、平舆县、确山县、鲁山县、范县、民权县、柘城县、睢县、淮阳县、郸城县、太康县、潢川县。

（2）湖北省 20 个贫困县：阳新县、郧阳区、郧西县、竹山县、竹溪县、房县、秭归县、罗田县、英山县、蕲春县、麻城市、利川市、建始县、巴东县、宣恩县、咸丰县、来凤县、鹤峰县、大悟县、孝昌县。

（3）湖南省 19 个贫困县：邵阳县、隆回县、城步县、平江县、安化县、汝城县、江华县、沅陵县、通道县、新化县、凤凰县、保靖县、古丈县、龙山县、桑植县、新田县、泸溪县、花垣县、永顺县。

（4）广西壮族自治区 29 个贫困县：隆安县、马山县、融水县、三江县、龙胜县、田东县、靖西市、那坡县、凌云县、田林县、西林县、隆林县、昭平县、富川县、凤山县、东兰县、罗城县、环江县、巴马县、都安县、大化县、忻城县、金秀县、上林县、融安县、宁明县、天等县、德保县、乐业县。

（5）海南省 5 个贫困县：五指山市、临高县、白沙县、保亭县、琼中县。

3. 西南地区 122 个贫困县

（1）重庆市 7 个贫困县：城口县、开州区、奉节县、巫溪县、石柱县、酉阳县、彭水县。

（2）四川省32个贫困县：叙永县、朝天区、旺苍县、屏山县、通江县、平昌县、小金县、黑水县、壤塘县、木里县、盐源县、普格县、布拖县、金阳县、昭觉县、雷波县、金川县、阿坝县、九寨沟县、康定市、丹巴县、九龙县、雅江县、色达县、甘洛县、越西县、平武县、古蔺县、剑阁县、苍溪县、万源市、宣汉县。

（3）贵州省35个贫困县：六枝特区、水城县、盘州市、正安县、道真县、镇宁县、关岭县、紫云县、石阡县、思南县、印江县、德江县、沿河县、松桃县、贞丰县、安龙县、纳雍县、威宁县、赫章县、黄平县、施秉县、三穗县、天柱县、锦屏县、台江县、榕江县、从江县、雷山县、麻江县、丹寨县、独山县、平塘县、罗甸县、长顺县、三都县。

（4）云南省44个贫困县：香格里拉市、禄劝县、富源县、施甸县、龙陵县、昭阳区、鲁甸县、巧家县、大关县、永善县、绥江县、威信县、宁蒗县、墨江县、景东县、镇沅县、临翔区、镇康县、双江县、沧源县、双柏县、南华县、红河县、文山市、砚山县、西畴县、麻栗坡县、马关县、丘北县、广南县、富宁县、勐腊县、漾濞县、弥渡县、南涧县、永平县、剑川县、宣威市、师宗县、昌宁县、永胜县、玉龙纳西族自治县、凤庆县、永德县。

（5）西藏自治区4个贫困县：当雄县、尼木县、曲水县、堆龙德庆区。

4. 西北地区98个贫困县

（1）陕西省45个贫困县：平利县、山阳县、印台区、耀州区、宜君县、陇县、麟游县、太白县、永寿县、长武县、旬邑县、淳化县、合阳县、澄城县、蒲城县、白水县、富平县、延川县、宜川县、洋县、西乡县、勉县、宁强县、略阳县、镇巴县、留坝县、绥德县、米脂县、佳县、吴堡县、清涧县、子洲县、汉滨区、汉阴县、石泉县、紫阳县、岚皋县、镇坪县、旬阳县、白河县、商州区、洛南县、丹凤县、镇安县、柞水县。

（2）甘肃省19个贫困县：会宁县、秦安县、甘谷县、静宁县、镇原县、通渭县、渭源县、康乐县、和政县、永登县、清水县、武山县、陇西县、漳县、岷县、灵台县、庄浪县、宁县、环县。

（3）青海省11个贫困县：湟中县、民和县、化隆县、循化县、玛多县、治多县、囊谦县、曲麻莱县、湟源县、祁连县、刚察县。

（4）宁夏回族自治区7个贫困县：原州区、隆德县、泾源县、彭阳县、海原县、西吉县、同心县。

（5）新疆维吾尔自治区16个贫困县：乌什县、柯坪县、阿图什市、阿克陶县、疏勒县、英吉沙县、莎车县、叶城县、岳普湖县、和田县、墨玉县、皮山县、洛浦县、策勒县、于田县、尼勒克县。

5. 华北地区62个贫困县

（1）河北省21个贫困县：行唐县、灵寿县、赞皇县、青龙县、大名县、临城县、巨鹿县、新河县、阜平县、涞源县、康保县、尚义县、蔚县、赤城县、滦平县、丰宁县、围场县、张北县、怀安县、承德县、隆化县。

（2）山西省 21 个贫困县：代县、娄烦县、阳高县、天镇县、广灵县、灵丘县、平顺县、壶关县、宁武县、神池县、保德县、大宁县、隰县、永和县、兴县、临县、石楼县、岚县、浑源县、五台县、汾西县。

（3）内蒙古自治区 20 个贫困县：武川县、阿鲁科尔沁旗、巴林左旗、巴林右旗、喀喇沁旗、敖汉旗、科尔沁左翼中旗、库伦旗、莫力达瓦达斡尔族自治旗、鄂伦春自治旗、卓资县、化德县、兴和县、察哈尔右翼中旗、四子王旗、苏尼特右旗、太仆寺旗、正镶白旗、阿尔山市、突泉县。

6. 东北地区 17 个贫困县

（1）吉林省 7 个贫困县：镇赉县、通榆县、龙井市、和龙市、汪清县、安图县、大安市。

（2）黑龙江省 10 个贫困县：延寿县、拜泉县、桦川县、汤原县、同江市、兰西县、海伦市、龙江县、绥滨县、林甸县。